辩证法

领导者思维能力提升之道

宋惠昌 著

中共中央党校出版社

图书在版编目（CIP）数据

辩证法：领导者思维能力提升之道 / 宋惠昌著 . -- 北京：中共中央党校出版社，2023.6

ISBN 978-7-5035-7253-1

Ⅰ.①辩… Ⅱ.①宋… Ⅲ.①辩证法－研究 Ⅳ.① B015

中国版本图书馆 CIP 数据核字（2022）第 008601 号

辩证法：领导者思维能力提升之道

策划统筹	冯 研
责任编辑	齐慧超
责任印制	陈梦楠
责任校对	马 晶
出版发行	中共中央党校出版社
地　　址	北京市海淀区长春桥路 6 号
电　　话	（010）68922815（总编室）　（010）68922233（发行部）
传　　真	（010）68922814
经　　销	全国新华书店
印　　刷	中煤（北京）印务有限公司
开　　本	710 毫米 ×1000 毫米　1/16
字　　数	203 千字
印　　张	15.5
版　　次	2023 年 6 月第 1 版　2023 年 6 月第 1 次印刷
定　　价	49.00 元

微 信 ID：中共中央党校出版社　　邮　箱：zydxcbs2018@163.com

版权所有·侵权必究

如有印装质量问题，请与本社发行部联系调换

前　言

在当代世界的急剧变化中，特别是随着我国改革开放的深入发展，国内外的各种问题日益突出，日益复杂，矛盾交错，以至出现了许多棘手的事情，形成社会问题。这种复杂局面，要求各级领导具有很强的领导能力，很高的领导水平，集中表现为必须要有高超的领导智慧。所谓领导智慧，属于一种哲学范畴，而哲学思维性质的智慧，主要的就是作为哲学思维方式精华的辩证法思想。在社会实践的陶冶中，认真学习哲学辩证法思想，是领导者提升思维能力的一个根本途径。

我们首先应该对"领导"这个范畴有一个科学的认识，接着还要对作为哲学形式的辩证法，它的思想实质和理论功能进行认真研究。在这里，我们首先就哲学视野中的"领导"概念，同时，就领导者应该具有的哲学素质，特别是辩证法的思想修养，做一些必要的论述。

什么是"领导"？在现代社会，"领导"一般与某种官职相联系着，但这并不是它的本质内容。从本质上说，"领导"这个概念的实质，是引领、指导之义。比如，我们常常说，某某名牌商品，"领导世界新潮流"；或者说，某一种重要思想观点，成为当前社会舆论中的一种领导力量；或者说，某某学者，已经成为某个学术领域的领军人物；或者说，某某人的理论主张，使他实际上在某一工作中起了领导作用；在近代史上有一种说法是，陈独秀是五四新文化运动的总司令，即他是这个政治运动的领导者；如此等等。

辩证法：领导者思维能力提升之道

　　这些说法说明，从"领导"概念的本来含义来看，说某某人的领导作用，实质上是指他们在思想上的引导、方向上的指引、方法上的指导等。当然，对于有某种职务的领导人来说，他们要发挥自己的领导作用，是有其职位权力在起作用的；但是，这种职位权力在发挥领导作用的过程中，起的是一种杠杆的作用，很显然，杠杆并不是领导力量的来源。如果我们认真分析领导活动的实际过程，就可以看出，领导力量的真正来源，是领导者思想主张的吸引力，是他的精神影响力，是他的受公众欢迎的引导能力。当然，这是民主主义领导观念的应有之义。

　　历史的经验告诉我们，民主主义领导意识与专制主义领导意识有着本质的区别。专制主义领导意识，是以现实的权力为核心的；而在现代民主政治体制中，行政权力或者政治权力，是实现领导作用的条件，而不是领导活动的核心或者实质。所以，作为民主政治哲学概念的领导，与所谓"牧民""统治""控制"等，是不能同日而语的，其本质区别，表现在领导与被领导之间的实际关系上。两种领导概念的本质区别是什么呢？这就是领导与被领导之间，不是所谓"统治""控制"的关系，而是服务与被服务的关系。从本质上简单地说来，领导者就是为人民服务的，领导者的水平，最根本的就是服务的能力和水平。

　　在现代民主政治体制中，领导者、领导集团、人民群众及其各种群体或者个体，都是社会职业分工体系中不同的责任主体，而没有高低贵贱之分。这个民主政治中的领导观念，其核心是领导者与被领导者之间，都是独立的社会权利主体，他们在政治上、人格上，是平等的，应该是互相尊重的。当然，领导者必须具有清醒的民主政治意识，切实地清除形形色色的专制主义意识，决不能"一朝权在手"，就高高在上，作威作福，称王称霸；相反地，应该深入民众，倾听民声，反映民意，在必要的时候，则应该率先垂范，身先士卒！实践证明，能不能摆正领导者与人民群众之间的关系，能不能正确处理服务与被服务者的复杂关系，是一个领导者的水平问题，须知解决这个问

前　言

题需要高超的领导智慧，而这个领导智慧的精髓，就是哲学辩证法。

古希腊哲学家柏拉图曾经有一句名言：国王应该由哲学家来当。他论证说，一个国家里真正有能力的统治者，不应当是一些只知道搞政治的庸人，他们应该认真研究哲学，这样才能集权力与智慧于一身。他甚至还说过，哲学家应当是国家中的国王，否则，国家会永远不得安宁。这就是说，真正高明的统治者，必须懂得哲学，甚至精通哲学。现代政治家也越来越清楚地认识到了这个问题的重要性。比如意大利的马克思主义政治家和哲学家葛兰西就说过，哲学不能同政治分离，而且真正的哲学家正是而且不能不是政治家。他的话也可以这样理解，真正的政治家也不能不是哲学家。这就是说，作为现代社会领导者的政治家，必须具有很高的哲学辩证法的修养水平，这样，他们才能成为在任何复杂情况下都能够显示出很高的领导——服务水平。

现代社会的领导者之所以需要具备哲学辩证法思维，首先是由他们的特殊领导地位决定的。我国现代社会的各级领导者，从各自不同的领域或者地方来说，他们都在担负着全局性的指导任务。因此，他们必须善于战略性地思考问题，这样，才能站得高、看得远、有预见。实践证明，要培养出适应这种特殊需要的领导能力，需要有各种各样的素质，这其中的一个重要内容，就是应该具有一种现代政治家所必需的哲学辩证法的思想智慧。

与此相联系的是，现代社会的领导者，面对着的是千变万化的复杂局面，需要妥善处理各种各样的棘手问题，形成科学的政策策略，果断做出正确的决定，解决现实社会生活中的矛盾。在这方面，对一个高明领导者的要求，不仅是高水平的领导能力，而且更重要的是他应当具有广阔视野和博大胸怀。这其中的一个尖锐问题，对领导者的严峻考验，是要看一个领导者在各种复杂情况下，能不能耐心听取不同意见，特别是认真听取那些激烈的反对意见。很显然，那些"不同意见""反对意见"，不一定都是正确意见，但是，这其中往往包括着宝贵的思想因素，对领导者做出正确决策，具有不可缺少的参考价

辩证法：领导者思维能力提升之道

值，或者说是提供了一种难得的纠错机会。简单地说来，能够明白这个道理，并且具有宽容的胸襟，这就是一种哲学辩证法的智慧。

实践证明，哲学辩证法思想之所以能够成为可贵的领导智慧，就其特殊功能而言，是因为它能够引导人沿着正确的思路进行彻底的探索，而这恰恰是追求真理所必须的思想品质。人类的文明史说明，探索真理的勇士，决不会受别人的各种各样说法所干扰，而能够以理性为指导，义无反顾地进行自己的探索。这就决定了，那些具备哲学辩证法思维因而具有天才禀赋的人，他们绝不遵循常人的思维途径；或者如有人说的，一个有天才的人，决不会让自己的思想走入别人铺设的轨道上。正是这种彻底的探索精神，使人的思想得到真正的解放，开辟出认识的新天地，打开领导事业的新局面。

为此，必须学习辩证法，克服形而上学的思想方法。在领导工作中，常常遇到的形而上学思维干扰，就是思想封闭，循规蹈矩，墨守成规，千篇一律，不允许有任何新的思想创建。所以，领导者必须总结实践经验，从实际出发，开放创新，从各种条条框框的束缚中解放出来，认真学习和运用辩证法的思维方法，全心全意依靠人民群众的创造精神，才能打开新局面。实践证明，在开放多元的现实世界中，从实际出发，打破常规，我们必将看到一个崭新的世界。

辩证法思维与其他思维方式的一个明显不同之处，是它能够把人的认识由肤浅不断地引向更深刻，而认识的深刻性程度，则是人的智慧的一个标志。哲学之所以有这样的功能，是因为运用辩证法思维，能够使人透过现象认识事物的本质。在这方面，最重要的是对人的本质的认识，而这恰恰是领导智慧的一个最高要求。人世沧桑的经验教训告诉我们，对人的本质的真正认识，可以说是最高的智慧，因为在这个世界上，再没有比人更复杂的了。中国古人就说过，"知人则哲，唯帝其难"。一个领导者的真正水平，集中表现在有没有识别人的本领，而这是需要排除各种各样假象的干扰的。就此而言，辩证法是认识人的本质的高超领导智慧。

目　录

一　辩证法的起源和历史发展 …………………………… 1
　　（一）辩证法的起源和历史发展 ……………………… 1
　　（二）马克思主义辩证法的基本历史形态 …………… 5

二　形而上学思维方式的主要弊端
　　——辩证法与形而上学的根本对立 ………………… 24
　　（一）形而上学的起源和演变 ………………………… 25
　　（二）形而上学思维方式的主要弊端
　　　　——从哪些方面克服形而上学思想的束缚？…… 27

三　在批判性思维中开辟新的思想境界 ………………… 37
　　（一）什么是批判性思维 ……………………………… 37
　　（二）批判性思维的本质 ……………………………… 40
　　（三）批判性思维特殊的方法论价值 ………………… 45

四　创造性思维：新思想产生和发展的内在动力
　　——创造性思维的本质、要素和价值 ……………… 54
　　（一）什么是创造性思维 ……………………………… 54
　　（二）创造性思维的基本要素 ………………………… 57
　　（三）创造性思维的本质和价值 ……………………… 68
　　（四）不断发展的社会实践：创造性思维的原动力
　　　　——以恩格斯晚年的思想发展为例 ……………… 73

五 在化解悖论中增强辩证思维能力：悖论问题研究 …… 77
（一）悖论之本意是什么？………………………………… 77
（二）悖论思维的实质及其方法论价值 …………………… 81
（三）化解悖论对增强辩证思维能力的现实意义 ………… 85

六 在反思中不断实现思想升华 …………………………… 95
（一）何谓反思 ……………………………………………… 95
（二）反思思维的方法论特征 ……………………………… 98
（三）反思：不断提高理论研究水平的重要途径 ………… 100
（四）在反思中不断增强理论认识能力
　　　——对苏联解体教训的反思 ……………………… 102

七 权变论：实现平衡的思维艺术 ………………………… 109
（一）权变的实质 …………………………………………… 109
（二）权变：智慧和品格高度统一的思想境界 …………… 114
（三）权变思维在高级谈判过程中的特殊价值 …………… 119

八 博弈论：竞争性选择的哲学智慧 ……………………… 127
（一）博弈论的实质及其方法论价值 ……………………… 127
（二）博弈论：一种选择和放弃的智慧 …………………… 132
（三）博弈过程中妥协的特殊价值 ………………………… 135
（四）竞争性博弈：一种高明的策略哲学 ………………… 138
（五）把思想从一切束缚中解放出来，开启智慧之门 …… 141

九 非凡思维方式的特殊方法论价值 ……………………… 144
（一）解决非确定性问题的特殊辩证思维方式
　　　——辩证法是"革命的代数学" ………………… 144
（二）非线性思维的创造性价值 …………………………… 147
（三）模糊性思维的特殊认识论价值 ……………………… 153

（四）多向性思维的思想价值 …………………… 156
　　（五）思辨性思维的实质与方法论价值 …………… 158

十　走向真理的曲折探索之路 …………………… 165
　　（一）真理是人类对事物矛盾发展的认识过程 …… 165
　　（二）假象、真相与真理 …………………………… 167
　　（三）谬误是走向真理的铺路石 …………………… 172
　　（四）在谬误与真理的互相转化中加深对真理的认识 … 176
　　（五）社会实践是检验真理的最终标准 …………… 178
　　（六）追求真理和坚持真理需要有献身精神 ……… 180

十一　多元性思维与思想文化的进步繁荣 ……… 183
　　（一）多元性思维的本质和价值 …………………… 183
　　（二）多元性思维：马克思主义理论建设的一个重要
　　　　　方法论 ……………………………………… 188
　　（三）在多元博弈中实现思想文化的进步繁荣 …… 193

十二　在开放性思维中创造广阔的思想天地 …… 205
　　（一）封闭性思维批判 ……………………………… 205
　　（二）开放性思维的本质和价值 …………………… 210
　　（三）在开放性思维中不断推进马克思主义的发展 … 218
　　（四）在开放的世界中走上人类文明发展的共同道路 … 226

结语　学习辩证法，永远做思想上的年轻人 …… 229

一　辩证法的起源和历史发展

辩证法作为人类思想史上一种独特的思维方式，经历了漫长的演变发展过程，其间以古希腊哲学为代表的古代辩证法、以德国哲学为代表的近代辩证法、以马克思恩格斯哲学为代表的马克思主义辩证法为代表。在现代世界哲学中，辩证法有了更加丰富多样的形式，但当代马克思主义哲学的辩证法仍然具有主导地位。

在哲学史上，作为一种哲学思维形式的辩证法，从古代原始形态的辩证法，到现代比较完善的辩证法哲学形态，经过了漫长曲折的发展历程。今天我们看到的马克思主义哲学辩证法，积累了长期以来人类的智慧结晶。研究辩证法起源、形成和发展的历史进程，特别是马克思主义辩证法的科学形态，能够使我们对辩证法的本质、价值和基本哲学形态有越来越深刻的认识，从而使我们成为更加自觉的辩证法思维的实践者。实践证明，这是不断增强领导思维能力的一个基本功。

（一）辩证法的起源和历史发展

在一般的理论思维中，辩证法与形而上学是根本对立的概念。辩证法，就其形成历史来说，与形而上学是同样古老的概念。"辩证法"（bialectic）来自希腊文，原意是谈话或论战的技艺。苏格拉底认为辩

辩证法：领导者思维能力提升之道

证法是指一种回答式的论争方法，相当于"争论术"。古希腊的哲学家亚里士多德、柏拉图、芝诺、赫拉克莱特等，研究了诸如一般与个别等各种思想范畴及其相互关系，阐述了朴素的辩证法思想。亚里士多德认为，古希腊哲学家芝诺的论辩方法，就是最初意义上的辩证法，即辩证法就是认为思维本身内部存在着矛盾运动，通过揭露对方论点中的矛盾而探求问题的方法。在中世纪的思想界，形而上学在哲学领域中占统治地位，这个时期的经院哲学家认为，辩证法只不过是一种诡辩。后来，这个概念又经历了一些历史变化，在欧洲哲学史的不同时期中，辩证法这一术语曾经在不同意义上被使用过，为后来那些更加科学的辩证法形态奠定了思想基础。

在近代哲学发展中，德国哲学家康德和黑格尔在辩证法哲学形态的形成过程中，做出了历史性贡献。康德认为，当人们运用有限的范畴去把握无限的"世界"这个概念时，就会陷入矛盾，他把这种矛盾称之为"二律背反"。理性认识活动中的二律背反，"这种互相冲突不是任意捏造的，它是建筑在人类理性的本性上的，因而是不可避免的，是永远不能终止的"[①]。康德认为，理性认识中的这种矛盾是必不可免的矛盾，这种揭示先验假象的逻辑，也就是辩证法，或"批判'辩证的幻想'之逻辑"[②]。当然，康德的观点自然是先验论的，但是，他揭示了理性思维中的矛盾，论证了这种矛盾的必然性，却是有重要意义的。黑格尔说："康德对二律背反，给了这样概念，即它不是诡辩的把戏，而是理性一定会必然碰到的矛盾。这是一种很重要的看法。"[③]他还说："这必须认为是近代哲学界一个最重要的和最深刻的一种进步。"[④]康德"二律背反"的理论，对德国哲学中辩证法思想的进

---

① 〔德〕康德著，张景仁译：《未来形而上学导论》，商务印书馆1978年版，第120页。
② 〔德〕康德著，蓝公武译：《纯粹理性批判》，商务印书馆1965年版，第76页。
③ 〔德〕黑格尔著，杨之一译：《逻辑学》上卷，商务印书馆1966年版，第200页。
④ 〔德〕黑格尔著，贺麟译：《小逻辑》，商务印书馆1980年版，第131页。

一步形成，是一个历史性贡献。但由于康德的哲学是先验唯心主义，这就使他的辩证法带有了明显的历史局限性。

在康德之后，德国哲学家黑格尔把辩证法的哲学形态推向了一个新的阶段。黑格尔的哲学虽然是唯心主义体系，但是，却赋予了辩证法更加新的含义，在他看来，辩证法不仅仅是一种方法，同时也是一种普遍的思想原则，是一种宇宙观。黑格尔特别重视的是，辩证法揭露了对象自身中的矛盾，而这种矛盾就是支配一切事物和整个宇宙发展的普遍法则。黑格尔写道："无论知性如何常常竭力来反对辩证法，我们却不可以为只限于在哲学意识内才有辩证法或矛盾进展原则。相反，它是一种普遍存在于其他各级意识和普遍经验里的法则。""自然世界和精神世界的一切特殊领域和特殊形态，也莫不受辩证法的支配。"① 在黑格尔看来，辩证法所揭示的对象本质自身的矛盾和作为发展动力的原则，是普遍适用的"辩证法是现实世界中一切运动、一切生命、一切事业的推动原则。同样，辩证法又是知识范围内一切真正科学认识的灵魂"②。对概念的运动原则的特别重视，是黑格尔辩证法思想的一个重要特点。他说过："在科学中，概念是从它本身发展起来的，这种发展纯粹是概念内在的前进运动和产物。""概念的运动原则不仅消溶而且产生普遍物的特殊化，我把这个原则叫做辩证法"，"这种辩证法不是主观思维的外部活动，而是内容固有的灵魂。"③ 黑格尔所讲的"运动"，是概念自身的矛盾运动，是运动着的逻辑范畴的自我否定。所以，他还进一步指出，"辩证法却是一种内在的超越"，"凡有限之物莫不扬弃其自身。因此，辩证法构成科学进展的推动的灵魂。只有通过辩证法原则，科学内容才达到内在联系和必然性，并且只有在辩证法里，一般才包含有真实的超出有限，而不只是外在的超

---

① 〔德〕黑格尔著，贺麟译：《小逻辑》，商务印书馆1980年版，第179页。
② 〔德〕黑格尔著，贺麟译：《小逻辑》，商务印书馆1980年版，第177页。
③ 〔德〕黑格尔著，范杨、张企泰译：《法哲学原理》，商务印书馆1961年版，第38页。

辩证法：领导者思维能力提升之道

出有限"①。

应该指出，在辩证法思想的历史形成过程中，对诸如"概念的运动"原则、"内在的超越""扬弃"等赋予明确的辩证法意义，是黑格尔历史性的理论贡献。所以，恩格斯充分肯定地指出，由黑格尔的体系所完成的近代德国哲学，"它的最大的功绩，就是恢复了辩证法这一最高的思维形式"。在黑格尔体系中，他"第一次——这是他的伟大功绩——把整个自然的、历史的和精神的世界描写为一个过程，即把它描写为处在不断的运动、变化、转变和发展中，并企图揭示这种运动和发展的内在联系"②。黑格尔的研究使辩证法的含义更加丰富和完善，把辩证法的研究提高到了一个新的历史阶段。但是，黑格尔的辩证法同他的唯心主义哲学体系联系在一起，因此，是头足倒置的。虽然如此，黑格尔哲学中的辩证法，也标志着辩证法发展的一个思想高峰。

随着时代的发展，特别是现代科技的发展，人类的思维水平和认识能力获得了空前的提高和增强。包括早期的和黑格尔的辩证法思想，特别是黑格尔的唯心主义辩证法，在进一步的发展中，日益暴露出了自己的局限性。这就必须用人类文明发展的新成果，使之得到彻底的改造，形成完全新的理论形式。首先解决这个问题的是马克思恩格斯，他们在唯物主义的基础上，对黑格尔的唯心主义辩证法进行了革命性的改造，建立了唯物辩证法。这标志着辩证法发展到一个全新的历史阶段。与此同时，各国哲学界，特别是西方的哲学学者，对继续推进辩证法的研究做了大量工作。他们在黑格尔的基础上，对辩证法的基本理论不断深化，提出了一些新观点。

西方哲学学者对辩证法的范畴进行了专门研究。比如，波普在

---

① 〔德〕黑格尔著，贺麟译：《小逻辑》，商务印书馆1980年版，第176页。
② 《马克思恩格斯选集》第3卷，人民出版社1995年版，第358、362页。

《推测与反驳》一书中，就针对"什么是辩证法"这个问题进行了学术性探讨。波普认为，人类思维总是要找出自己面临的问题的一切可能的解决办法，这就要依赖于一种高度概括化的规律，所以探讨解决问题的方法往往是相同的，那就是所谓的"反复试验法"，经验说明，人们试验的次数越多获得成功的可能性就越大。辩证法则与他所说的"反复试验法"是一致的。那么，什么是辩证法呢？在波普看来，作为一种理论，辩证法（从现代的意义上说，即特别从黑格尔使用这个术语的意义上说）主张事物（尤其是人类思想）以一种具有"辩证法三段式：正、反、合"特征的方式向前发展，即"正题""反题""合题"，并且在新的"正题""反题""合题"的交错中，不断地发展到新的更高水平，即辩证法的三段式发展模式。法兰克福学派重要哲学家阿多尔诺与霍克海默于1947年发表的《启蒙的辩证法》、卡莱尔·科西克1961年发表的《具体的辩证法》、阿多尔诺1966年发表的《否定的辩证法》等，在当代的辩证法研究领域中都产生过重要影响，推动了当代辩证法学术研究深入发展。

（二）马克思主义辩证法的基本历史形态

辩证法是人类文明发展中的一个杰出精神成果，是时代精神精华的一个组成部分，它在不断发展和完善过程中，经历了一些重要的历史阶段，充分吸收并且批判地改造了历史上各个时期辩证法思想的固有价值成果，形成了辩证法思维发展的一个新的思想高峰。这一点，充分反映在马克思恩格斯列宁毛泽东邓小平等的相关论述中。当然，这是辩证法思想史的一个新阶段，并不是辩证法发展的结束，更不是最终形式，而是为向着更高阶段发展开辟了一条思想之路。

在马克思恩格斯列宁毛泽东邓小平等的著作中，特别是他们的哲学著作中，有大量丰富、深刻而精彩的关于辩证法思想和理论的论

辩证法：领导者思维能力提升之道

述，这些论述奠定了马克思主义唯物辩证法的理论基础。

1. 马克思恩格斯关于哲学辩证法思想的主要观点

马克思恩格斯在辩证法发展史上的伟大贡献，首先反映在他们通过对德国古典哲学，特别是对黑格尔唯心主义辩证法的批判改造，创造了唯物主义辩证法。在这一点上，马克思恩格斯的贡献，要追溯到他们的思想先驱——黑格尔。恩格斯说过，黑格尔在思维方式上的一个突出特点，是他的思维方式建立在巨大的历史感基础上。在他的哲学著作中，始终贯穿着一种宏伟的历史观，他总是历史地、在同历史的一定的（虽然是抽象地歪曲了的）联系中来处理材料的。这个划时代的历史观是新的唯物主义观点的直接的理论前提，而恰恰是这种历史观，为逻辑方法——辩证法提供了一个出发点。当然，黑格尔的辩证法是在神秘的唯心主义体系的束缚中，这个改造的工作，则是由马克思恩格斯来完成的。所以，恩格斯说："马克思过去和现在都是唯一能够担当起这样一件工作的人，这就是从黑格尔逻辑学中把包含着黑格尔在这方面的真正发现的内核剥出来，使辩证方法摆脱它的唯心主义的外壳并把辩证方法在使它成为唯一正确的思想发展形式的简单形态上建立起来。马克思对于政治经济学的批判就是以这个方法作基础的，这个方法的制定，在我们看来是一个其意义不亚于唯物主义基本观点的成果。"[①]这个以唯物主义历史观为基础的、充满了历史感的唯物辩证法，标志着辩证法发展的一个新的历史阶段。

马克思恩格斯的辩证法，是"马克思主义的灵魂"，与他们的整个哲学一样，是方法而不是教条，因为，"辩证法不过是关于自然界、人类社会和思维的运动和发展的普遍规律的科学"[②]。同时，他们强调了这样的思想，即辩证法是自然、社会发展中一种历史的、普遍联系

---

① 《马克思恩格斯选集》第2卷，人民出版社1995年版，第42—43页。
② 《马克思恩格斯选集》第3卷，人民出版社1995年版，第484页。

的学说。关于这个问题,恩格斯论述说:"辩证法在考察事物及其在观念上的反映时,本质上是从它们的联系、它们的联结、它们的运动、它们的产生和消逝方面去考察的。自然界是检验辩证法的试金石,而且我们必须说,现代自然科学为这种检验提供了极其丰富的、与日俱增的材料,并从而证明了,自然界的一切归根到底是辩证地而不是形而上学地发生的;自然界不是循着一个永远一样的不断重复的圆圈运动,而是经历着实在的历史。……因此,要精确地描绘宇宙、宇宙的发展和人类的发展,以及这种发展在人们头脑中的反映,就只有用辩证的方法,只有不断地注意生成和消逝之间、前进的变化和后退的变化之间的普遍相互作用才能做到。"[①]

恩格斯在总结对自然辩证法的研究时,得出的客观世界无限性的思想,是有重要的方法论价值的。他指出,在辩证法看来,客观世界不但是普遍联系的,而且也是无限的,这就是时间的永恒性和空间的无限性,即康德的所谓在时间上没有开端、在空间上没有终点。对辩证法关于客观世界的无限性的思想,恩格斯是这样论述的:"时间上的永恒性、空间上的无限性,本来就是,而且按照简单的词义也是:没有一个方向是有终点的,不论是向前或向后,向上或向下,向左或向右。这种无限性和无限序列的无限性完全不同,因为后一种无限性起初总是从一、从序列的第一项开始的。这种序列观念不能应用于我们的对象,这在我们把它应用于空间的时候就立刻显示出来了。无限序列一移到空间,就是从某一点起按一定方向延伸到无限的线。这样,空间的无限性是不是就被表达出来了,即使表达得很不贴切。恰恰相反,为了得出空间的度的概念,只需要从一点上按三个相反的方向延伸出六条线,这样一来,我们就会得到空间的六个度。""向两个方向延伸的无限的线或无限的单位序列在运用于时间的

[①]《马克思恩格斯文集》第3卷,人民出版社2009年版,第541页。

辩证法：领导者思维能力提升之道

时候，具有某种比喻的意义。但是，如果我们把时间想象为一种从一数起的序列或从某一点延伸出去的线，那么，我们就是事先说时间是有开端的，我们把我们正好要证明的东西当作前提。我们赋予时间的无限性一种单向的、半截的性质；可是单向的、半截的无限性也是自身中的矛盾，即'没有矛盾地加以思考的无限性'的直接对立物。为了避免这一矛盾，我们只能假定，我们在计数序列时所由开始的一、我们在量度线时所由出发的点，是序列中的任何一个一、线上的任何一个点，至于我们把一或点放在哪里，这对线或序列来说是无所谓的。"① 这是对辩证法的一个重要问题即世界的无限性的经典概括。

关于辩证法的精髓问题，马克思恩格斯一直认为，就是关于事物的内在矛盾的学说，即对立统一规律。对此，马克思写道："这个正题、这个与自己相对立的思想就会分为两个互相矛盾的思想，即肯定和否定，'是'和'否'。这两个包含在反题中的对抗因素的斗争，形成辩证运动。"马克思还写道："两个相互矛盾方面的共存、斗争以及融合成一个新范畴，就是辩证运动。谁要给自己提出消除坏的方面的问题，就是立即切断了辩证运动。"②

恩格斯在关于自然辩证法的研究中，对辩证法的基本规律进行过探索性的研究，他认为，与形而上学相对立，辩证法是关于联系的科学，而"辩证法的规律是从自然界和人类社会的历史中抽象出来的。辩证法的规律无非是历史发展的两个阶段和思维本身的最一般的规律。它们实质上可归结为下面三个规律：量转化为质和质转化为量的规律；对立的互相渗透的规律；否定的否定的规律"③。这个表述与现在哲学学术界所论述的辩证法三大基本规律（对立统一规律、质量互

---

① 《马克思恩格斯选集》第3卷，人民出版社1995年版，第389—390页。
② 《马克思恩格斯文集》第1卷，人民出版社2009年版，第601、605页。
③ 《马克思恩格斯选集》第4卷，人民出版社1995年版，第310页。

变规律、否定之否定规律）基本上是一致的。

关于对立统一规律的问题，恩格斯也进行过科学的论述，他写道："某种对立的两极，例如正和负，既是彼此对立的，又是彼此不可分离的，而且不管它们如何对立，它们总是互相渗透的；同样，原因和结果这两个概念，只有应用于个别场合时才有其本来的意义；可是，只要我们把这种个别的场合放到它同宇宙的总联系中来考察，这两个概念就交汇起来，融合在普遍相互作用的看法中，而在这种相互作用中，原因和结果经常交换位置；在此时或此地是结果的，在彼时或彼地就成了原因，反之亦然。"[①] 恩格斯还强调了事物本质中的内在矛盾，即对立统一规律，这是事物发展的真正动力，他写道："真正的、自然的、历史的和辩证的否定正是一切发展的推动力（从形式方面看）——对立面的划分，对立面的斗争和解决，在这里（历史上是部分地，思维中是完全地），在既得经验的基础上，重新达到了原来的出发点，但这是在更高阶段上达到的。"[②]

正是在这个问题上，马克思恩格斯在说明旧的形而上学思维方式的本质特征时，特别强调指出了它与辩证法的尖锐对立。关于这一点，恩格斯深刻地指出："形而上学地思维的知性绝对不能从静止的思想转到运动的思想……对它来说，运动是完全不可理解的，因为运动是矛盾。而这个知性既然断言运动是不可理解的，它本身就违反自身的意志而承认了这种矛盾的存在，因而就是承认：有一种客观地存在于事物和过程本身中的矛盾，而且这是一种实际的力量。"[③] 他还进一步指出："一切差异都在中间阶段融合，一切对立都经过中间环节而互相转移，对自然观的这样的发展阶段来说，旧的形而上学的思维方法不再够用了。辩证的思维方法同样不承认什么僵硬和固定的界

---

① 《马克思恩格斯文集》第3卷，人民出版社2009年版，第541页。
② 《马克思恩格斯文集》第9卷，人民出版社2009年版，第357—358页。
③ 《马克思恩格斯文集》第9卷，人民出版社2009年版，第127页。

辩证法：领导者思维能力提升之道

线，不承认什么普遍绝对有效的'非此即彼！'，它使固定的形而上学的差异互相转移，除了'非此即彼！'，又在恰当的地方承认'亦此亦彼！'，并使对立的各方相互联系起来。这样的辩证思维方法是唯一在最高程度上适合于自然观的这一发展阶段的思维方法。当然，对于日常应用，对于科学上的细小研究，形而上学的范畴仍然是有效的。"①

  在马克思恩格斯的著作中，对辩证法的基本规律，都做过深刻而细致的论述，比如，对否定之否定规律的实质，恩格斯曾经专门阐述，他写道："在辩证法中，否定不是简单地说不，或宣布某一事物不存在，或用任何一种方法把它消灭。斯宾诺莎早已说过：Omnis determina-tio est negatio，即任何限定或规定同时就是否定。再说，否定的方式在这里首先取决于过程的一般性质，其次取决于过程的特殊性质。我不仅应当否定，而且还应当重新扬弃这个否定。因此，我第一次否定的时候，就必须使第二次否定可能发生或者将有可能发生。怎样做呢？这要依每一种情况的特殊性质而定。如果我磨碎了大麦粒，如果我踩死了昆虫，那么我虽然完成了第一个行为，却使第二个行为成为不可能了。因此，每一种事物都有它的特殊的否定方式，经过这样的否定，它同时就获得发展，每一种观念和概念也是如此。微积分中的否定不同于从负根得出正的乘方时的否定。这一点和其他一切一样，应该从勤学中得到。仅仅知道大麦植株和微积分属于否定的否定，既不能把大麦种好，也不能进行微分和积分，正如仅仅知道靠弦的长短粗细来定音的规律还不能演奏提琴一样。——很明显，如果把否定的否定当作儿戏，先写上口，然后又涂掉，或者先说玫瑰是玫瑰，然后又说玫瑰不是玫瑰，那么，除了做这种无聊事情的人的愚蠢以外，什么结果也得不到。可是形而上学者却要我们确信，如果我们

---

① 《马克思恩格斯文集》第 9 卷，人民出版社 2009 年版，第 471—472 页。

要实现否定的否定,那么这就是恰当的方式。"①

恩格斯对唯物辩证法作了极为深刻而全面的阐述:"当我们深思熟虑地考察自然界或人类历史或我们自己的精神活动的时候,首先呈现在我们眼前的,是一幅由种种联系和相互作用无穷无尽地交织起来的画面,其中没有任何东西是不动的和不变的,而是一切都在运动、变化、生成和消逝。""在形而上学者看来,事物及其在思想上的反映即概念,是孤立的、应当逐个地和分别地加以考察的、固定的、僵硬的、一成不变的研究对象。他们在绝对不相容的对立中思维;他们的说法是:'是就是,不是就不是;除此以外,都是鬼话。'(《新约全书·马太福音》第5章第37节)在他们看来,一个事物要么存在,要么就不存在;同样,一个事物不能同时是自身又是别的东西。正和负是绝对互相排斥的;原因和结果也同样是处于僵硬的相互对立中。初看起来,这种思维方式对我们来说似乎是极为可信的,因为它是合乎所谓常识的。然而,常识在日常应用的范围内虽然是极可尊敬的东西,但它一跨入广阔的研究领域,就会碰到极为惊人的变故。形而上学的思维方式,虽然在依对象的性质而展开的各个领域中是合理的,甚至必要的,可是它每一次迟早都要达到一个界限,一超过这个界限,它就会变成片面的、狭隘的、抽象的,并且陷入无法解决的矛盾,因为它看到一个一个的事物,忘记它们互相间的联系;看到它们的存在,忘记它们的生成和消逝;看到它们的静止,忘记它们的运动;因为它只见树木,不见森林。例如,日常生活中,我们知道并且可以肯定地说,某一动物存在还是不存在;但是,在进行较精确的研究时,我们就发现,这有时是极其麻烦的事情。这一点法学家们知道得很清楚,他们为了判定在子宫内杀死胎儿是否算是谋杀,曾绞尽脑汁去寻找一条合理的界限,结果总是徒劳。同样,要确定死亡的

---

① 《马克思恩格斯选集》第3卷,人民出版社1995年版,第484—485页。

辩证法：领导者思维能力提升之道

那一时刻也是不可能的，因为生理学证明，死亡并不是突然的、一瞬间的事情，而是一个很长的过程。同样，任何一个有机体，在每一瞬间都是它本身，又不是它本身；在每一瞬间，它同化着外界供给的物质，并排泄出其他物质；在每一瞬间，它的机体中都有细胞在死亡，也有新的细胞在形成；经过或长或短的一段时间，这个机体的物质便完全更新了，由其他物质的原子代替了，所以，每个有机体永远是它本身，同时又是别的东西。在进行较精确的考察时，我们也发现，某种对立的两极，例如正和负，是彼此不可分离的，正如它们是彼此对立的一样，而且不管它们如何对立，它们总是互相渗透的；同样，原因和结果这两个概念，只有应用于个别场合时才适用；可是，只要我们把这种个别的场合放到它同宇宙的总联系中来考察，这两个概念就联结起来，消失在关于普遍相互作用的观念中，而在这种相互作用中，原因和结果经常交换位置；在此时或此地是结果，在彼时或彼地就成了原因，反之亦然。"① 这是马克思恩格斯根据他们对科学技术发展的新型知识的总结，而对辩证法思想所进行的更加深刻的阐述。可以看出，这也是对形而上学思维方式的一个更加有力的批判。

这里还要强调的一个问题是，马克思恩格斯对社会发展的辩证法，特别是对未来社会即共产主义社会发展的辩证过程，进行过深刻的探讨，提出了对研究当代社会发展仍然具有宝贵价值的重要思想，这就是关于个人发展和社会整体发展之间辩证关系的思想。关于这一点，马克思恩格斯在《共产党宣言》中指出："代替那存在着阶级和阶级对立的资产阶级旧社会的，将是这样一种联合体，在那里，每个人的自由发展是一切人的自由发展的条件。"② 这就是说，在人类社会发

---

① 《马克思恩格斯选集》第3卷，人民出版社1995年版，第359、360—361页。
② 《马克思恩格斯选集》第1卷，人民出版社1995年版，第294页。

展的高级阶段，个人的主体价值具有决定性质，整个社会的发展，是以个人自由发展为基础的、每个人的自由发展与一切人的自由发展相统一的有机发展过程。

2. 列宁的哲学辩证法思想概述

列宁在总结俄国革命经验教训的基础上，在其著作中，对黑格尔的辩证法，特别是对马克思恩格斯的辩证法思想，进行过认真的理论研究，在他的《哲学笔记》中，特别是《谈谈辩证法问题》《辩证法的要素》等，总结了对辩证法的研究成果，阐述了相当丰富深刻的辩证法思想。应该说，列宁的辩证法思想是对黑格尔的辩证法，特别是对马克思恩格斯的辩证法思想的发挥和发展，是在总结实践经验的基础上形成的其个人关于辩证法思想的独到见解。

列宁十分重视马克思恩格斯对哲学辩证法的创造性理论贡献，在评论马克思恩格斯通信集的价值时，他指出："如果我们想用一个词来表明全部通信集的观点，即其中所发表所讨论的一切思想集结的中心点，那么这个词就是辩证法。用唯物辩证法从根本上来改造全部政治经济学，把唯物辩证法应用于历史、自然科学、哲学以及工人阶级的政策和策略——这就是马克思和恩格斯最为注意的事情，这就是他们做了最重要最新颖的贡献的地方，这就是他们在革命思想史上英明地迈进的一步。"[①] 由此可见，列宁认为辩证法思想在马克思主义思想史中占有特殊地位，在整个马克思主义中特别是在马克思主义哲学中，具有核心地位。

列宁在其哲学著作中，对哲学辩证法的基本要素和基本规律等重要理论问题进行了系统和全面的论述。他一再强调，对立统一规律是辩证法思想的实质与核心。关于这个问题，他写道："可以把辩证法简要地规定为关于对立面的统一的学说。这样就会抓住辩证法的核

---

① 《列宁全集》第19卷，人民出版社1961年版，第558页。

辩证法：领导者思维能力提升之道

心，可是这需要说明和发挥。"①对此，他还进一步论证说："辩证法是一种学说，它研究对立面怎样才能够同一，是怎样（怎样成为）同一的——在什么条件下它们是相互转化而同一的，——为什么人的头脑不应该把这些对立面看做僵死的、凝固的东西，而应该看做活生生的、有条件的，活动的、彼此转化的东西。"②

关于对立统一规律的本质问题，列宁指出："对立面的同一（它们的'统一'，也许这样说更正确些？虽然同一和统一这两个术语的差别在这里并不特别重要。在一定意义上二者都是正确的），就是承认（发现）自然界的（也包括精神的和社会的）一切现象和过程具有矛盾着的、相互排斥的、对立的倾向。要认识在'自己运动'中、自生发展中和蓬勃生活中的世界一切过程，就要把这些过程当做对立面的统一来认识。发展是对立面的'斗争'。"③列宁这些深刻的哲学概括，对后来的思想家进一步研究辩证法理论，具有经典的意义。

列宁非常重视对立之间的转化、质变、飞跃等在辩证法理论中的特殊意义，他指出："没有飞跃，渐进性就什么也说明不了。"④"辩证的过渡和非辩证的过渡的区别何在？在于飞跃。在于矛盾性。在于渐进过程的中断。在于存在和非存在的统一（同一）。"⑤他还进一步指出，马克思"用德国古典哲学中的成果，特别是用使费尔巴哈唯物主义哲学能以产生的黑格尔体系的成果丰富了哲学。这些成果中最重要的就是辩证法，即最完整深刻而无片面性弊病的关于发展的学说，这

---

① 《列宁选集》第 2 卷，人民出版社 1995 年版，第 412 页。
② 《列宁专题文集（论辩证唯物主义和历史唯物主义）》，人民出版社 2009 年版，第 132 页。
③ 《列宁专题文集（论辩证唯物主义和历史唯物主义）》，人民出版社 2009 年版，第 149 页。
④ 《列宁全集》第 55 卷，人民出版社 1990 年版，第 103 页。
⑤ 《列宁专题文集（论辩证唯物主义和历史唯物主义）》，人民出版社 2009 年版，第 144 页。

种学说认为反映永恒发展的物质的人类认识是相对的"①。因此，这种全面的转化观，决定了辩证法是一种彻底的发展学说，决定了辩证法充满了活力，具有无限的生命力。对此，列宁指出："辩证法是活生生的、多方面的（方面的数目永远增加着的）认识，其中包含着无数的各式各样观察现实、接近现实的成分。"②

列宁曾深刻地指出："马克思主义的精髓，马克思主义的活的灵魂：对具体情况作具体分析。"③这就是要求对每一个具体的历史情况进行具体的分析，对任何事物都要放在一定的历史条件下，做具体的研究。后来的理论研究和革命实践都证明，"具体问题具体分析"就是我们一直强调的辩证法思维方式的"灵魂"或者"精髓"。

这里需要强调的一个问题是，列宁十分注意把辩证法建立在唯物主义的基础上，这就是他明确指出的辩证法要素的首要要求，即"考察的客观性（不是实例，不是枝节之论，而是自在之物自身）"④。这就是说，辩证法归根到底是实事求是、从实际出发，没有了这个唯物主义基础，辩证法无从谈起。

3. 毛泽东哲学著作中的辩证法思想简介

在总结中国革命经验教训的过程中，毛泽东阐述了他独特的辩证法思想，这集中反映在《矛盾论》这篇杰出的哲学论文中。

毛泽东在《矛盾论》中，把辩证法与形而上学看作是两种对立的宇宙观，因此他对形而上学的本质进行了深刻剖析。毛泽东深刻地指出："所谓形而上学的或者庸俗进化论的宇宙观，就是用孤立的、静止的和片面的观点去看世界。这种宇宙观把世界一切事物，一切事物的形态和种类，都看成是永远彼此孤立和永远不变化的。"⑤在此基础上，

---

① 《列宁选集》第2卷，人民出版社1972年版，第442页。
② 《列宁选集》第2卷，人民出版社1995年版，第559页。
③ 《列宁专题文集（论马克思主义）》，人民出版社2009年版，第293页。
④ 《列宁选集》第2卷，人民出版社1995年版，第411页。
⑤ 《毛泽东选集》第1卷，人民出版社1991年版，第300页。

辩证法：领导者思维能力提升之道

他对辩证法的实质进行了精辟的论述。他写道，与形而上学相反，唯物辩证法"主张从事物的内部、从一事物对他事物的关系去研究事物的发展，即把事物的发展看作是事物内部的必然的自己的运动，而每一事物的运动都和它的周围其他事物互相联系着和互相影响着。事物发展的根本原因，不是在事物的外部而是在事物的内部，在于事物内部的矛盾性"[①]。他在总结中国革命的实践经验中，对辩证法的具体运用中，提出了一些新的思想，比如主要矛盾和次要矛盾的关系、矛盾的主要方面和非主要方面的关系，还有事物的共性和个性的关系，等等。毛泽东在《矛盾论》中提出的关于辩证法思想的这些重要观点，在中国革命和建设中都产生过重要影响。

毛泽东在后来的《关于正确处理人民内部矛盾的问题》中，通过总结社会主义社会发展中的经验教训，继续发展了他的辩证法思想。在这篇文章中，他提出社会主义社会发展中需要认真、正确处理人民内部矛盾。毛泽东对作为敌我矛盾相对立的人民内部矛盾这个概念，进行了严格的界定，他首先指出了什么是"敌人"、什么是"人民"，然后阐述道："敌我之间的矛盾是对抗性的矛盾。人民内部的矛盾，在劳动人民之间说来，是非对抗性的；在被剥削阶级和剥削阶级之间说来，除了对抗性的一面以外，还有非对抗性的一面。""一般说来，人民内部的矛盾，是在人民利益根本一致的基础上的矛盾。"[②] 自然地，不同性质的矛盾，需要用不同的方法来处理，他的一个基本观点是，处理人民内部矛盾的基本原则，应该是"团结——批评——团结"，具体说来，"就是从团结的愿望出发，经过批评或者斗争使矛盾得到解决，从而在新的基础上达到新的团结"[③]。鉴于苏联社会主义发展中的历史教训，毛泽东提出的"人民内部矛盾"这个重要概念，以

[①] 《毛泽东选集》第 1 卷，人民出版社 1991 年版，第 301 页。
[②] 《毛泽东文集》第 7 卷，人民出版社 1999 年版，第 205、206 页。
[③] 《毛泽东文集》第 7 卷，人民出版社 1999 年版，第 210 页。

及"正确处理人民内部矛盾"的方针，对国际共产主义运动史是一个重要贡献，而它的理论精髓则是唯物辩证法思想。

在《关于正确处理人民内部矛盾的问题》中，毛泽东还提出了科学文化发展要实行"百家争鸣、百花齐放"的方针，他对这个方针内涵的解释是："艺术上不同的形式和风格可以自由发展，科学上不同的学派可以自由争论。利用行政力量，强制推行一种风格，一种学派，禁止另一种风格，另一种学派，我们认为会有害于艺术和科学的发展。艺术和科学中的是非问题，应当通过艺术界科学界的自由讨论去解决，通过艺术和科学的实践，而不应当采取简单的方法去解决。"[①] 长期以来的实践已经证明，这是一个正确的方针，有利于社会主义科学文化事业的发展。我们可以看到，实际上这是正确处理人民内部矛盾理论的内在要求，是正确解决思想矛盾的根本途径，这些方针的灵魂和核心，都是唯物辩证法思想。

4. 中国改革开放新时期唯物辩证法思想的发展

党的十一届三中全会之后，我国进入了社会主义改革开放的新时期，应该说，我们现在仍然处在这个历史变革的伟大时代中。社会主义改革开放是中国当代史上的一次伟大革命，既然是革命，就必须在思维方式上进行革命性的改造，其中的一个关键，就是彻底消除"左"倾教条主义的影响，实现思想的真正解放。所以，伴随着改革开放的进程，当代中国进入了深刻的思想变革时期，这个时期思想变革的实质就是马克思主义中国化的过程。这其中，马克思主义哲学的重新兴起，特别是唯物辩证法的创造性发展，在中国当代思想史上留下了浓墨重彩的一笔。

"左"倾教条主义的思想实质，是顽固的形而上学思维方式。所以，解放思想的一个核心问题，是以辩证法的思维方式代替形而上学

[①] 《毛泽东文集》第7卷，人民出版社1999年版，第229页。

辩证法：领导者思维能力提升之道

的思维方式，确立起中国改革开放的思想旗帜。邓小平一直站在解放思想的前沿。早在十一届三中全会前，他就明确提出"解放思想，实事求是，团结一致向前看"，特别强调了解放思想的极端重要性。这是因为，在"文化大革命"时期，"大搞禁区、禁令，制造迷信，把人们的思想封闭在他们假马克思主义的禁锢圈内，不准越雷池一步。否则，就要追查，就要扣帽子、打棍子。在这种情况下，一些人就只好不去开动脑筋，不去想问题了"。对此，邓小平深刻地指出："一个党，一个国家，一个民族，如果一切从本本出发，思想僵化，迷信盛行，那它就不能前进，它的生机就停止了，就要亡党亡国。"①他这里所说的"一切从本本出发，思想僵化，迷信盛行"，以及后来的所谓"两个凡是"，就是形而上学思想方法的典型表现形式，这些东西实际上是给渴望改革开放的人们思想上加了一道"紧箍咒"。所以，他破除形而上学，倡导辩证法，鼓励人们解放思想，成为社会主义改革开放的一个前奏。

改革开放中的一个形而上学思想束缚，就是长期以来由于"左"倾教条主义的影响而形成的所谓姓"资"还是姓"社"的抽象意识形态争论，严重干扰着许多人的改革开放实践。这些人在改革开放中，凡事总是要先问是姓"社"还是姓"资"。比如说，搞"经济特区"，有些人就发难问道："特区姓资还是姓社？"搞市场经济，有人就质疑："市场经济姓资还是姓社？"由于思想脱离实际，结果往往是陷入关于姓"资"姓"社"的抽象争论中去。这就导致在需要开创新局面之时，在要求进行创造性理论探索之时，由于对姓"资"还是姓"社"这个问题的政治恐惧症，便束手束脚，畏首畏尾，不敢作为，丧失时机。当然，关于姓"资"还是姓"社"的抽象意识形态争论，以及由此而来的对姓"资"还是姓"社"问题的政治恐惧症，是有很

---

① 《邓小平文选》第 2 卷，人民出版社 1994 年版，第 141、143 页。

深的历史渊源和现实原因的。但是，从思维方式上来说，是形而上学的"左"倾教条主义在作怪。

那么，怎样才能打破这个顽固的形而上学意识形态偏见呢？归根到底还是需要坚持马克思主义的基本理论，真正搞清楚究竟什么是社会主义、社会主义的本质是什么、资本主义与社会主义的本质区别等问题的判断标准是什么等这样一些理论是非问题。为了进一步推动改革开放事业，邓小平在他1992年南方谈话中，以他的特有语言风格，有力地回答了这个争论不休的问题。邓小平明确指出："改革开放迈不开步子，不敢闯，说来说去就是怕资本主义的东西多了，走了资本主义道路。要害是姓'资'还是姓'社'的问题。判断的标准，应该主要看是否有利于发展社会主义社会的生产力，是否有利于增强社会主义国家的综合国力，是否有利于提高人民的生活水平。"[1] 在这里，邓小平用"三个有利于"的标准，否定了人们长期以来在资本主义与社会主义本质区别问题上的形而上学误解，使人们摆脱关于姓"社"与姓"资"问题上抽象意识形态争论的束缚，进一步解放思想，实事求是，勇于创新，把积极发展社会主义社会的生产力，放在更高的地位上去。

我们已经看到，并且改革开放的实践已经证明，邓小平提出的"三个有利于"的标准，把发展生产力与社会主义的本质问题联系起来，这个重大的马克思主义理论突破，为经济特区的建立、为社会主义市场经济体制的诞生，提供了有力的理论根据。这里的关键是打破了基于姓"资"还是姓"社"的抽象意识形态争论造成的形而上学偏见。应当说，这是科学社会主义意识形态发展中的一个重大理论突破。这个重大理论突破极大地解放了人们的思想，使人们摆脱了一些陈旧观念的束缚，放开手脚，大胆地利用现代市场经济手段，去发展社会主义社会的生产力。实践已经证明，随着这个重大理论突破所带

---

[1] 《邓小平文选》第3卷，人民出版社1993年版，第372页。

辩证法：领导者思维能力提升之道

来的思想解放，社会主义市场经济体制日益巩固和发展，这对于加速实现社会主义现代化是有划时代意义的。

在辩证法看来，发展既然是一种主体性行为，那么，它就必然是一种创造性的行为，所以，邓小平一直强调要用新观念对待新事物，充分发挥人的创造精神，要独立思考，走自己的路。就此而言，他以独特的辩证法思维方式，阐述了一系列精彩的思想见解，比如说，要解放思想，从实际出发，尊重群众的首创精神，在死胡同里走出一条路来；不要受固定模式的束缚，因为在现实的社会变革中，各国必须根据自己的条件建设社会主义，"固定的模式是没有的，也不可能有。墨守成规只能导致落后，甚至失败"[①]。同样道理，对于改革者来说，现成的、唯一正确的答案是没有的；唯一正确的道路也是没有的。

根据对改革开放中经验教训的总结，基于对唯物辩证法精髓的理解，邓小平提出要抓住机遇、敢冒风险的改革家思想。他说，在改革中，千万不要失掉机会，机会难得啊！改革是前无古人的事业，必然充满了各种风险，所以，邓小平提出了敢"闯"敢"冒"的精神。他的一个精彩说法是："改革开放胆子要大一些，敢于试验"，"没有一点闯的精神，没有一点'冒'的精神，没有一股气呀、劲呀，就走不出一条好路，走不出一条新路，就干不出新的事业。不冒点风险，办什么事情都有百分之百的把握，万无一失，谁敢说这样的话？"[②]邓小平关于改革开放的这些重要论述，丰富、精彩、深刻，对于我们认真学习辩证法思想，具有非常重要的意义。

在为改革开放开辟道路的过程中，一个伟大的历史性贡献，就是党的十一届三中全会一再强调的解放思想这个基本方针。因为"文化大革命"结束后，要进行改革开放，就必须进行理论上的"拨乱反

[①] 《邓小平文选》第3卷，人民出版社1993年版，第192页。
[②] 《邓小平文选》第3卷，人民出版社1993年版，第372页。

正"，把人们的思想从个人崇拜、教条主义等各种各样的束缚中解放出来。从当年的实际情况看，所谓"拨乱反正"，一个主要途径就是解放思想，而解放思想的实质，就是彻底摆脱形而上学的束缚，真正确立唯物辩证法的思维方式。经过全党的共同努力，我们确立了"实事求是，解放思想，把实践作为检验真理的唯一标准"的马克思主义思想路线。事实证明，这条马克思主义思想路线的精髓，就是马克思主义哲学的唯物辩证法。

在党的十一届三中全会确立的马克思主义思想路线指引下，以四个现代化为宏伟目标，全党和全国人民正在沿着建设有中国特色社会主义的道路胜利前进。但是，要取得新的胜利，必须不断地克服实际困难，破除各种思想障碍。这其中的一个重要问题，就是如何科学地认识和实践建设有中国特色社会主义理论。经过党的十一届三中全会、十二大、十三大总结实践经验，全党对这个问题的认识不断深入，逐渐形成了科学的思想体系。应该看到，到党的十四大时期对建设有中国特色社会主义理论的认识，达到了新的历史水平，这一点，充分地反映在江泽民所作的党的十四大报告中。他概括地指出，建设有中国特色的社会主义理论，一个主要内容就是坚持走有中国特色社会主义的道路。那么，关于这个问题的基本要求是什么呢？这就是"在社会主义的发展道路问题上，强调走自己的路，不把书本当教条，不照搬外国模式，以马克思主义为指导，以实践作为检验真理的唯一标准，解放思想，实事求是，尊重群众的首创精神，建设有中国特色的社会主义"[①]。我们能够清楚地看到，这个概括本身，不但对有中国特色社会主义理论进行了深刻全面的阐述，而且有着坚实的哲学基础，特别是充分显示了辩证法思维方式的理论力量。这样就使建设有中国特色的社会主义理论在思想上更加深刻，在现实中更加有说服力。

---

① 《中国共产党第十四次全国代表大会文件汇编》，人民出版社1992年版，第12页。

辩证法：领导者思维能力提升之道

　　建设有中国特色的社会主义是一个空前的伟业，那么，从事这个伟大事业，我们应该具备什么样的思维方式呢？胡锦涛指出，要保持清醒的头脑，面对社会主义初级阶段这个最大的实际，科学分析新机遇新挑战，全面认识新形势新任务，深刻把握新课题新矛盾，更加自觉地走科学发展道路。于是，胡锦涛在党的十七大报告中提出了科学发展观的新概括。什么是科学发展观？他在报告中指出，科学发展观，从根本上说，是马克思主义关于发展的世界观和方法论的集中体现。科学发展观的本质内容是什么？他指出："科学发展观，第一要义是发展，核心是以人为本，基本要求是全面协调可持续，根本方法是统筹兼顾。"① 可以看出，党的十七大报告中提出的科学发展观，是马克思主义关于发展的世界观和方法论的集中体现。从胡锦涛在报告中对科学发展观的要义、核心、要求、方法的简明扼要阐述中，能够更加清楚地看出，科学发展观的世界观方法论基础就是唯物辩证法。所以，通过研究科学发展观，能够使我们更加深刻地学习到辩证法的知识，实现世界观方法论的改造，不断地提高马克思主义思想水平。

　　改革开放的过程实际上也就是马克思主义中国化的过程。党的十一届三中全会以来，在历届党中央集体的领导下，全党和全国人民在改革开放的实践中，进行了空前的创造，使我们在思想理论上达到了新的历史水平，使马克思主义中国化水平提高到了历史新阶段，一个突出的表现形式，就是党的十九大提出的习近平新时代中国特色社会主义思想。党的十九大报告对这个思想体系作的十四条概括，构成了新时代坚持和发展中国特色社会主义的基本方略。这是全党和全国人民改革开放实践经验的总结，是历届党中央领导的集体智慧结晶。当然，这其中习近平总书记的理论贡献是有杰出意义的，应该特别指出的是，这个理论体系本身包含着深刻的唯物辩证法思想。这一点正

---

① 《中国共产党第十七次全国代表大会文件汇编》，人民出版社2007年版，第14页。

如习近平总书记在党的十九大报告中深刻指出的："实践没有止境，理论创新也没有止境。世界每时每刻都在发生变化，中国也每时每刻都在发生变化，我们必须在理论上跟上时代，不断认识规律，不断推进理论创新、实践创新、制度创新、文化创新以及各方面创新。"① 事实说明，创新是以问题的解决为出发点的，对此，习近平总书记强调说："要有强烈的问题意识，以重大问题为导向，抓住关键问题进一步研究思考，着力推动解决我国发展面临的一系列矛盾和问题。我们中国共产党人干革命、搞建设、抓改革，从来都是为了解决中国的现实问题。可以说，改革是由问题倒逼而产生，又在不断解决问题中得以深化。"② 当然，创新的关键是实践，所以，习近平总书记在报告中强调说："时代是思想之母，实践是真理之源。只要我们善于聆听时代声音，勇于坚持真理、修正错误，二十一世纪中国的马克思主义一定能够展现出更强大、更有说服力的真理力量！"③ 这个真理力量的实质是什么呢？这就是辩证法的思想力量，因为辩证法的实质和灵魂，就是不断地创新，就是无止境地发展。

从上面介绍的马克思主义经典作家的这些论述中，以及中国改革开放时期的思想解放史中，我们更加深刻地认识到，辩证法是关于自然、人类社会和思维的运动和发展的普遍规律的科学。它的一个核心是矛盾论，即对立统一规律。矛盾是事物发展的内在动力，没有矛盾就没有世界；矛盾决定了世界的普遍联系和永恒发展；质量互变规律决定了事物发展的阶段性和连续性的统一；否定之否定规律决定了事物发展的前进性与曲折性的统一，如此等等。同时，这些基本规律与一系列的范畴相结合，形成辩证法本身应该呈现出来的独特思维方式，从而显示出人的哲学智慧。

---

① 《中国共产党第十九次全国代表大会文件汇编》，人民出版社 2017 年版，第 21 页。
② 《习近平谈治国理政》，外文出版社 2014 年版，第 74 页。
③ 《中国共产党第十九次全国代表大会文件汇编》，人民出版社 2017 年版，第 21 页。

二 形而上学思维方式的主要弊端

——辩证法与形而上学的根本对立

在哲学研究中，辩证法是极具哲学魅力的一部分。而提到辩证法，就必然要涉及形而上学这个范畴，这是因为二者有着认识史上的渊源，二者是密切联系而又根本对立的关系。人们正是在辩证法与形而上学的根本对立中，更加深刻地认识到辩证法思维方式的本质特征。所以，认真研究形而上学思维方式的本质特征是很有价值的。

哲学是古老而又常新的智慧之学，哲学思维能够启迪人的智慧，成为人们探讨真理的一种思想工具。但是，在不同的历史阶段上，哲学思维的一定历史形式却具有某种历史的局限性。这方面的一个突出例子，就是作为哲学发展历史形式的形而上学。由于各种原因，本来是作为探讨真理的工具的哲学——形而上学，却走向了它自身的对立面，成为束缚人们思想的一种羁绊。当然，从本来意义上说，形而上学也是一种哲学，所以，从形而上学的束缚中解放出来，也就是从已有的旧哲学思维方式的束缚中解放出来。这就是说，从包括形而上学在内的一切旧思想束缚中解放出来，是我们目前通过哲学研究提高领导思想水平的一个重要任务。

二　形而上学思维方式的主要弊端

（一）形而上学的起源和演变

作为一个哲学概念，人们对"形而上学"（metaphysics）这个词的运用，已经有悠久的历史了。但是，在不同的时代、不同的文献中，这个词的含义却不尽一致。这就是说，"形而上学"是有一个起源和演变过程的。形而上学一词，来自古希腊哲学家亚里士多德一部著作的题目。由他的学生整理的这部著作，在亚里士多德的许多著作中是排在物理学之后的，即"物理学之后"（metaphysics），于是就以《形而上学》为题目出版了。在这部手稿中，亚里士多德是要论述他的"第一哲学"，即关于宇宙根本原理的学说。所以，"形而上学"也就是"第一哲学"，或者说，"形而上学"就是"哲学"。中文译名"形而上学"这个词，是根据《易经》中"形而上者谓之道，形而下者谓之器"一语，由明治时期日本学者井上哲次郎翻译而来。所以，中译的这个"形而上之学"即"形而上学"，也就是"哲学"。我们可以看到，在一些哲学学术著作的用语中，"形而上学"与"哲学"是同一个概念。

一些专门研究形而上学的哲学著作认为，作为哲学的形而上学研究的是世界的本质的存在及其本源，即研究构成世界的基础的东西，或者说世界的本源等问题。这种观点使得有些哲学家认为形而上学是真正的哲学。目前大多数哲学家认为，作为一种哲学形式，形而上学研究的是关于存在和认识的最抽象的问题，具有高度的思辨特点，这些问题只有人的智慧才能理解。作为一种哲学思维方式，形而上学是运用逻辑思辨的方法，在相对静止的理想状态中，对事物的本源的一种探讨。这样就使形而上学思维方式显示出了纯哲学的方法论性质，表现为一种高度抽象的思维特点，因此，就常常会显露出它在认识论上的局限性。比如在探讨世界起源的问题时，诸如"究竟是先有鸡还是先有蛋？"这一类问题难以得出结论，就反映了传统形而上学思维

辩证法：领导者思维能力提升之道

方式的弊端。

形而上学这个概念的用法，在现代的学术文献中经常见到。但在哲学思想的发展过程中，形而上学概念的原本含义却逐渐改变了。比如说，在近代以来的哲学著作中，特别是在马克思主义的哲学著作中，形而上学概念的含义与上面所说的已经不同了，它经常是作为与辩证法相对立的概念来使用的。这里所说的形而上学，即旧的形而上学唯物主义（以下简称"形而上学"）、机械唯物主义，或者说就是形而上学唯物主义。这一哲学形态，是18世纪伴随着当时自然科学研究状况而形成的一种哲学思维方法。

应该说，作为哲学形式的形而上学，是一定时代的产物，而它的性质的演变，也是由时代发展决定的，特别是自然科学的革命性变革决定的。18世纪的自然科学主要是搜集材料、整理材料的科学，它是先研究事物，然后才能研究事物的发展过程，即必须先确定该事物是什么，然后才去研究其中发生的变化。这样，在自然科学的早期研究中，就产生了一种旧的研究方法和思维方法，其基本特征主要是把事物当作一成不变的东西去研究，黑格尔称这样的方法为"形而上学"。恩格斯说，自然科学的三大发现，即细胞的发现、能量转化、达尔文主义的产生，使人们的思维方式发生了革命性的变革，人们越来越清楚地认识到，包括人类自身在内，整个自然界都是不断变化的，由低级向高级形态发展着，各种形式在不断地转化着。随着自然科学的发展，人们开始把诸如动物、植物作为一种有机体的发展过程来研究。这样，形而上学作为一种旧的思维方式就不能正确反映客观世界的实际状况了。于是，到19世纪末20世纪初，原来自然学科的研究方法，即旧的"形而上学"的研究方法也就失去了自己的存在根据。随着时代的发展，特别是自然科学的革命性变革，形而上学逐渐地被辩证法代替了，并且成为一种否定性的哲学概念。

在当前国内外的哲学学术研究中，形而上学仍然是作为传统哲学的范畴来使用的。但是，在我国的现代哲学研究中，特别是马克思主义哲学研究中，"形而上学"范畴已经有了特定的学术性质，即它是与辩证法相对立的，完全是一个否定性的范畴。所以，在关于形而上学概念的运用上，我们也必须有明确的理论立场。

（二）形而上学思维方式的主要弊端——从哪些方面克服形而上学思想的束缚？

作为一种古老的哲学形态，形而上学的方法论自然还是有价值的；但是，在目前仍然有深刻影响的旧形而上学思维方法，对人们的思想仍然是一种束缚。即它不是从事物的变化中去研究它，不是把事物作为一种发展过程去研究它，不是在各种事物的联系中去研究它，这样，形而上学的思维方式在观察客观事物的过程中就表现出了一些弊端。那么，形而上学思维方式的主要弊端是什么呢？概括来说，就是思想方法的绝对化、僵化、极端性和片面性等特征。可以看出，形而上学思维方式的这些弊端，都带有不正确的领导观念特征。这里，我们结合领导观念的实际表现形式，从以下几个方面作一些简明的理论分析，对形而上学思维方式弊端的本质特征，作一些理论概括，以便有的放矢地克服形而上学思维方式的束缚，不断地提高领导思想水平。

1. 形而上学思维方式的绝对化

在持有形而上学思维方式的人看来，这个世界上一切事物的现在形态是固有的，自始至终都是如此的，没有什么偶然性现象出现，不可能有什么意外的情况发生。这就是说，世界上的任何事物和任何人，都是一种"绝对"的存在。这样，就形成了形而上学思维方式绝对化的本质特征。

所谓思维方式的绝对化，就是客观事物的发展只能有一种唯一的

辩证法：领导者思维能力提升之道

方向；社会发展只能有唯一的一种模式；对学术问题的研究只能有唯一的一种答案；对客观事物的研究考察只能有唯一的一种结果；在思想上必须是绝对统一的、完全一致的，必须定于一尊；如此等等。

在研究问题的时候，由于持这样的形而上学绝对化思维方式，有些人总是要追求那种唯一正确的所谓"标准答案"。然而，实际的社会生活极为复杂，反映在人们的思想上必然是呈现多元的状态，对同一个问题，不同的人有不同的看法，会得出不同的结论。这就是说，在人们的现实思想中，在人们思考的各种问题中，那种所谓绝对正确的、唯一的"标准答案"是不存在的。所以，刻意追求唯一正确的所谓"标准答案"，就是形而上学思维方式的一种典型表现。

形而上学思维方式的这种绝对化的弊端，在我们的领导工作中曾经反映为所谓的"样板意识"，严重束缚了人们的个性发展，当然也就抑制了人们的创造精神。人们还可能会记得，我国20世纪六七十年代盛行一时的"样板田""样板戏"等，不管实际情况如何都要搞什么"大寨田"，就是这种形而上学思维方式的历史教训。

现在世界上的自然状况是漫长的自然历史过程的一个结果，并且还在不断地变化着。现在的状况之所以如此，具有很大的偶然性，未来的世界状况，包括人类的前途命运，那也是无法准确预见的。至于社会政治经济体制，现在的状况，是诸多历史合力发展的一个结果，而未来的体制究竟会是什么样，这在根本上也是不以我们的意志为转移的。我们相信历史是会不断进步的，但是，在社会的发展过程中，有许多偶然性因素在起作用，发生某种意外的变化，并不是不可能的。

人们会问，这不是在宣传不可知论了吗？应该承认，在关于未来社会的具体模式究竟会是什么样的这个问题上，的确是不可知的。但这不是不可知论，而是反对宿命论或者说命定论。所以，对于关于社会改革的各种规划、各种方案，只能看作是一种设想，一种理想的蓝图，而不应该像运用数学公式那样去对待它。否则，希望就会变成失望。我们不应该沉湎在一种绝对化理想的迷梦中，而应该生活在清醒的生活现实中，能够接受各种各样的可能性，也不要一厢情愿，把自己的全部精力孤注一掷。

我们面对着的政治经济文化生活实际是多元、多变的开放体系，等待我们的有各种各样的机遇。所以，我们应该选择正确的方向，做最大的努力，争取最好的结果，千万不要"一条道走到黑"，更不能走到"绝对化"的死胡同里去。实践证明，"绝对化"的形而上学思维方式害死人！

2. 形而上学思维方式极端性的特点

形而上学在本质上否认现实生活和人们思想中矛盾的存在，这就使形而上学思维方式表现出了一种极端性的特征，而这种极端性的思维方式，常常表现为一种两极化的思想方法。在我们现实的认识过程中，所谓绝对化思维方法，即两极化的思维方法的要害是否认事物发展过程中存在着矛盾，即不承认事物内部是对立统一的。在坚持形而上学认识方法的人看来，现实生活里面的善与恶、真理与谬误、必然与偶然等，都是绝对对立的，它们之间的矛盾无法克服。

坚持极端性即两极化思维方式的人是"在不能相容的对立中思维着"——"是是，否否，除此而外，都是鬼话！"。这样，由于他们把这些范畴的界限绝对化了，就陷入了一种非此即彼的思维怪圈。以真理与谬误为例，它们各自本身都存在着矛盾——真理之中有谬误，谬误之中有真理，它们的差别是相对的，而不是绝对的。善与恶也是如此，试想一下，天下有绝对的善或者绝对的恶吗？不要说人们的言行中，总是善中有恶、恶中有善，而且随着时代的变迁，那些认为是善的变成了恶的，反之，那些认为是恶的变成了善的。对现代人来说，这已经不是什么奇怪的事情了。

在对人的看法中，这种两极化的思维方法——所谓"两分法"，

辩证法：领导者思维能力提升之道

常常是违背常识的。比如说如果我们认为某一群体中，除了"好人"就是"坏人"，这显然是荒唐的，因为实际上有一些人，或者说是大多数人，他们虽然不能说是"好人"，但是他们却也不能说是"坏人"。正如在政治上，绝不能把人群简单地分成两部分：一部分是"人民"，另一部分就是"敌人"。

维护指导思想上的权威性，反对错误的思想文化，这是正确的。但是，不能认为只有两种文化：一种是正确的，即官方的马克思主义，另一种就是错误的，即反马克思主义。实际上，文化思想界是极端复杂的，除了马克思主义和反马克思主义之外，还有第三种、第四种，既不是马克思主义，也不是反马克思主义。不承认文化思想的多样性，也不是马克思主义。

如果我们的文化方针是反映客观实际的，具有很大的包容性，那就应该承认有第三种文化思想、甚至第四种文化思想存在。但是，长期以来，我们有一些人根本不承认这样的思想实际，鼓吹"不是无产阶级世界观，就是资产阶级世界观"！由于这种形而上学的极端化思维方式，在我们的思想教育工作中，出现了许多简单粗暴的工作方法，更严重的问题还表现在用对待敌人的手段来对待知识分子，搞所谓"知识分子思想改造"运动。应该承认，思想理论工作上的极端性和简单化这样的形而上学思维方式，仍然是值得我们认真反思的一个历史教训。

3. 形而上学思维方式僵化的弊端

旧的形而上学思维方法否认事物发展变化的过程性，把客观世界看作是一成不变的、永远不发展的僵化的事物。僵化的形而上学思维方式常见的表现形式是成见。

作为形而上学思维方式具体表现的成见，简单来说，就是对人对事的一种先入为主的看法，也可以说是固执己见。具体来说，就是把自己对某个人、某个事物在特定条件下的看法，变成一贯的看法。把某个人一时的表现，作为对其一生品德的判断，也就是说，一个人如果犯过某种错误，他就永远都是坏人了；将某个地区一时的现象，作为对其一贯的定性根据，也就是说，一个曾经落后的地区，永远也不可能变成先进地区了，如此等等。这种所谓成见，其实质是否定人或者事物的发展变化。可以看出，僵化这种形而上学思维方式，必然使其落后于时代，并且在一定条件下，成为社会革命和改革事业的顽固反对者。

经历过改革开放风雨洗礼的人们都会颇有感触地回忆起，当年改革事业发展最大的障碍之一就是思想僵化。所谓"思想僵化"，也就是一种形而上学绝对化的思维模式。在这样的思想状态下，不少人在资本主义与社会主义、市场经济与计划经济、民营经济与公有制经济等关系的问题上，常常陷入自相矛盾的思维怪圈中不能自拔。这种思想僵化的毛病，必然会使一些人在改革开放事业上畏首畏尾、缩手缩脚，甚至还会拖改革开放的后腿。

4. 形而上学思维方式的片面性的弊端

片面性是相对于全面性而言的，这里所说的作为形而上学思维方式的片面性特点主要表现在，为了说明自己的观点正确，往往把有利于说明自己观点正确的材料加以突出渲染，而那些不利于说明自己观点正确的材料则避而不谈，或者是轻描淡写；在另外的情况下，对自己认为不正确的观点，则竭力渲染能够证明其不正确的材料，而回避那些可以说明其观点正确的材料，这就是通常所说的"攻其一点，不及其余"。在大多数情况下，这种片面性的所谓"论证"方法，由于论证失去了真实性，明显地违背了实事求是原则，使其结论就不可信了。同时，这种为了达到自己的目的而竭力运用片面论证的手段，其方法本身也显得很恶劣。因为思维方法上的片面性，实质上是绝对化、极端化的一种表现形式。

这样的形而上学思维方式，在我们的领导工作中，或者在我们的

辩证法：领导者思维能力提升之道

思想教育工作中，一个特殊的表现形式就是思想偏见。所谓偏见，就是人的片面性的看法，或者对人对事的一偏之见，也就是把他根据自己那些一时一事的一己之见，当成是他的全面观点。很显然，在这样的偏见中，常常会歪曲事物的本质。所以，我们在领导工作中，应该时刻警惕形而上学思维方式的偏见。

5."完美主义"：一种"痛苦"的形而上学思维方式

我们的各级领导者面对着的是利益诉求复杂、思想多元、价值观各异的社会群体，几乎每天都要应对千变万化的现实，会出现许多棘手的问题需要我们稳妥处理。但是，在矛盾重重的实际工作中，我们每个人的能力和智慧都会有一定局限性，世界上不存在万能的领导者。在这样的情况下，出点毛病，有点纰漏，甚至犯点错误，都是在所难免的事情。所以，一方面，要全心全意为人民服务，勤勤恳恳，任劳任怨；即便发生了一点无关大局的问题，也不必大惊小怪，认真处理就是了。这是领导者应该具有的以哲学修养为基础的一颗"平常心"。但是，如果对领导工作的要求持理想化的"完美主义"，那么这样的形而上学思维方式，必将使我们陷入一种难以自拔的痛苦之中。

一个人对生活、对工作追求完美，这是无可厚非的；但如果把时时完美、事事完美、处处完美，作为一种价值目标，这就是值得研究的问题了。因为这样的价值追求，从根本上说不符合实际，违背了对人对事评价的实事求是原则，而且这样的要求往往会适得其反。经验教训说明，"完美主义"是一种"痛苦"的思维方式。所以，对社会、对工作、对人生，我们都应该实事求是。在抒发人生感叹时，苏东坡写过，他何等地希望"但愿人长久，千里共婵娟"这样美满的人生理想状态，但是，又不得不承认"人有悲欢离合，月有阴晴圆缺"这种无奈的现实。我们每个人只能生活在现实中，以现实主义的态度去创造我们美好的生活。很显然，要求时时处处完美无缺，那就什么事情也无法做了。我们的领导工作也是如此。

所谓的完美主义，对自身而言，是要求自己时时、处处、事事都能做到毫无纰漏，这样，就必然表现为对自己过度的严格要求，为鸡毛蒜皮的小事情进行过度的自责、产生不必要的内疚。实质上，这种所谓的"完美主义"，是一种形而上学绝对化的思维方式。研究表明，有完美主义思想的人，为了满足自己所谓尽善尽美的要求，他们会对一切可能性都进行尝试、对一切机会都要进行选择、对所有可能的模式都要进行实验、对别人给自己的评价都要逐一检讨，如此等等。但是，生活的实践证明，这种对完美无缺的追求，其结果是处处不能尽如人意。所以，完美主义者常常会在实际的矛盾中陷入懊悔和沮丧的深渊。久而久之，就会产生各种心理疾病，进而给正常的领导工作造成不必要的干扰，甚至还可能影响全局工作。

任何人的一生总会有某些不足、不幸、遗憾；就一个家庭而言，不可能总是那么圆满、和谐，常言道：家家都有一本难念的经；就一个国家、一个社会来说，就更是如此了。现实生活说明，不完美是正常的、现实的，而完美才是不常有、不现实的。所以，要克服形而上学"完美主义"的思维方式弊病，就必须以辩证法的现实主义思维方式取代它。

6. 形而上学思维方式的教条主义思想的弊端

长期以来，单向灌输式的理论学习方式、脱离实际的理论研究方法，使本本主义、公式主义的影响很深，许多人的思维方式表现出了越来越严重的教条主义思想特征。实践证明，教条主义思维方式对增强领导能力、提高领导水平，是一种极大的思想阻碍。这种教条主义的思维方式严重地束缚着领导者的头脑，成为改革进取、开创新局面的思想大敌。

所谓"教条"是宗教学的概念，即宗教经典中的信条。对宗教信徒来说，宗教信条是绝对正确的、永远不变的、神圣的，要深信不疑。所以，只能信仰和崇拜，绝不允许怀疑和批判。对宗教教条的这

辩证法：领导者思维能力提升之道

种迷信思想状态，在宗教界之外的社会思想界，甚至在政治生活和社会科学研究中，也有流毒影响，这就是长期以来危害我们的教条主义思想作风。

在我们现代社会生活中教条主义思维中所谓的"教条"，一般是指人们对经典著作中重要思想观点，领袖人物的讲话、指示，权威组织机构的规定、指令等，不问实际情况如何，一概不折不扣地遵循，并且常常当作公式到处套用。这样的思想作风，就被称为教条主义。教条主义作为一种思维方式，其实质也是形而上学。因为，它把在一定历史条件下形成的某种思想观点，看作是一成不变、神圣的"教条"，绝不允许有不同的思想观点。

在这方面我们的一个严重历史教训，就是在"文化大革命"结束、改革开放即将开始的关键时期出现的"两个凡是"错误思潮，它直接干扰了全国人民坚决进行社会主义改革开放的前进步伐。所谓"两个凡是"，就是在改革开放刚刚兴起之时，一些反对改革开放但仍然居于领导地位的人，提出的"凡是毛主席做出的决策，我们都坚决维护；凡是毛主席的指示，我们都始终不渝地遵循"。很显然，这"两个凡是"是形而上学思维方式的典型表现形式，它的思想实质与社会变革是针锋相对的。

在我们的社会科学研究中，教条主义在一些人的头脑中顽固地存在着，并且严重地毒害着人们的思想。这其中的一个典型现象，就是把马克思主义经典著作中的一些具体论述、党的领导人的指示、领导机关文件中的某些规定，视为神圣不可侵犯的"教条"，如果有人提出不同看法，就会被扣上"反对马克思主义"的大帽子。在这样的教条主义阻碍下，社会科学研究、马克思主义的发展和创新以及社会主义改革开放事业面临极大阻力。

7. 诡辩论的形而上学思维方式实质

提起"诡辩"这个概念，大多数人都会把它作为一个贬义词来看，有些人甚至把诡辩看成无理狡辩、胡搅蛮缠、颠倒黑白等。但是，这些说法并不是诡辩的原意，也无法揭示诡辩论的思维方式实质。据现存的一些文献记载，"诡辩"一词在中文的文献中，最早见于《淮南子·齐俗训》："诋文者处烦扰以为智，多为佹辩（即诡辩）"，看来，这里的"诡辩"（佹辩），有欺骗、虚假之意。英文中的"诡辩"或"诡辩论"一词，是从希腊文演化而来的，而在希腊文中，诡辩有"技巧""智慧"的意思，所以也被称为"诡辩术"（sophistry）。同时，诡辩与哲学在词源上有密切关系。所以，在古代的思想家那里，诡辩是与"哲学""技巧""智慧"等概念联系在一起的。这就是说，不能把诡辩简单地作为贬义词，它实际上是人的智慧的一种表现形式。在实际生活中，我们看到的那些善于诡辩的人，不正是常常表现得能言善辩吗？但是，在现代社会的一般思维方式中，"诡辩"已经变成了一个贬义词，它与原始哲学中的诡辩学派的思想确实有本质区别，并且不再有肯定性的意义。

那么，为什么"诡辩"逐渐变成贬义词了呢？这是由于古希腊时代，出现了一批专门以传授知识和各种技能为业的人，他们擅长讲演和辩论，这对辩证法的形成和发展做出了贡献；但是，这些人为了某种目的常常又歪曲辩证法，错误地运用形式逻辑的方法，用似是而非的论据，宣扬他们的一些不符合实际的观点。这些人自称为"智者"。当时的哲学家柏拉图把他们称为"智术之士"，也把他们叫做"诡辩术的专家"，说他们是为了骗人而进行虚假论证。这样，诡辩的概念也就发生了性质上的变化。

那么，在近现代以来的哲学中，诡辩的含义和本质究竟是什么？近代以来的哲学家们尖锐地指出，诡辩这个概念之所以影响越来越不好，甚至变得声名狼藉，这主要是由于某些人以任意的方式，凭借虚假的根据，以简单化的论证方法，将一个正确的观念绝对化地否定了，甚至有的时候，用同样的狡辩将一个错误的观念说得好像是绝对

辩证法：领导者思维能力提升之道

真理一样。可以看出，诡辩者的论证手法，是用虚假的证据和绝对化的方法，来达到迷惑人或者欺骗人的目的。这就暴露了诡辩论的形而上学思维方法的实质。

马克思主义政治家和杰出领导人，根据自己丰富的工作经验，运用辩证法思想方法，对诡辩的本质也进行过深刻揭露。他们指出，避开事物发展的全部具体情况，离开事物变化的内部联系，抓住事物的表面相似之处，来做出肯定的或者否定的绝对化结论，这就是诡辩的形而上学思维方式本质。

在中国，一提起"诡辩"这个概念，人们自然就会想起著名的"白马非马"的命题。这是我国古代学者公孙龙提出的，他的论证是："马者所以命形也，白者所以命色也，命色者非命形也，故曰白马非马。"

为什么说"白马非马"是一个诡辩论的命题呢？因为这个结论的得出，是运用了偷换概念的手法，马是指马的形体说的，而白马是指马的颜色说的，所以，马的颜色不等于马的形体；同时，这也是运用概念中一般与个别的差别，进而否定了一般包含在个别之中这个道理。很显然，个别的"白马"当然不等于一般的"马"，但是，一般的"马"不能孤立地存在，它必须通过"白马""红马"等个别的马表现出来。可见这两个论证方法，在形式逻辑上是可以说得过去的，但是，都表现出了一种形而上学的思维方法。

从上述几个诡辩的例子中，可以看出一些共同特点，这就是诡辩割裂了事物一般与个别的关系，或者是把本来是必然关系着的事物绝对对立起来，或者是用抽象概念来回避具体问题。很显然，就思维方法来看，表现出了明显的形而上学特点。

三　在批判性思维中开辟新的思想境界

辩证法的首要特征是它作为一种思维方式的批判的革命的本质，或者说，坚持批判性思维方式是辩证法最重要的思想品格。实践证明，在我们的社会现实生活中，克服形而上学的非批判性头脑，有效地运用辩证法的批判性思维方式，对于我们更好地学习和研究社会科学、马克思主义理论，特别是通过改造思想方法，增强领导者的辩证思维能力，开辟新的思想境界，创造新的工作局面，具有特殊重要的方法论意义。

（一）什么是批判性思维

长期以来，人们对"批判"这个词并不陌生，但是，大家对这个词的涵义有各种各样不同界定，特别是由于极左政治运动的思想干扰，对"批判"这个词的本来意义产生了很多误解，造成了不少理论上的混乱。随着社会主义改革开放的深入发展，人们在这一类问题的认识上，不断地恢复到了正常状态，开始对我们称为批判性原则的意义逐渐有了越来越接近于科学的认识。

什么是辩证法的批判性思维？对此，马克思有一个经典的论述，他指出："辩证法，在其神秘形式上，成了德国的时髦东西，因为它似乎使现存事物显得光彩。辩证法，在其合理形态上，引起资产阶级及

辩证法：领导者思维能力提升之道

其夸夸其谈的代言人的恼怒和恐怖，因为辩证法在对现存事物的肯定理解中同时包含对现存事物的否定的理解，即对现存事物的必然灭亡的理解；辩证法对每一种既成的形式都是从不断的运动中，因而也是从它的暂时性方面去理解；辩证法不崇拜任何东西，按其本质来说，它是批判的和革命的。"① 马克思在这里深刻地阐述了批判性思维的内涵。所谓对事物的批判性认识，就是必须把任何事物都看作是一种历史过程，是不断发展着的，其存在是暂时的，因而没有永恒、神圣的事物。因此，辩证法的批判性思维与各种盲目崇拜是格格不入的。

在实践马克思主义研究方法论的过程中，坚持批判性原则的问题，实质上是要在理论研究中和现实问题的思考中运用批判性思维方式。所以，这里的一个关键，是首先要对批判、批判性等概念的内涵有一个比较全面的认识，这样，我们才能够对什么是批判性思维有更加准确、科学的认识。

那么，什么是作为哲学思维形式的"批判"或者"批判性"呢？"批判性"（critical）这个词源自希腊文"kritikos"，意思是辨别力、洞察力、判断力，引申义还有敏锐、精明的意思。"kritikos"源自"krinein"，意指做出决断。因而，作为思维方式的"批判性"虽然包括发现错误、查找弱点等否定性含义，它同样包含有关注优点和长处等肯定性的含义②。

在大多数的学术文献中，"批判"是指对某种学术观点做客观、科学、公正的研究。正是在这个意义上，"批判"就是一种理性的研究方式。批判性思维就是一种理性思维，就是以这样的"批判"思想为基础的理性研究方式了。

在哲学史上，长期以来哲学家们对"批判""批判性""批判性思

----

① 《马克思恩格斯选集》第 2 卷，人民出版社 1995 年版，第 112 页。
② 谷振诣、刘壮虎:《批判性思维教程》，北京大学出版社 2006 年版，第 2—3 页。

三 在批判性思维中开辟新的思想境界

维"等概念的内涵和实质这些问题进行过不同程度的理论研究。在近代哲学史上,笛卡尔对批判性思维的实质进行研究和论述,开启了对这个问题研究的新阶段。笛卡尔认为,人们都具有一种我们称为良知或理性的东西,即人的"那种正确地作判断和辨别真假的能力"[①]。笛卡尔说,一个人如果真的要"正确地作判断和辨别真假",那就必须遵守四条规则,其中的第一条是:"决不把任何我没有明确地认识其为真的东西当作真的加以接受,也就是说,小心避免仓促的判断和偏见,只把那些十分清楚明白地呈现在我的心智之前,使我根本无法怀疑的东西放进我的判断之中。"最后一条是:"把一切情形尽量完全地列举出来,尽量普遍地加以审视,使我确信毫无遗漏。"[②]笛卡尔还进一步阐述了他认为必须遵循的批判或者批判性原则的实质,他明确指出:"如果我要想在科学上建立一些牢固的、经久的东西,就必须在我的一生中有一次严肃地把我从前接受到心中的一切意见一齐去掉,重新开始从根本做起。"[③]对此可以引申为:如果我们想成为有大作为的人,就应当对自己的全部人生经历做一番认真检讨,推翻那些曾经确信不疑的理念,彻底重新思考,然后做出"自己的结论"。

笛卡尔所谓批判性思维方式的实质是把一切以前的思想观点即"一切旧意见所依据的那些原则",都重新进行彻底的审视,在理性的判断中决定取舍。或者也可以说,这样的批判性思维,就是把以前的一切旧观念完全推倒、重新检查、彻底检讨自己以前所接受的全部思想理论,以新的根据重新形成自己的思想理论体系,在理性的基础上建立起一套新的观念。可以看出,这应当就是作为哲学方法论的批判

---

① 北京大学外国哲学史教研室编译:《西方哲学原著选读》上卷,商务印书馆1985年版,第362页。
② 北京大学外国哲学史教研室编译:《西方哲学原著选读》上卷,商务印书馆1985年版,第364页。
③ 北京大学外国哲学史教研室编译:《西方哲学原著选读》上卷,商务印书馆1985年版,第365—366页。

性思维的本来意义。在近代哲学史上，德国哲学家康德、黑格尔，特别是黑格尔，对批判性思维有过更加深刻的哲学研究。

在思想史上，对于大多数学者来说，所谓"批判""批判性思维"，是作为一种严肃的哲学思维方式来对待的。概括地来看，"批判"就是一种哲学研究，或者说"批判"就是一种研究。比如，马克思恩格斯早期的一部著作的题目就是《神圣家族，或对批判的批判所做的批判。驳布鲁诺·鲍威尔及其伙伴》，这里最后的一个"批判"，正是在这个意义上使用的。这就是说，所谓批判，就是进一步深入进行研究。

由此可见，所谓批判性思维，也就是批判性的思维方式，所以，这里首先应该对"批判"或者"批判性"这个词的涵义和实质有一个基本的了解。有的文献认为，"批判"就是对错误的思想观点进行分析并加以否定。应该说，这样的理解似乎有些简单化了，因为真正意义上的"批判"不能等同于否定。特别是在马克思主义哲学中，批判是辩证法的本质特征，所以，真正意义上的"批判"与形而上学的否定，辩证法的批判性思维方式与形而上学的简单抛弃，是不能同日而语的。

那么，究竟什么是辩证法所说的批判性思维呢？所谓批判性思维，就是对已有的一切思想观念、学说体系、公理原则等，从其理论根据、逻辑基础、思想来源等，进行前提性的清理，做科学的否定性分析，在彻底的重新研究基础上，做出自己的判断。或者也可以说，批判性思维就是对已有的思想观念进行彻底改造，重新建立一种自己确信无疑的思想理论体系。

（二）批判性思维的本质

在上面关于什么是批判性思维的研究中，对究竟什么是"批判性思维"的问题的考察过程中，实际上已经对批判性思维的本质问题有了比较一般的论述。在这个基础上，国内外学术界对批判性思维的本

三 在批判性思维中开辟新的思想境界

质问题,陆续进行了更加深刻的研究。

1. 批判性思维:一种理性的逻辑思维方式

有的学者对批判性思维进行过系统研究,做过定义性的研究。这些关于批判性思维的定义性的考察,实际上已经是在对批判性思维的辩证法本质进行研究了,因为在这些研究中,贯穿着从逻辑上和证据上进行证实或者证伪的过程,指出了批判性思维是一种严密的逻辑判断和客观评价的辩证认识过程。

在国内外学术界关于批判性思维本质问题的研究中,有的学者指出,批判性思维是一个过程,即批判性思维是一个复杂的思考过程,涉及很多技巧和态度,所以,也可以认为批判性思维是一种论辩,或者说批判性思维中具有论辩的特点。这就是说,批判性思维的着眼点通常被称为"论辩"。这就是说,批判性思维可以帮助我们更加精确地辨别明显的和隐藏的信息,理解论辩的形成过程。可以看出,论辩在本质上是一种批判性的思维过程。

在我国学术界有的学者认为,批判性思维是智力的训练过程,这个过程积极地、灵巧地应用、分析、综合或估价由观察、实验、反省、推理、交流中所获得的信息,并用其指导信念。这其中包含科学思维、数学思维、历史思维、人类学思维、经济学思维、道德思维和哲学思维。我国学者谷振诣在研究的基础上对批判性思维的本质做了这样一种认识论概括:"批判性思维倡导独立思考的精神和严谨审慎的思考态度;主张使用逻辑的方法和技术对思维产品和思维过程进行合理的质疑和反思,做出恰当的评估和判断;注重培养清晰性、准确性、一致性、合理性以及理性的公正、谦逊、真诚和执著等思维品质和习惯。批判性思维是教育的使命,须进行强化训练的思维基本功。"[1]

从一些关于批判性思维的研究文献中可以看出,批判性思维不是

---

[1] 谷振诣:《批判性思维与思维基本功》,《光明日报》2011年5月16日。

辩证法：领导者思维能力提升之道

盲目的认真思考，是不受偏见左右的独立思考，不受一时感情支配的冷静思考，不受各种贪欲干扰的清楚地思考，严格遵循逻辑规则进行的一种严肃思考，以一种分析、评价的方式的科学思考，等等。批判性思维是人们的一种理性思维方式。实践证明，这样的理论研究对于增强领导思维能力，具有基础性的价值。

2. 批判性思维——辩证否定的方法论

对于马克思主义的理论研究来说，批判性思维实质上就是作为方法论的唯物主义，其核心是唯物主义辩证法。那么，作为科学研究方法论的辩证法的本质是什么呢？关于这个问题，我们在前面所引证的马克思的论述中已经指出，辩证法在对现存事物的肯定的理解中，包含着对现存事物的否定的理解，即认为任何现存事物都要走向必然灭亡；在辩证法看来，任何既成的事物都处于不断的运动中，所以应该从事物的暂时性方面去理解它；辩证法不崇拜任何东西。这就是辩证法的批判的本质。

很显然，马克思在这里所说的辩证法的"批判"，是一种"否定"，没有否定就谈不上批判；但是，这里所谓的"否定"，不是简单的、单纯的，不是形而上学的否定，而是辩证的否定。这种辩证的否定，就是马克思恩格斯辩证法思想中那种"否定的否定"——通常所说的"否定之否定"。辩证法的否定之否定规律，揭示了事物发展过程中的辩证法，这就是由否定——肯定——再否定，即对否定的否定。这样的认识过程，好像最后一个否定又回到了原来的出发点，但这是在新的更高阶段上达到的。这就是我们所说的作为辩证法的实质的"批判"。

关于这一点，在引证了马克思关于资本主义发展中那种"剥夺剥夺者"规律问题的论述之后，恩格斯指出："马克思只是在作了自己的历史的和经济的证明之后才继续说：'资本主义的生产方式和占有方式，从而资本主义的私有制，是对个人的、以自己劳动为基础的私有

三 在批判性思维中开辟新的思想境界

制的第一个否定。对资本主义生产的否定，是它自己由于自然过程的必然性而造成的。这是否定的否定'等等（如上面引证过的）。""因此，当马克思把这一过程称为否定的否定时，他并没有想到要以此来证明这一过程是个历史地必然的过程。相反，他在历史地证明了这一过程一部分实际上已经实现，一部分还一定会实现以后，才又指出，这是一个按一定的辩证法规律完成的过程。"[①] 这就是说，在马克思的思想中，批判性思维的实质，就是辩证法的否定之否定规律的一种深刻体现；或者说，批判性思维就是否定之否定的辩证思维方式。

马克思的革命的批判性思维，作为科学的方法论，体现在他的整个科学研究过程中。正如列宁指出的："凡是人类社会所创造的一切，他都批判地重新加以探讨，任何一点也没有忽略过去。凡是人类思想所建树的一切，他都放在工人运动中检验过，重新加以探讨，加以批判，从而得出了那些被资产阶级狭隘性所限制或被资产阶级偏见束缚住的人所不能得出的结论。"[②] 这就是说，马克思的理论研究过程，就是一种批判性思维过程，因此，在马克思的著作中贯穿着一种革命性的批判精神。对于马克思来说，他的根本任务就是在批判旧世界的过程中创造新世界，同样地，也必须在批判旧思想的过程中创造新思想。需要指出的是，马克思和恩格斯对旧思想的批判，首先是对他们自己以往思想的一种自我批判。我们可以看到，马克思学说的这个形成、发展和成熟，实质上是一个批判的和革命的过程。他在批判旧思想的过程中，不断地创立新思想。而这个思想变革过程的实质，是在对自己以往思想清算的过程中，不断地使自己的思想达到新的历史高度。这一点的一个突出表现，是他和恩格斯于1845—1846年期间写的《德意志意识形态》一书。后来，马克思曾经说过，他们写作这部著作的动机，是要"共同阐明我们的见解与德国哲学的意识形态的见

[①]《马克思恩格斯文集》第9卷，人民出版社2009年版，第141页。
[②]《列宁选集》第4卷，人民出版社1995年版，第284—285页。

辩证法：领导者思维能力提升之道

解的对立，实际上是把我们从前的哲学信仰清算一下。这个心愿是以批判黑格尔以后的哲学的形式实现的"①。因此，马克思的学说从其产生的时候起，就显示了它的批判的和革命的本性，也就是说，他的学说是随着时代的发展而不断前进的。批判就是一种自我思想清算的认识过程。可以看出，理论研究中这种自我思想批判的精神，是马克思批判性思维的一个本质特征。

3. 批判性思维：与形而上学的演绎性思维相对立的辩证的归纳性思维

长期以来，由于教条主义、个人崇拜之风毒害，在理论界曾盛行一种以"前提正确"为根据的所谓"论证性思维"，实质上是一种形而上学的演绎性思维。在形式逻辑中，演绎方法就是通过概念的逻辑推演为已经确定为正确的前提寻求各种论据，以论证其所以正确。演绎推理是从一般到个别的推理，是必然性推理，即前提正确。推理形式规范，那么其结论必然正确。归纳推理是从个别到一般的推理，是或然性推理，即是说如果前提正确，推理形式规范，也未必能够得出与前提相一致的结论。应该说，形式逻辑的演绎推理和归纳推理，作为一般的思维方式，各有其方法论的价值和现实的意义。但就其思维方式的实质而言，演绎推理是属于形而上学的思维方式；归纳推理则具有辩证法的思维方式性质，就根本特征来说，应该说是一种批判性思维方式。

与形而上学的演绎推理的那种"论证性思维"相反，归纳推理是一种辩证法的批判性思维，它的实质就是对理论的前提批判，也就是对该思想体系本身之所以能够确立的各种前提是否成立这个根本问题的理论考察，或者说，所谓对理论的前提批判，就是对该理论真理性之能否成立问题的前提的一种审查。很显然，这种对认识真理性的审

---

① 《马克思恩格斯选集》第 2 卷，人民出版社 1995 年版，第 34 页。

查，恰恰是批判性思维的实质性要求。

总结我们在理论研究中的经验教训，其中的一个值得特别重视的问题，就是在哲学社会科学研究中，特别是在马克思主义理论研究中，形而上学的演绎性思维盛行，使我们深受其害。究其根源，理论工作是一种演绎性的论证，而不是从实际出发的批判性研究。这样，就必然是教条主义横行，结果是窒息了人们的自由探索，扼杀了人们的创造性认识能力。在这样的理论氛围中，真正的哲学社会科学研究，特别是创造性的马克思主义理论研究，是无从谈起的。

综上所述，我们可以指出，批判性思维的实质，就是在理论研究中以理性、逻辑为准则，以客观事实为基础的分析、研究、探讨，是推敲、评价、鉴别；这样的批判性思维本质特征，是不盲从，不迷信，不受权威和利害的诱惑，不为权势所左右，独立思考，切实贯彻从客观实际出发、实事求是的方法论原则。理性、逻辑是批判性思维的准则，实事求是是批判性思维的基础，独立思考是它的基本思维方式。这里需要指出的是，批判性思维本身包含着严格的自我思想批判，所以，它是一种革命性的、彻底的、无限发展的思想方法论。还应该强调的是，作为批判性思维的关键环节和实质性的内容的独立思考，是批判性思维方式的灵魂。

大量的实践经验表明，面对着变化多端、极为复杂、矛盾交错的社会现实，我们的领导者必须保持一个批判性的头脑，能够时刻做到冷静地理性思考和严密地逻辑分析，坚持独立思考，这对于排除干扰，防止失误，始终沿着正确的方向前进，具有极为重要的方法论意义。

（三）批判性思维特殊的方法论价值

对批判性思维本质的深刻认识，可以使我们对批判性思维特殊的方法论价值有更加深入的认识。实践证明，有效地运用批判性思维的

辩证法：领导者思维能力提升之道

哲学方法论，这对于我们不断地增强领导思维能力，提高实际的领导思想水平，具有重要意义。切实运用批判性思维方式的特殊方法论价值，主要表现为它是开辟思想新境界的内在动力。

1. 批判性思维的思想启蒙意义

在近代以来的学术发展史中，人类思想进步的一个重要动力，就是学术界批判性研究所取得的伟大思想成果。在这一点上，作为批判性思维特殊形式的思想启蒙，具有极为重要的理论价值和现实意义。

什么是思想启蒙？所谓思想启蒙或者说启蒙运动，主要是针对中世纪的思想禁锢而言的思想解放。在世界历史上，中世纪以后的欧洲，曾经发生过几次著名的思想启蒙运动，当时启蒙运动其锋芒所向，是批判神学蒙昧主义，要把人从神学的束缚下解放出来；中国近代史上，也发生过几次重要的启蒙运动，这其中1919年的五四运动，是影响最大的启蒙运动，这个时期启蒙运动的针对性，主要是对封建专制主义的批判，把人从各种各样的专制制度和专制思想中解放出来。从人类历史的发展中可以看出，每一次重要的思想启蒙运动之后，都会由于空前的思想解放而产生深刻的社会变革，从而使人类社会前进到一个新的文明历史阶段。从这些历史变革中，我们可以认识到"启蒙"和"启蒙运动"的实质和重要价值。

那么，"启蒙"和"启蒙运动"的实质是什么呢？19世纪德国哲学家、同时也是启蒙思想家的康德说："启蒙运动就是人类脱离自己所加之于自己的不成熟状态。不成熟状态就是不经过别人的引导，就对运用自己的理智无能为力。当其原因不在于缺乏理智，而在于不经别人的引导就缺乏勇气与决心去加以运用时，那么这种不成熟状态就是自己所加之于自己的了。Sapere aude！（要敢于认识！）要有勇气运用你自己的理智！这就是启蒙运动的口号。"[①] 可以看出，康德说的

---

① 〔德〕康德著，何兆武译：《历史理性批判文集》，商务印书馆1990年版，第22页。

"启蒙"和"启蒙运动",最本质的东西,就是人"有勇气运用你自己的理智!"同时,康德还指出,启蒙运动与自由是联系在一起的,因为在他看来,"这一启蒙运动除了自由而外并不需要任何别的东西,而且还确乎是一切可以称之为自由的东西之中最无害的东西,那就是在一切事情上都有公开运用自己理性的自由"。同时康德还认为:"必须永远有公开运用自己理性的自由,并且唯有它才能带来人类的启蒙。"[①]在康德看来,"在一切事情上都有公开运用自己理性的自由"——公开运用自己的理性去审视一切,争取思想的自由,这就是欧洲18—19世纪启蒙运动不惜代价所追求的崇高目标。由此,这里所说的启蒙运动"用自己的理性去审视一切",就是一种彻底的批判精神。

从世界近代文明发展史中,我们会发现,启蒙运动最突出的特点,是要唤醒人的理性,激发人的思想力量。因为,一旦人的思想觉醒了,它就会成为一种不可抗拒的精神力量,并且能够义无反顾地把现存的一切制度、秩序、权力等,搬到实践理性的法庭上,对它们的合法性、真理性、有效性提出无情的挑战和批判。在过了一定的历史时期之后,人们将会惊奇地发现,启蒙运动这种思想的挑战和批判,似乎有一种改天换地的力量!

在中国语言中,"启蒙"的本来意义就是对初学者、幼稚者进行最基本的、入门的知识教育,即通常所说的"启蒙教育";引申来说,所谓"启蒙教育",就是通过普及新知识,使人们摆脱愚昧和迷信状态,使人成为自觉的人。我国五四运动后,20世纪30年代曾经进行过一次新启蒙运动,这次启蒙运动的主要思想家、著名哲学家艾思奇明确指出,五四新文化运动是一次启蒙运动。他在解释这次启蒙运动的实质和意义的时候这样说过:"五四新文化运动的作用,在消极方面,是反对旧的封建传统文化,也就是反对那种使大众愚蒙的,只当

[①] 〔德〕康德著,何兆武译:《历史理性批判文集》,商务印书馆1990年版,第24页。

辩证法：领导者思维能力提升之道

做少数特殊人物的饰装品和御用品的旧文化。独断、迷信、吃人的不合理的教条，充满了这整个的旧文化的内容。为要对抗这种旧文化，在积极方面，就不能不建立一种新的合理的文化：用民主的自由的思想来对抗独断的教条，用科学的文化来代替迷信的愚蒙。这就是民主主义和科学精神的要求。总之，要从黑暗的中古时代的睡梦中把民众唤醒，使他们能够自觉到自己的现实的存在，这就是新文化的意义，也就是启蒙运动的意义。"①

新启蒙运动的主要思想家张申府（张崧年），则在一般意义上对"启蒙"和"启蒙运动"的概念进行过解释。他说："就字面说，启蒙就是开明的意思。""再分别说，启蒙就是打破欺蒙，扫除蒙蔽，廓清蒙昧"，"就是脱离迷信，破除成见"。关于启蒙运动的实质或者说本质特点，张申府概括说："凡是启蒙运动都必有三个特性。一是理性的主宰；二是思想的解放；三是新知识新思想的普及。……所以凡是启蒙运动必然反迷信，反武断，反盲从，反权威，反传统。而历史上的启蒙运动尤其在于反封建。"②这些话对于我们今天的人们来说，仍然具有振聋发聩的意义。

对此，可能会有人提出质疑：我们已经具有了马克思主义的基本知识，学习了中国特色社会主义理论，难道还需要思想启蒙吗？答案是肯定的。这是因为，社会主义改革开放过程本身，就是一个思想解放的过程，而思想解放的实质，就是一种思想启蒙。这里的所谓思想启蒙，锋芒所指，就是前进道路上各种各样的教条、各种各样的偶像、各种各样的拜物教等，实践证明，这些思想桎梏不破除，改革开放事业将寸步难行。拿什么来破除它们呢？这就是思想启蒙的武

---

① 丁守和主编：《中国近代启蒙思潮》下卷，社会科学文献出版社1999年版，第170—171页。
② 丁守和主编：《中国近代启蒙思潮》下卷，社会科学文献出版社1999年版，第168页。

三 在批判性思维中开辟新的思想境界

器——以实践理性为基础的批判性思维。

时代向前发展了，但是，充分认识到哲学的思想启蒙功能，在我国当代社会的政治生活中仍然具有重要价值。当前，我们正在进行的社会主义改革开放，是一项前无古人的事业，事实证明，每前进一步，都要不断地破除各种各样的思想羁绊，为事业的进一步发展，开辟出新的思想领域。而这个思想领域的拓新，对于我们来说，实质上就是一个哲学的思想启蒙的过程。

作为一个希望有作为的人，特别是现代社会中各个领域、各个方面的开拓者，这当然需要有各种优秀的个人素质，但是，对于他们来说，最重要的事情，是使人的思想摆脱种种桎梏羁绊，不断地得到真正的解放，成为一个真正有自己的思想的人，成为一个真正的自我。否则，即使再聪明的人、能力再强的人，也不会有什么作为。那么，这方面究竟需要一些什么样重要的素质呢？这其中最重要的条件之一，就是必须具有一个批判性的哲学头脑，实现人的思维能力的再造。实践证明，哲学批判性思维的思想启蒙价值对于一般人的重要性，特别是对于那些面对复杂局面的领导者来说，无论怎样评价，都不为过高。

2. 批判性思维——清算教条主义的尖锐思想武器

在中国历史上，作为一种意识形态和思维方式，教条主义有着久远的思想根源，这就是封建专制主义的帝王思想的所谓"思想定于一尊"；如果说最早明确树立起教条主义旗帜的，则是汉武帝时期董仲舒提出的"罢黜百家，独尊儒术"思想主张。从此，孔子为代表的儒家思想成为官方的意识形态，在一般人的心目中，特别是学术研究中，必须以孔子之是非为是非，挑战孔子的思想权威就是"非圣即违法"。这样，当时大部分知识分子，都以注经解经为能事，于是思想上的迷信、盲从之风日盛。这样的教条主义传统对中国文化、科学的发展产生过相当消极的影响。

辩证法：领导者思维能力提升之道

随着近代文明的发展，特别是五四新文化运动中对儒家思想专制主义的批判，"独尊儒术"的教条主义影响逐渐受到抑制。但是，由于传统文化的消极作用，特别是思想理论领域中形而上学思维方式的束缚，教条主义并没有消除，反而有的时候表现得很猖獗，特别是在党的领导"左"的指导思想占统治地位的情况下，表现得更加严重。实践证明，教条主义作为一种恶劣的思想作风，对领导者的思想和工作构成十分严重的危害。那么，怎样才能真正彻底地消除教条主义的危害呢？这就需要我们认真研究教条主义的主要表现形式及其思想本质，这样，才能有的放矢地根除其恶劣影响。

在我们的一些领导者那里，教条主义的思想作风，主要表现为把马克思主义经典著作中的个别论述、把高级领导人的某些指示、把上级文件中的某些规定，当作适用于一切条件下的指导思想和不变的公式。党的领导工作的经验教训说明，对马克思主义的这种教条主义态度，其中的一个思想根源，是形而上学思维方式的束缚。

那么，如何破除以僵化思维对待已有的理论或者是上级领导指示的教条主义思想作风呢？这其中一个重要的理论武器，就是辩证法的批判性思维。科学的批判精神，是把马克思主义原理作为世界观和方法论，作为理论研究和实际工作的指南，而不是作为公式或者教条，这样，才能在科学世界观、方法论的指导下开辟新的思想世界。关于这一点，马克思早期就明确指出过，我们要开创新世界，绝不能从理论原则出发，而必须从客观实际出发。这是因为"新思潮的优点就恰恰在于我们不想教条式地预料未来，而只是希望在批判旧世界中发现新世界。""所以，什么也阻碍不了我们把我们的批判和政治的批判结合起来，和这些人的明确的政治立场结合起来，因而也就是把我们的批判和实际斗争结合起来"。[①] 实践证明，与现实的实际斗争相结合的

---

① 《马克思恩格斯全集》第1卷，人民出版社1956年版，第416—418页。

三 在批判性思维中开辟新的思想境界

批判性思维是能够摧毁教条主义的有力思想武器。

形而上学思维方式的一个本质特征，是其僵化性质，即认为所有理论都具有先定正确性、不可否定性、不可变性，如此等等。这样，就会在一些人的头脑中产生出那种适应一切时代、一切场合、一切条件的结论和公式，于是，也就必然出现一批不愿意动脑的思想懒汉。但是，恰恰是由于这种教条主义的思想作风，使某些领导人的工作陷入到错误的深渊之中。

那么，怎样才能打破以僵化思想为基础的教条主义影响呢？这就是我们必须认识到，一切都是在不断地发展着的，一切事物都在运动的过程中，所以，一切事物都只具有历史的性质。世界上没有永恒的事物，没有绝对的现象，没有神圣不可侵犯的东西。所以，任何理论都在不断地发展过程中，没有永恒不变的思想观点。唯物辩证法的真理就是批判性思维的本质。事实证明，在科学批判精神面前，在日新月异的社会现实面前，那些教条主义的迂腐僵化论调是根本站不住脚的。到现实中，到群众的实践中，拿起批判性思维的思想武器，我们就一定会摧毁教条主义的影响。

现实生活和长期的领导实践经验都证明，要切实克服教条主义的思想影响，必须进行思想方法的彻底改造，这其中的一个重要内容，就是以批判性思维方式取代论证性思维方式。这里所谓的"论证性思维方式"，它的实质也就是从原则出发，从已有的结论出发，这一思维方式的主要形式是演绎，而不是归纳，是一种形而上学的推论。现实存在的"论证性思维方式"，是一种单向接受式的研究方式。事实证明，这样一种形而上学的思维方式，恰恰是教条主义的实质。

一般来说，演绎是不能出新知识的。我们并不是否定任何一种论证，也不是说论证是没有价值的。但是，如果把我们的社会科学研究工作变成一种单纯的论证性思维方式，那就是有害的了。所以，我们应该不断增强马克思主义的批判精神，形成具有创造性的科学批判

辩证法：领导者思维能力提升之道

性思维方式。当然，在一定意义上说，批判性思维也是一种论证，但是，批判性思维与形而上学的论证性思维方式是根本对立的。当前思想界的一个重要任务，是尽快克服形而上学的论证性思维方式，形成积极的、具有创造性的科学批判性思维方式。以批判性思维方式代替形而上学的论证性思维方式，对于领导思维的改革，也是具有重要意义的。

德国哲学家康德说："至少有一点是肯定的：谁尝到了'批判'的甜头，谁就会永远讨厌一切教条主义的空话。"[①]我们完全可以这样说，在党的领导实践工作中，真正切实运用革命的批判的思想武器，就能够打破各种教条主义的空话，开创出工作的新局面、思想的新境界。

3. 科学批判精神——开辟新境界的根本思想途径

马克思恩格斯学说的发展史进一步说明，批判性思维，即以人类文明成果为基础的科学批判精神，是开辟思想新境界即理论创新的伟大内在动力。

如果大家回过头来再看看马克思恩格斯的著作，就可以发现，他们早期的理论创造能力，与他们的革命批判精神是分不开的。正是在《黑格尔法哲学批判》、《神圣家族》(其副标题是"对批判的批判所作的批判")、《反杜林论》(实际上是对杜林的批判)、《哥达纲领批判》、《政治经济学批判》(这也是后来的伟大著作《资本论》的副标题)等这些充满了革命批判精神的著作中，显示出了他们的伟大创造才华。他们是在批判旧世界的过程中，不断发现新世界的。如果我们再细致地研究一下马克思恩格斯这些伟大著作产生的过程，就会得出一个重要的结论：科学的批判精神是理论创新即创造新的思想境界的内在动力。

---

① 北京大学外国哲学史教研室编译：《西方哲学原著选读》下卷，商务印书馆1985年版，第306页。

三　在批判性思维中开辟新的思想境界

肯定意义上说的批判，通俗地说，就是对旧思想理论的一种分析，一种剥离，而不是简单的抛弃。我们这里所说的批判，作为一种否定的形式，不应当做形而上学的理解，它的实质是辩证法所说的"扬弃"。所以，批判是创新的一个必要途径，没有批判，就不会有创新。毛泽东说过，"破字当头，立也就在其中了"。这句话虽然有些绝对，但是，我们却必须承认，没有破就没有立，这是正确的。

同时，在强调批判精神的重要性问题时，我们还要注意克服那种庸俗的、低级的所谓"批判"。这种所谓的"批判"，是以给人家扣帽子为特点的。有些人，他们总是以马克思主义者自居，开口就是"马克思主义认为如何、如何"，其实那只是他们自己的观点；而对别人，则动不动就说某种观点是"反马克思主义"的。所以，必须清除这种所谓的"批判"，因为，这种庸俗的、低级的"批判"，恰恰是理论创新的一种阻力。

切实运用批判性思维方式，增强创造性的能力，这不但是理论研究创新的关键，而且也是党的领导工作创新的一种有效思想武器。经验教训告诉我们，克服形而上学思想方法，增强领导者的辩证思维能力，对于开创工作的新局面，具有极为重要的方法论意义。因为新的工作局面，要建立在更高层次的思维方式基础上。所以，领导者要具有自觉的创新精神，必须从旧的思维方式的束缚中解放出来，才能取得新的思想进步，开辟工作的新局面。因此，切实运用科学的批判精神即批判性思维，是开辟新境界的根本思想途径。

四　创造性思维：新思想产生和发展的内在动力

——创造性思维的本质、要素和价值

哲学思维在本质上是一种创造性思维，准确地说，哲学思维是一种原创性思维，也可以称为元创性思维。在这种创造性的思维方式中，鲜明地反映了唯物辩证法思维方式的本质。马克思曾经明确地指出了辩证法的革命的和批判的本质。那么，作为辩证法的本质的"革命的和批判的"精神实质是什么呢？概括地说，革命的和批判的思维方式的本质，就表现为思维方式的一种创造性，所以，创造性思维可以说是唯物辩证法的灵魂。

在改造领导思维方法的问题上，为什么要强调创造性思维的重要性呢？因为这其中要解决的突出问题，是克服领导思想中的教条主义影响。实践证明，最大限度地摆脱教条主义的束缚，不断增强创造性思维的哲学辩证法意识，对于提高领导工作的水平和效率，具有极为重要的思想方法论价值。

（一）什么是创造性思维

要确切地认识究竟什么是创造性思维，首先应该明确"创造""创造性""思维的创造性"等这几个概念的内涵。作为辩证法思维方式的

四 创造性思维：新思想产生和发展的内在动力

"创造"等，与一般的科学概念不同，不是"形而下"的"创造"，而是"形而上"的"创造"，是哲学思维层次的概念。可以看出，哲学理解的创造，是一种原始性质的创造，所谓"原创"即"元创"。再进一步说，"原创"或者"元创造"的实质，从其哲学的思维内容上来认识，"创造"的过程，其实质是一种"从无到有""破旧为新"的思维过程，所以，人们常常把"创新"与"创造"等同起来。

应该说，创造与创新是既有区别又有联系的范畴，它们一般都是指学术思想、科学理论、生产技术等方面的新突破，新发现、发明等。但是，一般来说，创造是从无到有的过程，有首创、原创之意，比如，有一个说法认为，创造是指"首创前所未有的事物"。[①] 创新，对现存事物的再创造，它主要是反映在通过更新改造过程，而使事物有新的发展，如生产技术创新、组织管理创新、制度创新、观念创新，等等。在这个意义上也可以说，创造与创新在本质上是一致的，甚至是可以通用的范畴。这里需要说明的是，如果不加以特殊界定，本书通常是在同一个意义使用创造与创新，即创造性思维和创新性思维这样的范畴的。

据研究，在西方学术界曾经有人对"作者"（我们常常用"著作者""创作者""作家"等）的本质内容做过考察。产生于古希腊的一种观点认为，"作者"即"制作者"，意味着他有某种技艺、技能等。产生于文艺复兴时期的一种观点认为，"作者"即"创造者"，还有一种是基督教神学的解释。

这里，我们先从词源学的解释上看一看，"作者"（author）和"创造者"（creator）这两个词的具体意涵和指称对象。据西方学者考证，auctor（作者）这个术语在中世纪被认为与拉丁动词 agere（表演）、augere（发展）、auieo（关联）以及希腊名词 autentim（权威）相关，

[①] 《辞海》，上海辞书出版社 1979 年版，第 183 页。

辩证法：领导者思维能力提升之道

被赋予"可信赖"或者"有权威"之义；现代的"作者"（author）一词由中世纪的 auctor 发展而来，意指"图书制作者"，它在此基础上还可细分为抄写员、辑者、评论者和作家四大类，其中只有最后一类与现代的作者观念相关。

  在拉丁语中，动词"创造"与"制作"可分别由 creare 和 facere 这两个语词来表示。在基督教时代，动词 creare 这个语词成为了专属名词，用来专指那"无中生有"的伟大活动，这一活动的"发起者""实施者"即"创造者"就是上帝，因此这两个语词专指上帝及其活动；而 facere 则是用来"指称"人的相关活动，与上帝的"创造活动"相比，人的各种活动只能是"制作活动"。不难看出，这是通过语词的专属化来严格区隔"神性"创造者与"人性"制作者，来严格区分两者的不同活动。因而，"创造""创造者"最初不仅被严格限定在基督教神学领域内，而且有其十分明确的特定涵义与特定所指。正如雷蒙德·威廉斯所言，将"创造"这个词的词义加以延伸，指涉"现在或将来的创造"，亦即一种"人为的创造"，标志着"创造"这一语词的指称对象和范围出现了重大转折，这种转折发生在文艺复兴时期，并延续到后来的历史时期。也有一些学者认为，只有到了 18 世纪下半叶，才最终在文化领域完全确立"作者"作为"创造者"的地位，其标志就是浪漫主义的兴起。这其中，最具本质性的变化在于：人的地位获得了巨大提升，人性得到了极度张扬，即实现了"创造""创造者"语词内涵和所指对象由神学到人学、由上帝到自我的根本转变。这就是说，文艺复兴的伟大贡献，恢复了人这个"创造者"的本来地位[1]。这就是说，"从无到有""无中生有"——这只能是人的创造性行为，宇宙中最伟大的"创造者"是人。

---

[1] 张永清：《历史进程中的作者——西方作者理论的四种主导范式》，《学术月刊》2015 年第 11、12 期。

四 创造性思维：新思想产生和发展的内在动力

对上述的这些论述，我们还可以进一步概括指出，"创造"这个概念的内涵，即以原创的形式或者改造的形式，突破传统的思维方式而提出的新理论、新方法、新原则、新程序、新规则、新模式，以及相应的新思想成果，等等。当然，一般来说，"创造"是指结果而言的，而"创造性思维"主要是指一种前所未有的思维方式，是指一种新的思想认识过程。但是，离开创造性的思维过程，对其结果，又是比较难理解的，同样道理，离开了创造性的结果，创造性的思维方式也是没有价值的。所以，我们这里用"创造性思维"这个提法，把创造性思维及其创造的新成果统一在一起，即创造性的思维过程和它的结果的统一。当然，在一般的情况下，创造性思维主要是指创造性思维方式而言的。

（二）创造性思维的基本要素

作为人的一种思想活动，创造性思维也必须通过一定的精神形式表现出来，这样，创造性思维的那些必要的表现形式，就构成了它的基本要素。

1. 自由的思想探索

创造性思维的实质是什么？归根到底就是人的思想的自由探索，其表现形式就是自由的思考、自由的创作、自由的表达。所以，我们还可以进一步概括说，创造性思维就是人的一种自由思想探索。没有自由的思想探索，就谈不上什么创造性思维。所以，自由的思想探索，就形成了创造性思维的基本要素。

创造性思维这个基本要素，主要是指我们的学术研究主体，特别是科学研究工作者，在精神上和思维能力上应该具有的基本状态，其核心内容则是人的思想活动究竟有多大的自由度。从肯定的意义上，我们完全可以这样说：一个人的思想有多大的自由，他就会有多大的

辩证法：领导者思维能力提升之道

创造性贡献。古今中外那些大思想家、大政治家、大企业家、大艺术家，一个突出的特点是，他们都是一个自由的主体——自己能自由地做自己的主人。

自由是什么？它是人的自觉、自主的能动力量。因此，自由是主体的能动性表现形式，它有一种不可遏止的前进运动性质。人的思想就具有这样的性质，思想本身具有不可遏止的进取特点，或者说，思想本身就是人的自由追求，没有了自由，也就没有了思想。所以，自由的思想探索，就构成了创造性思维的基本要素。

说到自由的这种伟大力量，我们还要特别注意研究那些追求民主和革命的学者和文艺家的历史贡献。在反对封建专制的斗争中，为民族解放的浴血奋斗中，他们呕心沥血，创作出了讴歌自由、反对专制政治的不朽篇章。像陈独秀的《"新青年"宣言》，毛泽东的《"湘江评论"宣言》，鲁迅的《狂人日记》，郭沫若的《女神》，巴金的《激流三部曲》——《家》《春》《秋》，曹禺的《日出》《雷雨》等，脍炙人口，风靡一时，传播着自由的精神，激起层层思想巨澜。追求思想自由为什么会激发出这样神奇的创作力量？因为自由的思想探索——这是创造性思维的灵魂！

对于每个人来说，自由，最根本和最主要的是思想自由。所谓思想自由，就是每个人能够自由地思考问题。这里所说的"自由地思考问题"，是根据自己的意向，选择自己感兴趣的问题，以自己独特的方法，用自己的特殊风格，来进行研究和创作——自由的思想探索和创造。我们在上面所列举的历史名篇，都是这样自由思想创造的产物。

由于整个世界在经济、政治、文化等领域的深刻变革，我们在各种工作领域里，都会遇到许多前所未有的难题；但是，社会的空前变化也给我们带来了无限的选择机会。困境与机遇同在，这就要求我们发挥自由探索精神，充分运用各种各样的有利机会，最大限度地展示我们的聪明才智，把工作提高到一个新的水平上去。在当今充满了各种各样机会的世界上,不能抓住机会、失掉了机会,对于现代领导者或者企业家来说,那很可能就意味着将失去一切!所以,我们必须破除一切思想束缚,搬掉一切思想障碍,让思想自由飞翔!

2. 独立思考

清华大学生命科学学院院长施一公在一次学术论坛上提出,创新离不开"自由思想、独立精神、包容百家"这样的氛围。他举例说,以色列总统西蒙·佩雷斯小时候,每天放学回家,他的母亲总要问他两个问题,一个是"你是否在课堂上问过一个你的老师回答不上来的问题";二是"你在学校里是否做过一件让你的老师印象很深的有创意的事情"。这与我国的情况不同:课堂上是灌输式教育,甚至是等级制教育;家长问的问题大多数是"你在学校里是否听老师的话"。他认为,课堂上应该鼓励学生对自己的讲课进行质疑,提出一些尖锐的难题[1]。这个问题的实质是什么呢?这就是在鼓励学生要有独立思考的思想品格。在这个方面,以色列人的那种独特的创造精神,他们的那种创造性思维方式,是值得我们借鉴的。

近代以来有杰出贡献的大思想家、大科学家、大艺术家,比如说,马克思,弗洛伊德、门德尔松、爱因斯坦、维纳、奥本海默等,他们的创造居于世界前列。有人说,如果没有犹太人,世界历史可能需要重新写。此话并非言过其实。为什么犹太人具有这样不同寻常的智慧?有的学者研究认为,这是因为那些生活在全世界各个区域的犹太人,他们能够接受不同的甚至异质文化的刺激,但是,又不崇拜权威,他们都有一个共同的特点:善于独立思考。这就是犹太人具有惊人的创造性思维能力的根本原因[2]。

独立思考是一种鲜明的主体性思维,而这恰恰是创造性思维的一

---

[1] 熊丙奇:《"训导"式教育难出创新人才》,《北京青年报》2011年12月19日。
[2] 刘洪一:《犹太人的创造力从何而来》,《解放日报》2020年8月8日。

辩证法：领导者思维能力提升之道

个根本要求。创造性思维的主体是具有独特个性的个人，这里所说的思维的主体性，其特殊意义是说创造性思维，与任何一种专制主义的思维方式都是不相容的，它是一种对作为思维主体的每个人平等地位的尊重，它反对思想定于一尊，而是主张人的主体意识的自由发展，实质是个人的思想自由翱翔；或者说，就是人的思想自由。人的思想自由是创造性思维的主体性本质的本来意义。

具有指导人们进行创造性实践活动的功能，这是思想的特殊价值。对于我们来说，这样的思想，就是马克思主义的真理；而具体来说，就是我们每个人以学习和继承前人的理论成果为基础，在对实践经验总结中所提出的独特思想见解，它是马克思主义普遍真理的体现。事实证明，在独创性思想的指导下，才能形成创造性的实践。所以，在学习和研究的过程中，形成自己具有独创性的思想，这就是我们学习和研究工作最主要的价值目标。

这种创造性思维的本质特征是什么呢？就是不重复别人的思想和做法，不依赖模仿，不走别人的老路。当然，这不是说拒绝向别人学习，而是说必须具有自己独特的东西。这就是说，创造性思维的基本要求，就是不做任何人、任何思想的奴隶，反对盲从，独立思考。

创造性思维的强烈主体性特征，使它与任何一种教条主义都格格不入；一个具有创造性思维的人，他不能容忍自己生活在别人思考的结果中，他始终都要根据自己的思考去行动。

人类文明发展的实践经验一再说明，靠重复别人的，靠模仿，走别人的老路，是不可能有什么大出息的。这正如一些杰出思想家和伟大政治家所说的：那些具有天才禀赋的人，他们决不会遵循常人的思路去行动；真正的优秀人物不会走任何人的老路；创造不能没有模仿，但是，模仿不是创造；没有一个人会因为模仿而成为伟人；如此等等。

四　创造性思维：新思想产生和发展的内在动力

如果人们具有强烈的主体意识，那就必然会形成具有独创性的思维方式。人们这种个性鲜明的主体精神及其独创性的思维方式，使他们勇于挑战权威，大胆接受新观念，敢于打破常规，就会富于创新能力，从而做出常人所不可能做出的杰出贡献。所以，对于那些有所作为的人来说，具有一个善于独立思考的头脑，是多么宝贵啊！

3. 想象力的发挥

由于现代社会生活的多变和极端的复杂性，常常会出现一些捉摸不定的现象，这就必然给人的认识造成许多意想不到的困难，特别是在洞察那些似乎是高深莫测的社会现象时，就需要更高水平的认识能力。特别是在经济竞争、政治民主、科学昌明、学术发达的当今社会，对领导者提出了一些特殊的能力和智慧要求，其中的一个就是必须有一定的想象力。许多的经验教训说明，没有想象力的领导者，在当前竞争激烈的现实生活中，很难成为一个胜利者。所以，当人们在评价一个领导人的能力和水平时，常常会提出这样的问题：这个人的想象力怎么样？

什么是想象力？这要由想象这个概念说起。作为人认识能力的想象力，它的基础要素是想象。一般来说，想象是一种心理学上的概念，它是指在知觉材料的基础上，经过新的配合而创造出新形象的过程；或者说，想象是指对于不在眼前的事物想出它的具体形象，比如设想等。进一步说，想象是人们头脑中原有的表象经过加工改造和重新组合而产生新的形象的心理过程，是一种高级复杂的认知活动。形象性和新颖性是想象活动的基本特点，它主要处理图形信息，以直观的方式呈现在人们的头脑中，而不是以词语、符号以及概念等方式呈现。

由此可见，所谓想象力，就是人们所具有的想象的能力。具体说，想象力是在知觉材料的基础上，经过新的配合而创造出新形象的能力。由此，所谓想象力就是人们在已有知识的基础上，通过分析和

辩证法：领导者思维能力提升之道

综合的复杂思维过程，在自己头脑中创造从未有过的观念或者思想画面的能力。

当代那些有卓越贡献的大企业家，往往是具有超常想象力的人，他们的不同寻常的业绩，就反映出了这种能力。对于现代政治家来说，想象力丰富，就标志着他们有很强的创造性工作和思想能力；相反，那些没有想象力的领导者，没有主见，毫无主动性，不动脑筋，不出主意，推一下，动一下，这样，他们就必然是一些平庸的官僚主义者。

人们的想象力的程度，从根本上说，是以他们的知识和经验为基础的，也就是说，知识贫乏、没有基本人生经验的人，他们是不可能具有丰富的想象力的。但是，知识和经验又不能说明想象力的高低，甚至在一定的意义上说，想象力比知识和经验更重要。这就是说，人们不被已有的东西或知识所束缚，而是立足于已有的知识，大胆幻想，才能提出新颖独到的新见解来。所以，从本质上看，想象力是一种特殊的创造性思维能力。我们说想象力是一种创造性能力，这是因为想象力实质上是一种自由的思想，或者是思想的自由。可见，想象力就是这样一种以思想自由为基础的创造性思维过程。总而言之，人的想象力实质上就是他的自由的思想能力，或者说，就是他能够冲破现实束缚的无限创造性能力。真正自由的思考，是想象力的本质。

历史经验表明，要提高执政水平，归根到底取决于政治家素质是否在不断提高。就我们相当多的领导干部的思想能力这方面的情况来看，缺乏想象力是个比较普遍的问题。我们可以就此作一个对比：缺乏想象力的人，一般都是思想贫乏，他们讲话是照本宣科，毫无表情，味同嚼蜡；他们写文章，八股腔调，套话连篇，索然无味。而具有想象力的人，则常常是出语不凡，而又意味无穷。可见，有没有想象力，吸引力是会完全不同的。可想而知，一个缺乏吸引力的政治家和企业家，他的能力是很难发挥出来的。

四 创造性思维：新思想产生和发展的内在动力

我们正在走向一个全新的时代，在这个时代中，任何一种单独的因素都很难孤立地发挥自己的作用，经济、政治、文化、科技等，是交织在一起的，成为一种前所未有的"互联网"。在这样的以民主政治、市场经济、高科技为支柱的全新的文明时代里，将形成一种全新的思维方式、全新的社会运行模式、全新的政治体制。这其中，高科技的作用几乎是不可想象的，因此，在这个全新的时代，我们的企业家、政治家、思想家，必须具有超级的想象力。

科学技术作为第一生产力（邓小平语），作为"最高意义上的革命力量"（恩格斯语），在现代社会中得到了更加充分的显示。我们已经看到，在当前世界各国中，高科技发展的冲击力量，在经济、政治、文化等领域正在引起革命性变化。大量的事实说明，科技发展，尤其是高科技手段的运用，在社会的经济管理方式、文化生活模式、政治行为方式等方面，正在引起革命性的变化。比如说，高科技发展对政治意识形态所产生的革命影响，是它本身所造成的社会政治、行政权力结构革命性变革的反映。由于信息技术水平的日益提高，知识的价值在权力结构中比重的加大，全新通信技术的广泛应用，政治权力对社会、国家、政府权力的垄断性控制局面将被打破；同样，在各种权力结构中（包括企业）的等级特权、官本位等政治现象，将被淘汰。社会权力结构的这种深刻变化，必将引起政治意识形态的革命性变革。可想而知，没有很强的思维能力，特别是丰富的想象力，在这样的空前社会变革面前，我们将会陷入被动甚至尴尬局面。

作为人的创造性能力的想象力，本质上是多元的、开放的思维方式。但是，我们现在的人才培养模式，基本上是一元化的、封闭的教育方式。教育者总是要在"统一思想"上下功夫，结果，培养出的干部大多数都是"听话"的，上级领导自然喜欢，但是，一到了要解决棘手难题，需要应变能力的时候，他们往往就不管用了。因为这些干部的根本问题是缺乏想象力，因而也就缺乏创造性能力。所以，在越

辩证法：领导者思维能力提升之道

来越复杂多变的国内外形势中，我们的人才培养模式应该进行改革，把自由还给受教育者，释放他们的想象力，这样，创造性的人才就自然会脱颖而出。

想象力是一种非凡的创意，是一种异想天开的创造性思维活动，是一种带着几分天真的幻想和梦想，是一种随时都能够激发出的新思想。作家葛红兵说："你有多大的想象力，你就会有多大的成就。"当然，对这个说法不应该做形而上学的理解，但是，一个领导者如果毫无想象力，那么，在他的面前，肯定是没有多少可供选择的机会的，他很可能常常会在一条死胡同中出不来。但是，那些伟大的领导者就不同凡响，邓小平在谈到解决外交困境的时候说过，一定要在死胡同里找出一条路来！

有的领导者在总结经验教训的时候，提出了这样一个问题，即我们目前的工作，在某些领域中，由于没有给人们留下创造性思考问题的余地，束缚了人们的手脚，因而不适应经济、政治、文化快速发展的要求，成为深入改革开放的一个思想障碍。造成这种状况，固然有许多客观原因，但是，我们的思维方式落后、保守，则是一个突出原因。所以，提高领导艺术水平，发挥人们的想象力，增强创造性思维能力，是有迫切意义的事情。

4. 灵感的特殊价值

在科学事业中，人需要努力奋斗才能成功，但是，事实证明，只有苦干不行，还需要有一个活跃的头脑，二者缺一不可。关于这个问题，大科学家爱迪生有一句名言："成功是百分之九十九的汗水加百分之一的灵感，但灵感是最重要的。"爱迪生这里说得很明白，在人的成功之中，灵感虽然只占百分之一，但是比百分之九十九的汗水还重要！所以，在研究创造性思维的基本要素时，人们往往很重视灵感的特殊价值。

在说明灵感对科学家事业的极端重要性问题时，人们经常举的

四　创造性思维：新思想产生和发展的内在动力

一个例子是牛顿。大科学家牛顿有一个广为流传的趣闻是，因为一次玻璃制品的买卖，他吃了亏，所以他头脑里，一直在思考物体的重量与价值之间关系这一类问题。在一个假期中，他回到母亲家里，像往常一样，在花园里一坐就是几小时，沉思着，想着这个世界为什么如此奇怪。有一次，像过去屡次发生的那样，一个苹果偶然从树上落下来。这个突然发生的事件，使牛顿的头脑忽然开了窍！牛顿在解释苹果落地之谜时说了这样一句话："宇宙的定律就是质量与质量间的相互吸引。"一个牛顿传记的作者这样评价说："一个苹果的偶然落地，却标志着人类思想史的一个转折点。"[1]

关于这个趣闻的记述有不同的版本，不过，大体上说的都是这件事，苹果的偶然落地，引发了牛顿的灵感，使他产生了一个划时代的发现：提出了"万有引力定律"。从这里可以看出，灵感对人是何等的重要！牛顿长期苦思冥想而没有找到答案的问题，因苹果偶然落地引起的灵感，就一下子得到解决了。所以，有人说："一时的灵感抵得上一生的思考"，这句话并不是没有道理的。

大量经验说明，创造性科研成果的产生过程，在大多数情况下都有三个重要特点："兴趣""热情""灵感"，这是从事科学研究（包括社会科学研究）的根本特点。兴趣、好奇心对激发科研成果产生具有重要价值。很显然，如果没有对专业的个人兴趣，或者受到大的刺激，就不会产生对该项研究的热情；而没有热情（不热爱），就不可能产生灵感；如果无灵感，也就无创造。那么，究竟什么是灵感呢？灵感是怎么形成的呢？灵感为什么会有这样奇妙的创造性作用呢？

从已有的研究资料来看，作为创造性思维重要组成部分的灵感的内涵比较复杂，我们很难作出准确的界定。如果按照字面的解释看，

---

[1]〔美〕亨利·托马斯、达纳·李·托马斯著，陈仁炳译：《伟大科学家的生活传记》，江苏科学技术出版社1980年版，第57—58页。

辩证法：领导者思维能力提升之道

灵感就是灵机一动的感觉。但是，作为一种思维过程，灵感又不是那么简单，它不仅有感性认识因素，还有从感性认识到理性认识的因素，有非理性的认识方式到理性认识的认识方式的过渡。然而，这样的认识过渡，是跳跃式的，突发式的。这就是说，灵感这样的认识方式，具有敏捷、快速反应的特点，因此，它能够在一霎那的闪念中，显示出惊人的洞察力，敏锐地透过现象认清本质，而产生出伟大的科学发现。很显然，灵感是一种创造性的思维过程。

这样说来，灵感岂不是一种神秘的思维现象了吗？答案是否定的，如果认真研究一下那些大科学家、大思想家的科学研究历程，就会明白，灵感的得来，并不是一个不可想象的简单过程，而是一种艰苦的创造性劳动的产物，是长期以来研究、积累、思考的一种思想升华。许多人都看见过苹果落地的现象，为什么只有牛顿才产生了灵感而有了伟大发现呢？这是因为他刻苦好学，知识渊博，一直在不断地思考这个问题，于是，偶然的苹果落地，才能引发出他的灵感发现。

许多人的灵感发现，有一个明显的特征，就是他们对自己研究的问题非常专注，注意力高度集中，几乎是全神贯注，甚至是达到了如痴如醉状态。在这样的极为专一、又极为兴奋的精神状态中，一旦有了某种相关的诱导因素出现，那就会马上引发出他们的创造性灵感。

对于灵感的创造性思维特征，有的学者提出了一种被称之为"啊哈"效应的假设。尽管就人如何通过灵感发现解决问题的方法已经有了各种论述，但是，人们对于灵感的本质却不甚了了。德国学者萨斯查·托波林斯基和挪威学者罗尔夫·雷伯的研究指出，灵感一来，大脑中突然闪现出一个解决问题的方法——这就是著名的"啊哈"效应，也是人们在解决问题时常有的一种特殊认知经历。灵感一般具有以下四个主要特征：

（1）突然性：这种经历是突然出现的，且稍纵即逝；

（2）轻松：与以往遭遇障碍的经历相比，这种解决问题的过程非

四　创造性思维：新思想产生和发展的内在动力

常轻松顺利；

（3）积极效应：灵感能够产生积极效应；

（4）自我感觉良好：在灵感闪现后，当事人认为这种解决问题的方法是可行的，并对之深信不疑，即便是在作出可行性评估之前。

最近的研究结果表明，经历的即时性能够引发良好感觉。此外，当信息处理过程很顺利时，人就会感受到一种积极效应，并认为这种信息是真实可靠的，尤其是在这种轻松处理信息的过程是突如其来时。有的学者在研究中还指出，如果将这些研究结果综合在一起，一种假设就油然而生，即灵感是尝试解决问题期间或之后的一种经历。在这个过程中，有关问题的内容会突然在大脑中闪现，并提供一种快感、相信解决方法是可行的认知和相信这种判断的自信。①

灵感的这种特殊认识功能，对于领导者培养自己的创造性思维方式具有启发意义。我们常常看到，一些领导人在深入实际、进行调查研究的过程中，常常会由于基层群众和干部的一个新举措、一个新思考，甚至是不经意而说出的只言片语，而受到启发，获得灵感，很快就提出某种创造性的设想。这样的例子屡见不鲜。

不过，上述情况也给我们提出了一个尖锐的问题：为什么许多领导人也下基层、搞调查，却不见他们有什么灵感和创见呢？这是因为，他们的心思没有集中在工作上，或者进一步说，他们的调查研究只不过是例行公事，新鲜事物引不起他们的兴趣，所以，灵感也就无从谈起了。

这里的关键何在？简言之，曰"热爱"。事实证明，对事业没有热爱，就不会有浓厚的兴趣，而没有兴趣，就不可能对事业全神贯注，当然，那也就不可能产生灵感，很显然地，也就不可能产生创造

---

① 转载美国每日科学网站2010年12月15日文章。《"啊哈"效应：新的假设试图解释获得灵感的快感》，《参考消息》2010年12月17日。

性思维。所以，如果你确实需要培养自己的灵感，使自己的思维方式更加具有独创性，那就从培养对自己所从事的事业的热爱开始吧。"热爱"，会使人充满激情，可以使你对机遇极为敏感，从而引发出创造性的智慧之思。这就是灵感所由以形成的奥秘，同样道理，这也就是培养创造性思维的一个重要途径。

（三）创造性思维的本质和价值

如果从根本上说，创造性思维的本质，就在于"创造"，而创造的本质，就是开辟新的境界、打破常规，对已有的东西作完全否定性的改变，如此等等。这一切，决定了批判性思维的本质。

1. 思想的挑战性

哲学的创造，是对旧思想的根本否定，从而提出完全新的思想，这就是辩证法的革命的批判的实质，就是否定之否定这个辩证法基本规律的表现形式。马克思恩格斯早期的一部著作《神圣家族》的副标题就是"对批判的批判所作的批判"，也表现出了创造性思维的辩证法本质。在思想理论上，对一般人认为是"是"的东西敢于说"不"，特别是对那些公认的"权威观点"大胆地提出"反对"，明确表示否定的态度，这就是我们所说的作为创造性思维本质的思想的挑战性。

创造性思维方式的思想的挑战性，一个尖锐的表现形式，就是对已有的并且获得公认的思想观点、原理公理，甚至是那些神圣的信条，能够明确地提出否定性见解，加以反驳，针锋相对地直接提出自己的反对意见，并且毫不隐讳地把思想矛盾、理论分歧公诸于世。有一些挑战性的思想见解，在一定意义上甚至可以说，是在冒天下之大不韪。事实证明，没有挑战精神，是很难提出什么新思想、新理论的。

四 创造性思维：新思想产生和发展的内在动力

在我们的现实生活中，存在着不少思想平庸、认知贫乏的人，他们头脑的功能，就是重复那些已有的、公认为正确的思想观点，用现代社会的语言说，他们的头脑就是一种复印机。这其中的一个突出特点是，在他们的思维中，看不到任何问题，提不出任何问题，没有任何不同的看法。也就是说，对于他们来说，现实现存的思想理论，世界上现存的一切，都是理所当然的、毫无疑问的。很显然，对这些头脑中没有任何"问题"的人，是谈不上什么创造性思维的。这可以从反面告诉我们一个道理：创造性思维，在本质上是一种"问题"性的思维，而能够提出问题，就是对原有思想理论观点的一种挑战。所以，创造性思维具有鲜明的挑战性特征。事实证明，在人们的思想交锋中，如果没有挑战，那就很难谈得上什么创造性思维。

在这方面，那些杰出的科学家、企业家，之所以能够做出开创性的事业，往往与他们特有的挑战精神密切相关。比如，乔布斯就说过："人生中最重要的决定不是你做什么，而是你不做什么。""创新来自于对一千件事情说'不'，唯其如此，才能确保我们不误入歧途或白白辛苦。""我们总是在想，可以进入哪些市场。但只有学会说'不'，你才能集中精力于那些真正重要的事情。"[①]

在现实中，一个人究竟能不能具有创造性思维，这往往取决于他们对现存事物能不能提出否定性的问题。正是由于他能够提出尖锐的反驳性问题，说明他正在酝酿着一种新的思想；有的时候，大胆的发问本身，可能就包含着一种创造性的奇思妙想！

2. 对旧观念的颠覆

在一定意义上可以说，创造本身就意味着是一种改变，创造的程度与改变的程度是相一致的。事实证明，对现实没有任何改变，所谓

[①] 王永刚、周虹：《乔布斯传——神一样的传奇》，上海财经大学出版社2011年版，第305页。

辩证法：领导者思维能力提升之道

创造是无从谈起的。那么，创造性思维所要求的改变，是一种什么样的改变呢？应该是一种彻底的改变，完全的改变，即思想和事物的一种本质的改变。很显然，这样的改变，对原来的思想和事物来说，就具有了一种颠覆的性质。

哲学家笛卡尔和胡塞尔都有过这一类的思想，即谁真正愿意成为一名哲学家，就应该在一生中反省一次，在内心中推翻迄今被接受的并且深信不疑的一切信念、结论，然后根据自己的研究，重新树立起自己的新观念。对此，我们可以进一步引申为：如果我们想成为有大作为的人，就应当对自己的全部人生经历做一番认真检讨，推翻那些曾经确信不疑的理念，彻底重新思考，完全重新构想，然后做出自己全新的结论，建立起真正属于自己的价值观体系。大量的事实说明，这种颠覆性的思维方式，就是人们能够创造出全新局面的一种"哲学捷径"。创造性思维的颠覆性实质是指在神圣的事物或者观念面前，能够表现出一种明确的否定性态度。所以，创造性思维不仅仅是一种理论勇气，更是一种思想智慧。

创造性思维的这种颠覆性本质，实际上也是思维方式的一种革命性改造，这种革命性思维方式的运用，能够实现对旧的思想观念的革命性改造，其结果是完全新的思想观念的产生。从根本上说，由于创造性思维方式的切实运用，能够达到对事物真相的空前彻底暴露，能够提出在常人看来是一些离经叛道性质的异端见解，于是，这样一些非常的思想，就可以实现对传统观念的彻底变革，打破现有的格局，推翻原有的模式，创造出一种全新的事物。所以，颠覆性的改变，就成为创造性思维的一种思想基础。

3. 对已有模式的突破

创造作为一种行为模式，是要求能够产生出一种全新的事物，建构出一种与以前完全不同的理论，造成一种全新的思想观念。所以，从各个方面突破原有的一切模式，这是创造性思维的根本要求。没有突破就没有创造，所以，突破是创造性思维的一个本质。

创造性思维本质的突破性，当然是表现在创造过程之中。为了说明创新即创造的这个突破性本质，2008年5月18日杨振宁教授在上海浦江创新论坛上，以现代科技发展中的一些著名例子，来揭示这个道理。他举了三个例子。第一个是1953年剑桥大学教授Crick Watson发现的DNA的双螺旋结构。第二个例子是发电机，首先是"电磁感应"的发现，接着是发电机的产生，"这个创新是影响全人类生产力的大贡献"。杨振宁说，发电机的历史是极好的例子，从基础创新到发展创新，到最后生产所需要的创新，这种连锁性的、一系列的创新是所有科研发展创新共同的模式。第三个例子是近代的计算机，而计算机缩小的关键是半导体与芯片。如果没有半导体今天就不会有PC，不会有手提电话，不会有网络工程。半导体怎么产生的呢？它是一门基础科学——量子力学——的产物。量子力学是理论物理学20世纪的一个大发现，也是人类历史上一个革命性的发现，它改变了人类跟物理世界的关系：用半导体可以生产芯片，芯片可以代替笨重的真空管，这样就发展出今天的计算机。有了今天的计算机才有今天的世界。我们可以越来越清楚地看到，正是科技发展中的一系列突破性成果，把我们带入了这个新时代，使我们踏入了这个新世界。

通过对大量科技发展实例的认真分析，我们在对创造这个概念的内涵和实质做进一步的概括中，可以看出，所谓"创造"就是以原创的形式或者改造的形式，突破传统的思维方式而提出新思想、新理论、新方法、新原则、新程序、新规则、新模式等，实质上这是一种"从无到有""无中生有"的发展，正是这样的"从无到有""无中生有"的发展，彰显了人类思想发展的突破性，构成了创造性思维的辩证法本质。

4. 术语的革命

术语是指某个科学研究领域中那些特定的学术性用语，或者说是

辩证法：领导者思维能力提升之道

某个学术问题中的特有概念，它们标志着一定时期的学术研究水平。所以，术语的变化是科学发展的一种重要反映。在这方面，马克思的《资本论》在学术史上的贡献，具有典型的意义。1886年11月，恩格斯在为《资本论》英文版所写的序言中，详细论述了这个问题。他认为，在科学研究中，"某些术语的应用，不仅同它们在日常生活中的含义不同，而且和它们在普通政治经济学中的含义也不同。但这是不可避免的。一门科学提出的每一种新见解都包含这门科学的术语的革命。化学是最好的例证，它的全部术语大约每20年就彻底变换一次，几乎很难找到一种有机化合物不是先后拥有一系列不同的名称的"。政治经济学的研究中，术语的变化也反映了这一点，"不言而喻，把现代资本主义生产只看作是人类经济史上一个暂时阶段的理论所使用的术语，和把这种生产形式看作是永恒的、最终的阶段的那些作者所惯用的术语，必然是不同的"[①]。这里，恩格斯指出的"一门科学提出的每一种新见解都包含这门科学的术语的革命"这个论断，具有重要的学术价值和现实意义。

在哲学社会科学的各个领域中，特别是马克思主义的各个领域中，都曾经经历过术语的革命，从而奠定学术基础的。马克思主义哲学、经济学、科学社会主义，它们的科学理论体系的形成，都是对旧的哲学、旧的经济学、旧的社会主义学说的术语进行过革命改造，形成完全新的术语。所以，任何一个科学学科的形成和发展，都是术语的革命的结果。很显然，自然科学的发展也是这样，例如，进化论就是对机械进化观的一种术语革命，相对论就是对牛顿经典力学的一种术语革命，如此等等。

这样的术语革命，不仅在学术研究中是如此，就是在工业革命的过程中，也有同样性质的表现形式。关于这个问题，杨振宁教授曾经

[①] 《马克思恩格斯文集》第5卷，人民出版社2009年版，第32—33页。

四 创造性思维：新思想产生和发展的内在动力

举过这样一个例子，就是美国福特公司 1908 年发明的大规模生产汽车的模式，即 1919 年引进的流水线的概念，现在，这个企业生产管理模式已经被广泛采用了，当然，也在不断改进。但是，杨振宁教授说："对于今天的世界流水线的创新想法是划时代的。"[①] 这就是说，采用流水线这个概念，在工业管理领域中，是一种术语的革命。其实，股份制概念的引进也是如此，我们可以看到，股份制这个概念的广泛运用，几乎形成了与传统企业不同的生产方式。

因此，人们在各个领域中的创造精神，必须以一定的语言形式表现出来。所以，术语的革命是以语言形式表现出的创造性思维本质。当然，创造性思维在术语革命这方面的意义，又要求我们必须遵循术语演变的规律，这就是应当正确认识时代的发展，及时抛弃那些过了时的术语，同时，又要恰当地运用那些能够充分反映时代精神的新术语。

（四）不断发展的社会实践：创造性思维的原动力——以恩格斯晚年的思想发展为例

在科学理论领域中，那些真正的思想家的一个本质特征，是其思想是彻底开放的，即他们本人自觉地承认，他们的理论观点是不断发展变化的，甚至有的时候会出现"昨日是而今日非"的情况。正是因为如此，他们的思想才能具有鲜明的创造性。

一个时期里，理论界曾经发生过一个争论——与早期的著作相比，恩格斯晚年的思想观点是否发生变化。有些人认为，恩格斯早期与晚年的思想完全相同，没有任何改变，否则，那就意味着晚年的恩格斯放弃了共产主义理想！马克思主义的发展实践证明，这不但是对

[①] 杨振宁:《什么是创新》，《光明日报》2008 年 9 月 4 日。

辩证法：领导者思维能力提升之道

历史的无知，而且也是对马克思主义理论的本质的无知。

这里，我们从恩格斯晚年的思想理论发展的历史事实，来说明这个道理。

1888年8月17日——9月19日，68岁高龄的恩格斯与几个朋友到美国和加拿大旅行了一个月，回程在轮船上写了一篇札记，记述了自己的一些感受。这是一篇没有写完的札记，在其开头部分写道："我们通常都以为，美国是一个新世界，新不仅是就发现它的时间而言，而且是就它的一切制度而言；这个新世界由于藐视一切继承的和传统的东西而远远超过了我们这些旧式的、沉睡的欧洲人；这个新世界是由现代的人们根据现代的、实际的、合理的原则在处女地上重新建立起来的。美国人也总是竭力使我们相信这种看法。他们瞧不起我们，认为我们是迟疑的、带有各种陈腐偏见的、害怕一切新事物的不切实际的人；而他们这个前进最快的民族（the most go ahead nation），对于每一个新的改进方案，会纯粹从它的实际利益出发马上进行试验，这个方案一旦被认为是好的，差不多第二天就会立即付诸实行。在美国，一切都应该是新的，一切都应该是合理的，一切都应该是实际的，因此，一切都跟我们不同。"①

从这篇游记中可以看出，恩格斯是以极其兴奋的心情来谈论美国社会的，在他看来，这个新兴起的资本主义国家处处都欣欣向荣，这就是说，资本主义仍然在发展中，而且还充满了活力。这个现实对他的思想自然是有触动的。此后，恩格斯对欧美的资本主义发展、各国工人运动状况更加关注，特别是对资本主义社会的经济变革和资本主义民主制度的演变，进行仔细研究，对许多问题进行重新思考。由于对欧美各国资本主义经济的变化和工人运动中的新问题，恩格斯直到晚年都始终注意研究，所以，在他晚年的一些文章、谈话中，明确反

---

① 《马克思恩格斯全集》第21卷，人民出版社1965年版，第534页。

四 创造性思维：新思想产生和发展的内在动力

映出了思想的新进展。应该说，这是恩格斯对科学社会主义理论的创造性思考成果，是对马克思主义的发展。

这其中的一个突出表现，就是恩格斯对资本主义国家"普选权"的价值、对工人阶级合法斗争的意义的看法，与早年相比，有了明显的变化，显示了恩格斯的思想能够随着时代而不断前进。恩格斯1893年5—6月在对记者的谈话中，曾经兴高采烈地向记者介绍了德国工人政党在国会选举中得票逐年增加的情况，而在1895年3月5日写的《"法兰西阶级斗争"导言》中，则详细地从理论上阐述了他的观点变化。

比如说，在谈到对资本主义社会中普选制的性质与作用的看法时，恩格斯说，早期工人运动是把选举权看作资产阶级的"陷阱"和"欺骗工具"的，而随着情况的发展，他认为，应当把选举权由历来视为的欺骗手段变为解放的手段。接着，他历数了普选权（即选举权）对工人阶级的好处，比如说，使我们能够每三年计算一次自己的力量；定期确认的选票数目的迅速增长，能够加强工人的胜利信心；成为我们最好的宣传手段，给我们提供了关于我们自身力量和各个敌对党派力量的精确情报；在竞选宣传中，它给了我们到人民还疏远我们的地方去接触群众的独一无二的手段；在国会中给我们代表提供了一个讲坛，我们的代表在这个讲坛上可以更有权威和更自由得多地向自己在议会中的对手和议会外的群众讲话，等等。恩格斯指出，普选权的这些好处说明，有成效地利用普选权，无产阶级的一种崭新的斗争方式开始发挥作用了。

这说明，恩格斯的思想是与时代同步的。他在新的历史时代，思想也在不断前进，不断有新东西。为什么晚年的恩格斯仍然是具有新思想的大思想家呢？这主要是因为，他不脱离实践，不脱离时代，不停止思考，所以，思想总会不断进步。这也是每个人思想与时俱进、不断创新的基本途径。

辩证法：领导者思维能力提升之道

我们生活在一个以高科技为基础的民主法治时代，社会结构及其相应的社会关系经常处在变革之中，人们的思想活跃、日新月异，大家的见解好像总是处在"昨日是而今日非"的状态中。因此，一个高明的领导者，就必须使自己的思想与时俱进、不断更新，始终站在时代的前头，这样，才能成为名副其实的领导者。否则，我们不但无法适应新的环境，而且还要落后于时代，那我们就没有资格做一个合格的领导者了。

那么，怎样才能使自己的思想与时俱进、不断增强创造性思维能力呢？我们从恩格斯晚年访问美国的札记中，从他对工人运动中一些重大问题的重新思考中，可以得到启发：人们的创造性思维，不能在自我封闭中得到，而必须不断开辟新的天地，扩大视野，在新的实践、新的体验基础上，进行新的思考。始终站在时代的前列，善于总结不断发展着的实践经验，以创造性思维进行自由的理论研究，这就是思想常新的秘密。

五 在化解悖论中增强辩证思维能力：悖论问题研究

马克思主义哲学大师在他们的哲学著作中都认为，宇宙中的一切事物、社会生活和人的思想，都存在着现实的矛盾，没有矛盾就没有世界，而且，正是由于事物内在的矛盾运动推动着世界、社会和人的思想不断地前进发展。矛盾规律即对立统一规律，这是辩证法的根本规律。我们要在实际工作中，不断地改造我们的领导方法论，提高政治理论水平，就必须要真正把握辩证法的这个根本规律，即对立统一规律的精神实质。当然，这个根本规律有着丰富的内容和复杂的表现形式。从这一章开始，我们将就其中的一些重要部分，分别作一些研究。其中一个典型问题就是关于悖论的研究。

悖论是人类思想史上，特别是哲学史上一个古老的问题，也是逻辑学中的一个难题。实际上，悖论就是事物内在矛盾在思想领域中的一个特殊表现形式。悖论本身包含着人类智慧的未解要素，所以，悖论奥秘的化解是增强辩证思维能力，实现我们探索新思路的门径。

（一）悖论之本意是什么？

悖论这个概念是外来的，关于悖论的问题，国内外的学术界进行

辩证法：领导者思维能力提升之道

过长期的探讨，有各种各样的表述，专门的著作不少。在我国，比较早的关于悖论的表述，是《韩非子·说难》中的一处记载：楚国有个卖矛同时又卖盾的人，叫卖时他夸自己的盾："我的盾坚不可摧，坚固到任何武器都刺不穿它。"夸完自己的盾他又夸自己的矛："我的矛锐不可当，锐利到任何盾都能刺透。"他的叫卖引来了好奇的人，有人问他："那拿你的矛去刺你的盾，会是什么结果？"这个卖矛又卖盾的人陷入自我矛盾之中，无言以对。"以子之矛，攻子之盾"表述的就是典型的逻辑悖论。从这里可以看出，所谓悖论，就是矛盾论，即无法解决的自相矛盾的思想难题。

那么，作为哲学概念，什么是悖论（paradox）？有一个概括的说法是，所谓悖论，就是逻辑上自相矛盾的假命题。当然，悖论的内涵远不止如此简单，从已有的研究文献中可以看出，悖论的定义和解决悖论的答案，几乎是不可穷尽的。汉语中的"悖"，意为不合常理、有违常识等意。从语义学上看，"悖"意谓"混乱"和"相违"。英文"paradox"原意为"令人难以置信"，由古希腊文 para 和 doxa 构成。Para 意为"在外"，doxa 是"信念""相信"的意思。"悖论"的希腊文原意也有"无路可走"的含义，引申为"四处碰壁，无法解决的问题"。Paradox 也有一说来自希腊语 para+dokein，意为"多想一想"。总之，在古人看来，悖论是一种耗费人们心思的难解问题[1]。当然，这样的一些悖论，都有其典型的历史事例。这就是说，悖论是一种矛盾，而这样的矛盾，使人们陷入思想的困境——思想困境是悖论的必然结果。

据学术界的研究，现代悖论的古代原型，最著名而且最古老的是说谎者悖论（liar paradox）：一个克里特岛人埃庇米尼得斯声称"所有克里特岛人都说谎"，那么，他说的是真话还是假话呢？其中必定

---

[1] 王天思：《悖论问题的认识论研究》，上海人民出版社2012年版，第4页。

五 在化解悖论中增强辩证思维能力：悖论问题研究

有一种情况为真，但如果真的所有克里特岛人包括埃庇米尼得斯都说谎话，那么无论认为他说的是真话还是假话都会导致矛盾。

在讨论各种著名的悖论实例时，人们经常谈到的经典悖论，也是影响比较大的，是古希腊时代的芝诺悖论。据记载，芝诺悖论记载了四个典故，分别是"两分法悖论""阿基里斯悖论""飞矢不动悖论""运动场悖论"，这里先介绍一例。

所谓"飞矢不动悖论"，是设想一支飞行的箭，在每一时刻，它位于空间中的一个特定位置。由于时刻无持续时间，箭在每个时刻都没有时间而只能是静止的。鉴于整个运动期间只包含时刻，而每个时刻又只有静止的箭，所以芝诺断定，飞行的箭总是静止的，它不可能在运动。

上述结论，也适用于时刻有持续时间的情况。在这种情况下，时刻将是时间的最小单元。假设箭在这样一个时刻中运动了，那么它将在这个时刻的开始和结束时位于空间的不同位置。这说明时刻具有一个起点和一个终点，从而至少包含两部分。但这明显与时刻是时间的最小单元这一前提相矛盾。因此，即使时刻有持续时间，飞行的箭也不可能是在运动的。总之，飞矢不动。很显然，这里的关键问题是，由于把飞行的箭与时刻相对静止的关系绝对化了，也就是说，在有的人这样的形而上学思维方式中，实际上的"飞矢"却是"不动"的了。

在现代学术界比较著名的悖论，还有罗素悖论，这是一个逻辑悖论，它在类型论（见 class 类）中，因而在数学基础中有着十分重大的影响。罗素悖论的主要内容是：考虑所有不属于自身的类，如果问这个类属于它自身吗？回答"是"或"不是"都将导致矛盾。罗素由此断言：不存在这种类，但要证明这一结论却并非易事。此外，在国外学术界，比较著名的悖论类型还有 logical paradoxes 逻辑悖论、

辩证法：领导者思维能力提升之道

semantic paradoxes 语义悖论等。①

因此，悖论常常指"荒谬的理论或自相矛盾的话"。由于基本观点不同，有的人把悖论理解为"似是而非，但隐藏着深刻的思想或哲理的假命题"。有的人则相反，把悖论理解为"深刻的、似非而是的真命题"；把悖论看作"佯谬"，就是表达其看上去"错"其实是"对"的特点。学术界多个领域的学者研究认为，悖论是两千多年来一直困扰着哲学家、数学家、逻辑学家们的一个学术难题，被称为哲学和心灵的一个"迷宫"，甚至被看作纠缠着人类思维的一个"魔怪"。悖论作为一种导致矛盾的命题，亚里士多德称之为难题，中世纪哲学家称之为"不可解命题"；近现代科学家一般都称之为"悖论"或"佯谬"；哲学家则称之为"二律背反"（antinomy 一词在英文中也是悖论）。

那么，究竟如何给悖论下定义呢？学者认为，悖论指这样一种境况：从一些被普遍接受为真的前提出发，通过有效的演绎论证导致有明显矛盾或与别的被普遍接受的信念相冲突的结论。这种结果既令人困惑又使人不安。这是因为虽然为了保持一致性，人们显然必须作出某种修改，但他们却不知道应该放弃有依据的信念中的哪一个（见 consistent and inconsistent 相容的和不相容的）。哲学家们不能自称悖论只属于哲学，悖论还出现在别的理论领域中——相对论中有时钟悖论（clock paradox）；数学中有斯科莱姆悖论（见 Lowenheim-Skolem theorem 洛文海姆—斯科莱姆定理）。但有这样一整类悖论，被称为自指悖论，它们受到哲学家和逻辑学家的特别关注，其中一些在数学基础的历史发展中起决定性作用②。

---

① 〔英〕安东尼·弗卢主编，黄颂杰等译:《新哲学词典》，上海译文出版社 1992 年版，第 376 页。

② 〔英〕安东尼·弗卢主编，黄颂杰等译:《新哲学词典》，上海译文出版社 1992 年版，第 375—376 页。

在《韦布斯特字典》中，关于"paradox"是这样定义的："这是两个原则之间的矛盾，而这两个原则都被判定为真。"①

在日本数学学会编的《数学百科辞典》中，对悖论是这样定义的：一个论证能够导出与一般判断相反的结果，而要推翻它又很难给出正当的根据时，这种论证称为悖论（paradox）。特别是，如果一个命题及其否定均可用逻辑上等效的推理加以证明，而其推导又无法明确指出错误时，这种矛盾便称为谬论（antinomy）。但是，在实用中并未将"悖论"和"谬论"严加区别，而把它们当作同义词使用②。

我国的哲学逻辑学学者对此也有很深的研究，张建军教授的定义是："悖论是指这样一种理论事实或状况，在某些公认正确的背景知识之下，可以合乎逻辑地建立两个矛盾命题相互推出的矛盾等价式。"③马佩教授的定义是："悖论就是从人们认为正确的前提或背景知识（实际上其中包含有人们尚未发现的谬误）出发，通过有效的逻辑推导，得出两个互相矛盾的命题或两个互相矛盾命题的等值式。"④ 不过应该指出的是，悖论是一个哲学学术概念，它是在比较高的理论层次上反映着人的思维方式特殊性，当然，也是以特殊的形式来表示人的思想之深刻和智慧之高超。

（二）悖论思维的实质及其方法论价值

在有关的哲学研究中，我们可以看到这样的一些悖论的举例以及关于悖论的上述定义，对于许多人来说，一方面具有吸引力，因为它本身能够产生迷人的魅力，引起人们无穷的遐想；另一方面，悖论又

---

① 引自王天思著：《悖论问题的认识论研究》，上海人民出版社 2012 年版，第 5 页。
② 日本数学学会编：《数学百科辞典》，科学出版社 1984 年版，第 6 页。
③ 张建军：《关于悖论实质的几个问题》，《人文杂志》1998 年第 1 期。
④ 马佩：《再论悖论的几个问题》，《中州学刊》2001 年第 1 期。

辩证法：领导者思维能力提升之道

往往使人产生困惑，因为如果认真去寻求它的答案，往往又会不知不觉地陷入到它制造的自相矛盾的思想困境之中去。但是，在一般人看来的这个"思想困境"中，那些杰出的哲人运用他们的高超智慧，往往能够开辟出一片全新的思想天地。那么，破解悖论这个"思想困境"的高超智慧是什么呢？这就是人类哲学智慧结晶的辩证法。在这方面，黑格尔、马克思、恩格斯等已经做出了历史性的理论贡献。这就是说，恰恰是在常人感到困惑的思维方式难题的探讨中，彰显了他们那种非凡的创造性思想才能。

在世界哲学史上具有开创性贡献的辩证法大师黑格尔在谈到"说谎者悖论"时，这样写道："如果有一个人承认自己说谎，那么他是在说谎还是说真话呢？要求作一个简单的回答；因为真理被认为是简单的、一方面的东西，因此另一方面便被排除了。如果问他是否说谎，他应当回答'是'还是'否'呢？如果说，他是说真话，那么便与他的话的内容相矛盾；因为他承认他说谎。如果他说"是的"（他说谎），那么他说的又是真话了；因此他既不说谎，又说谎——同样情形，如果他说真话，他便与他所说的相违反了。然而因为真理是简单的，还是要求作一个简单的答复。一个简单的答复是不能有的。在这里，两个对立的方面，说谎与真话，是结合在一起的。（我们看到了直接的矛盾），这个对立面的结合，曾经在各个时代以各种不同的方式一再出现，并且引起人们经常注意。"[①]这就是说，在黑格尔看来，这个"说谎者悖论"中，就内在地包含了同时存在的一对矛盾：真话和说谎并存着，而且，二者可以互相代替——这个人如果承认"说谎"，他就是在说"真话"；反之亦然——如果让他说"真话"，他就得承认是在"说谎"。对"说谎"与说"真话"二者之间绝妙关系的

---

① 〔德〕黑格尔著，王太庆等译：《哲学史讲演录》第2卷，生活·读书·新知三联书店1957年版，第121页。

这种揭示，说明了哲学家黑格尔实在是一个辩证法大师——思想的天才！

为了揭示悖论的实质问题，这里以对芝诺悖论中一个悖论的分析为例做些研究。"阿基里斯悖论"说的是古希腊神话中一个善跑的英雄，在他和乌龟的竞赛中，他的速度为乌龟的10倍，乌龟在他前面100米跑，他在后面追，但他不可能追上乌龟。因为在竞赛中，追者首先必须到达被追者的出发点，但是，当阿基里斯追到100米时，乌龟已经又向前爬了10米，于是，一个新的起点产生了；阿基里斯必须继续追，而当他追到乌龟爬的这10米时，乌龟又已经向前爬了1米，阿基里斯只能再追向那个1米。就这样，只要乌龟不停地奋力向前爬，阿基里斯就永远也追不上乌龟！这是为什么呢？因为乌龟会制造出无穷个起点，它总能在起点与自己之间制造出一个距离，不管这个距离有多小，阿基里斯就永远也不能消灭自己与乌龟的这个距离。怎样才能破解这个悖论呢？很显然，在形式逻辑上，可以说这个"距离"永远都存在，但是，在现实的竞赛过程中，这个"距离"最终会消灭的。可见，说阿基里斯永远追不上乌龟，反映的是一种静止的形而上学思维方式，那就是说，如果用一切都是能够改变的这种辩证法思维方式来看这个问题，所谓的"阿基里斯悖论"也就能够破解了。

在马克思恩格斯的著作中，当他们在阐述辩证法的时候，十分重视要强调事物本身内在的矛盾，即事物本身不同方面的对立统一。他们正是在正视矛盾和分析矛盾的思维过程中，为我们开辟了一片新的思想天地。

马克思在政治经济学的研究过程中，卓越地运用了辩证法的方法论，同时，又能够在经济学的研究中揭示出作为思维智慧结晶的辩证法。他在《资本论》中写道："资本不能从流通中产生，又不能不从流通中产生。它必须既在流通中又不在流通中产生。这样，就得到

辩证法：领导者思维能力提升之道

一个双重的结果。"① 马克思对资本与流通二者之间绝妙关系的这种形象的描述，再一次把他的辩证法思想极为深刻地揭示在读者的面前，这可以说是资本主义文明比封建专制主义高出千万倍的一个秘密之所在。

在研究自然辩证法的札记中，恩格斯写道："僵硬和固定的界线是和进化论不相容的——甚至脊椎动物和无脊椎动物之间的界线也不再是固定的了，鱼和两栖动物之间的界线也是一样。鸟和爬行动物之间的界线正日益消失。细颚龙和始祖鸟之间只缺少几个中间环节，而有牙齿的鸟喙在两半球都出现了。'非此即彼！'是越来越不够用了。在低等动物中，个体的概念简直不能严格地确定。不仅就这一动物是个体还是群体这一问题来说是如此，而且就进化过程中何时一个个体终止而另一个个体（'褓母虫体'）开始这一问题来说也是如此。——一切差异都在中间阶段融合，一切对立都经过中间环节而互相转移，对自然观的这样的发展阶段来说，旧的形而上学的思维方法不再够用了。辩证的思维方法同样不承认什么僵硬和固定的界线，不承认什么普遍绝对有效的'非此即彼！'，它使固定的形而上学的差异互相转移，除了'非此即彼！'，又在恰当的地方承认'亦此亦彼！'，并使对立的各方相互联系起来。这样的辩证思维方法是唯一在最高程度上适合于自然观的这一发展阶段的思维方法。"② 自然界如此，人类社会的发展也是如此。这就是说，僵化的思维不可能理解自然界发展的秘密，更不能理解社会发展的秘密。

从这里可以看出，从黑格尔到马克思恩格斯，自然界呈现在这些哲学辩证法大师眼前的，是千变万化的，无限丰富的，一切事物都没有僵死不变的界限，不同的现象都存在着内在的统一性和同一性，整

---

① 《资本论》第1卷，人民出版社1975年版，第188页。
② 《马克思恩格斯文集》第9卷，人民出版社2009年版，第471页。

个世界的各个部分并不是非此即彼的，而是亦此亦彼的。反之，本来的世界在旧的形而上学者思维中："是"就是"是"、"否"就是"否"，除此而外都是鬼话！这样，在僵化的形而上学者的头脑中，悖论就必然成为他们的困惑和苦恼。相反地，在辩证法思想大师看来，人们恰恰应该能够在这里显示出他们杰出的思维智慧。

认识客观事物需要智慧，认识人就需要更高的智慧了——这个智慧就是唯物辩证法。这是因为，世界上万事万物中最复杂的、最难以看透的、最不容易说清楚的就是人本身了。在对张学良进行人生评价的时候，许多人就指出过，这是一个十分复杂的历史人物，特别是作为一个政治家，他的一生中充满了矛盾，常常表现出某种戏剧性变化。所以，对他的评论也极为复杂，不可一概而论。一方面，张学良是中国的千古功臣，民族英雄；另一方面，他又背负着"民族罪人"的骂名。这就是说，由于种种原因，多多少少的偶然性因素和戏剧性的机遇，造成了成功与失败、英名与屈辱、功臣与罪人等评价集于张学良一身，不然的话，无法揭示张学良的真实人生。就此而言，完全可以这样说，人是一种充满了矛盾的个体，甚至可以说，"人"就是一个悖论！所以，中国古人有言曰："知人则哲，惟帝其难。"

（三）化解悖论对增强辩证思维能力的现实意义

悖论往往使人陷入思想困境。但是，在辩证法的思维中，悖论又恰恰是世界奥妙的真实写照——甚至可以说，世界上万事万物的内外关系，本来就是一种"悖论"。大自然是这样，人生和社会的内外关系又何尝不是如此呢？在目前我国的改革开放过程中，就更是处处存在着"悖论"，"悖论"就是矛盾：改革与社会稳定之间的悖论——矛盾；发展市场经济与加强思想道德建设之间的悖论——矛盾；坚持对外开放与坚持马克思主义指导地位之间的悖论——矛盾；领导工作

辩证法：领导者思维能力提升之道

中客观规律与主观意志之间的悖论——矛盾；如此等等。我们可以看到，面对着这样一些关系，那些用形而上学思维方法看问题的人，总是"在不能相容的对立中思维着"，于是，形成了领导工作中的一系列所谓"悖论"——矛盾；但是，实践证明，辩证法正是打开此类悖论奥秘的一把钥匙——在这些不能相容的对立物之间，我们看到了它们的一致性，看到了它们之间那条"由此到彼"和"由彼到此"的思想通道。这就是说，辩证法开启了通向创造性思维的道路。在领导思维中，辩证法显示的是一种哲学思维能力，是化解领导思维中各种悖论的哲学智慧。实践证明，辩证法这个哲学智慧，使我们在领导工作中遇到的困难迎刃而解，化险为夷，不断地获得更多的主动权和更大的自由。那些领导经验丰富的人都会明白，有了越来越多的主动权和自由，我们的工作就会得心应手。

1. 破除改革开放与社会稳定之间的所谓悖论，进一步解放思想

社会主义改革已经成为我们现代中国社会生活的主题，作为中国当代第二次革命的改革开放，则是当今社会发展的根本动力。我们当今社会那些惊天动地的新变化，那些从来没有过的繁荣局面，哪一个能够离开改革这个大事业呢？但是，有一些人却不是这样想，在他们的心目中，改革并不是好事情，因为它打破了长期以来已习惯的改革以前的社会秩序，破坏了个人生活的平静和社会的稳定。有一些理论家则由此而形成了关于改革与社会稳定之间的"悖论"：改革当然需要，但是，正是由于改革而造成了社会的不稳定。

我们应该承认这样一个事实，即由于改革，打破了旧的社会秩序，会在某些方面引起局部的动荡，这在一定意义上可以说是打破了原来社会的那种稳定。比如说，民主政治体制改革，增强了个人的权利意识，自由表达比以前更加强烈了，改变了不合理的权力结构，社会基层更加活跃了，如此等等。这在一些人的心目中，可能就是他

们所谓的那种"不稳定",就是关于改革与稳定之间的悖论。应该说,一个时期中,某些人散布的这个所谓悖论,对坚持改革的战略方针,是产生过消极影响的,甚至可以说起过干扰作用。所以,必须破除改革开放与社会稳定之间的这个所谓悖论。

我们必须看到,改革,特别是民主政治体制改革、经济体制改革、文化体制改革等,使原来没有生气、僵化的各个层次的体制机制活跃起来了;作为个体的公民的当家作主的民主意识增强了,主动性、积极性得到了充分发挥,如此等等。如果与改革之前的那种旧秩序相比,自然是"不稳定"了,但是,这样的所谓"不稳定",恰恰说明社会由于改革而焕发了生机和活力!这样的有生命力的社会,才能说是真正稳定的社会。所以,在社会主义社会中,只有实行切实的改革,才能形成社会秩序真正的稳定;相反地,如果应该改革而不改革,维持旧的社会经济、政治、文化体制,那么,就是在埋藏社会不稳定的根源。所以,要破除关于改革开放与社会稳定之间的所谓悖论,必须用真正改革的辩证法思维方式,取代把改革与稳定之间形而上学对立起来的陈旧思维方式,这样,我们才能在改革开放中获得真正的思想自由即思想解放。

2. 化解市场与政府关系中的悖论,取得市场经济建设中的主动权

当代中国社会主义改革开放的一个伟大历史成果,是社会主义市场经济体制的形成和不断完善,须知,这是来之不易的事情。同时,在它的形成和完善过程中,充满了各种不同形式的思想斗争。这其中一个突出的问题就是关于市场与政府关系问题的认识。

我们首先梳理市场与政府关系悖论的内容和实质。虽然市场经济体制在我国已经建立起来了,但是,在市场经济体制机制运行的实践过程中,许多难题仍然是无法回避的,比如说,政府与市场关系上的许多难题常常引起争论。关于这个问题,有的经济学家认为,政府

辩证法：领导者思维能力提升之道

要做的最重要的事情，就是创造自由的环境、保证法治、维护产权制度等。所以，很多时候，在经济事务中，没有政府的干预效果可能会更好一些。这就是说，在市场经济时代的社会经济生活中，市场主体应该起主导的作用；同时也必须明确认识到，在我们的实际政治现实中，社会主义市场经济体制的完善和运行，必须加强政治和行政领导，强化治理能力等。本来，这两者之间是互相制约、有机统一的，是相辅相成的，而不应该是无法解决的一对矛盾。但是，如果对此做简单化或者绝对化的理解，即把强调市场主体的主导地位与强调政府的领导作用两者绝对对立起来，就会形成市场经济活动中的一种悖论。这样的悖论思维，仍然困扰着不少人，严重妨碍着社会主义市场经济体制的完善和发展。

可以看出，市场与政府之间关系的这个悖论，反映了人们仍然受形而上学思维方式的束缚。所以，化解市场与政府之间关系悖论的出路，就是必须以辩证法的思维方式取代形而上学思维方式，重新研究市场与政府之间关系问题。

实践证明，解决这个悖论问题的关键，是在整个社会中，特别是在市场与政府关系上，全面实行社会主义法治，这样就会在社会主义社会的经济生活领域，形成一种有法可依、和谐发展的局面。社会经济生活中的这种积极状况，是化解市场与政府关系中理论上悖论的一种现实基础。因此，以唯物辩证法为基础的现代法治思维，是妥善解决这个悖论的科学方法论基础。

在本质上说，市场经济是一种法治经济，所以，市场经济活动必须依法运行。这就是说，市场经济中的各种主体，可以在市场经济法律范围内自由地活动，充分发挥自己的积极性，为社会创造更多的财富，为自己争取更大的利益。市场主体依法进行的各种经济活动，是市场经济体制生存和发展的基础。同时还要看到，作为由社会需要而产生的行政机关，政府的职责就是为社会服务的，自然地，政府应该在最大限度内，为社会主义市场经济的健康发展尽职尽责。政府为市场经济发展服务的基本形式，就是依法行政。政府的依法管理，是市场经济体制健康发展和正常运行的保证。

实践证明，市场经济主体和行政管理主体，它们在各自的领域中依法活动，各自依法履行自己的职责。这种有机统一，是市场经济体制正常运行的现实基础。现代法治是社会主义市场经济体制健康发展的基本保证，而社会主义法治思维，则是化解市场与政府关系问题上悖论的一个重要方法论。从这里我们应该获得一个重要的启发，即领导社会主义市场经济工作，没有现代法治思维，是常常要碰壁的。

3. 破解决定论与自由意志论之悖论，争取更大的自由

在现代社会从事领导工作的人员，面对复杂多变的现实生活，时刻都会遇到各种各样棘手的问题，需要去妥善解决。但是，要很快解决问题的主观愿望是一回事；而客观上能不能妥善解决，却是另一回事。在现实生活中，特别是在实际的领导工作中，这两者常常处在矛盾之中：你想发挥自己的领导作用，但是，客观条件却不允许你施展自己的才能。也就是说，你想根据你的意志自由地发挥作用，但是，客观规律却不允许随意行事。现实生活也的确是常常如此：人们想自由行为、随心所欲，但是，人的一切活动必须取决于客观规律。每个人各有充满幻想的自由意志，但是，人又无时不是生活在各种各样的客观限制之中，处处不得自由。这就是一个令人苦恼的哲学问题——决定论与自由意志的悖论。

实践证明，人们正是在破解决定论与自由意志论之悖论的过程中，争取领导工作的更大自由和更多主动权。当然，破解这个悖论，首先必须对这个悖论进行科学分析，正确认识它的本质。

在哲学和自然科学思想史上，决定论与自由意志论之悖论的出现，是时代的产物。科学界发现，大体上与自然科学中形而上学思维方法盛行的同时，渗透着形而上学思维方法的"决定论"概念。这个

辩证法：领导者思维能力提升之道

概念在一些自然科学家中广泛流行，影响很大。这种"决定论"思想比较早的提倡者，是17—18世纪的法国数学家和哲学家皮埃尔·拉普拉斯。他根据对牛顿力学基本原理的研究，认为太阳系是一个稳定的体系，世界上的一切，都是已经被决定了的，万事万物都有着不可改变的因果关系链条。因此，他的这个思想，被称为"机械决定论"。拉普拉斯对"机械决定论"有一个典型说法，后来被人们称之为"拉普拉斯信条"：

世界好像是一个卷着的巨大的毛毯，图案花纹早已织好，只是随着时间的推移在逐渐展开而已。宇宙又好像是一本早已写好了的书，时间老人在一页一页地翻着，但每一页上的每一个字、每一个标点符号，都是早已确定了的。

这就是说，宇宙中所有的现状，都是早已被决定了的，甚至所有的细节，都已经被安排好了，是任何力量都无法改变的，人们只能老老实实面对着这一切。按照这种思维模式，世界上发生的每一件事情，包括每个人的每一个行动，甚至是每一个思考以及结果，都是在一定条件下形成的，都是被某种规律决定了的。也就是说，根本就没有什么意想不到的事情，不会有任何奇迹出现，不可能有什么偶然的事情发生，一切都是早已被安排好。同样地，在人世间，你或者是荣华富贵，或者是穷困潦倒，都是命中注定的事情，只能听从命运的安排。从这里可以看出，"机械决定论"从根本上说是一种宿命论。很显然，这种"决定论"，本质上是消极的形而上学思维方式的一种反映。

在当时的学术界，与这种"决定论"相对立的是"非决定论"。"非决定论"与"决定论"的观点针锋相对。持"非决定论"观点的人认为，世界上事物的发展，根本没有什么因果关系，既没有时间上的顺序，也没有空间上的秩序，也就是说，根本不存在什么客观规律的作用，一切都是随机的、偶然的、任意的。按照这样的思维逻

五 在化解悖论中增强辩证思维能力：悖论问题研究

辑，宇宙中的任何现象及其变化都不可能有任何确定性的认识，因此，都具有神秘的性质。为什么会是这样的呢？按照"非决定论"者的说法，这一切都是一种"自由意志"决定的，所以，这种"非决定论"，也被称为"自由意志论"。同样地，作为"机械决定论"的对立面——"非决定论"即"自由意志论"，也是形而上学思维方式绝对性的一种反映形式。

"自由意志论"或者说"非决定论"观点，实质上意味着，每一个人的每一个行为，没有任何的客观规律需要遵循，各个行为之间没有任何的因果制约关系，宇宙这和人世间的一切都是随心所欲的，都是绝对自由的。为什么会是这样的呢？这是因为，人们的行为完全是由自己的意志自由决定的。这样，"自由意志论"就走到了"决定论"的另一个极端，于是就出现了认识上的另一个悖论。

那么，客观事物发展中的"决定论"与"非决定论"观点，特别是社会生活中人世间现象的"决定论"与"非决定论"观点，即"决定论"与"自由意志论"之间的这个悖论，它的实质究竟应该怎样认识呢？

"决定论"与"非决定论"（"自由意志论"）这两种观点，实际上都是认识上的一种极端现象。在"决定论"者看来，人们的一切行为，完全由客观规律所决定，也就是说，每个人的一举一动都死死地固定在因果关系的链条之中；在"自由意志论"者看来，人们的行为完全是由自己的意志自由决定的，根本不受任何客观条件的制约，不必遵循客观规律。这样，每个人的一举一动由于没有任何因果联系，结果是外界根本无法认识了。所以，从思维方法的特点来看，"决定论"与"自由意志论"，实质上都属于绝对化的形而上学观点。

作为形而上学的思维形式，"决定论"与"非决定论"即"自由意志论"这两者，实质上都是在"不能相容的对立中思维着"。在"决定论"者看来，一切都是被必然性规律决定的，而在所有被决定

辩证法：领导者思维能力提升之道

的事物和行为中，没有任何一丝一毫的自由的、偶然性的因素起作用；相反地，在"非决定论"者即"自由意志论"者看来，万事万物都是在由自由意志的支配下，而且在自由意志起作用的过程中，一切都是偶然的、随机的，客观条件、客观规律根本不起任何作用。所以，无论是"决定论"还是"自由意志论"，都是形而上学的思维方式，实际上都剥夺了人们对自己言行选择的自由。

可以看出，作为形而上学的思维形式，"决定论"与"非决定论"（"自由意志论"）这两种观点，虽然各持一种思想极端，但是，在人们的现实生活中，它们常常又"殊途同归"。因为这两种极端的思维方法，归根到底都会把人的认识引入到"不可知论"的歧途中去，从而使人们失去自由，陷入被动。所以，要获得自由，取得领导工作的主动权，那就必须从理论上真正破除"决定论"和"自由意志论"之间的悖论。破除这种认识论的关键是彻底改变形而上学的思维方式，切实运用辩证法的思维方式，深刻揭示"决定论"和"自由意志论"的实质及其关系。

任何一种哲学思维方式，都是一定时代的产物，形而上学的思维形式即"决定论"与"非决定论"（"自由意志论"）也是如此。因此，人类的这种极端的、绝对化的思维方式，也必然随着时代的发展而被历史所淘汰，被一种新的思维方式所取代。

事实上，拉普拉斯的"决定论"，是物理学发展中在古典力学的水平上的反映，因此就表现为一种机械的"决定论"，并且成为形而上学思维方式一种自然科学根据。当现代物理学尤其是量子力学出现之后，拉普拉斯的"决定论"就无藏身之地了。因为量子力学在描述微观现象时发现，运动着的微观粒子之间，存在着统计学的概率性质的联系，即出现了不规则、不严格、多种多样的状态。这样，机械的"决定论"就失去了存在的根据。不过，这个时候有人会认为所谓"自由意志论"是正确的了。因为在他们看来，这种微观粒子运动的

五　在化解悖论中增强辩证思维能力：悖论问题研究

不规则、多种多样的状态，反映的是无规律可循，因此，也就成为一种不可捉摸的自然现象了。很显然，这样就走向了另一个极端。现代高科技，特别是量子力学的发展，已经推翻了这种"自由意志论"的幻想。因为量子力学中所运用的数学概率论，可以揭示出事物运动中可能性和现实之间的逻辑联系，从而可以看出一些概率性的规律来。这可以说是人类在更高层次上对客观规律的把握。

同时，人类的社会生活的实践经验也越来越显示出形而上学"决定论"与"自由意志论"的荒谬性。首先是因为它不符合生活实际。现实生活的实际情况是什么样呢？那就是，在客观世界的运动、发展、变化过程中，特别是在人世间的各种行为中，没有"纯粹"的被决定的情况，也没有"纯粹"的自由意志起作用的情况。在客观世界的运动、发展、变化过程中，真实的情况就是如此。如果我们认真仔细地观察客观世界，实事求是地研究社会生活，就会得出这样的结论：所谓纯粹孤立的现象是不存在的，任何事物都在互相联系中。

实践经验说明，在被决定的事物或行为中，有某种自由意志的因素起作用；反过来也如此，即在由自由意志起作用的范围里，也有某些决定性的因素，比如客观条件、客观规律起作用的情况。在任何事物的发展过程中，客观规律和主观能动性的不同因素都在起作用，或者是交替起作用。这就是客观世界运动和发展的辩证法。

在我们的实际工作中，克服把"决定论"与"非决定论"这两种观点绝对对立起来的形而上学思想方法，破除悖论，是很有价值的。一方面，我们应该警惕"决定论"的影响，彻底抛弃宿命论的消极无为思想，要把自己的命运掌握在自己的手里，作自己命运的主人，争取更大的主动权；另一方面，也必须克服"非决定论"思想的影响，改变那种不顾客观条件、违反客观规律的唯意志论思想方法，真正养成实事求是、从实际出发的科学思想作风，获得更多的自由，而这恰恰是工作成功的可靠保证。

辩证法：领导者思维能力提升之道

在现实工作中，要真正做出成就来，那就必须把尊重客观规律与发挥主观能动性结合起来。就思想方法而言，这就是必须走出"决定论"和"自由意志论"绝对对立的思维悖论，使我们的思想真正从形而上学的束缚中解放出来。反面的教训也告诫我们，如果工作中无视客观规律，无限夸大人的主观能动性作用，这必然导致工作的失败。20世纪50年代"大跃进"时期，有一部分人头脑发热，竟然提出了"人有多大胆，地有多大产"的口号。在诸如此类的极端性思想口号的引导下，一部分人陷入狂热性和盲目性，藐视客观规律，从而使人们正常的主观能动性受到了极大的伤害，甚至造成了灾难性的历史后果。

事实证明，无论是陷入了形而上学"决定论"这样的"宿命论"思想陷阱中，还是沉醉于"自由意志论"的思想狂热之中，都会使我们走向某一种极端的思维方式，处于被动之中而无法自拔。摆脱这种被动局面的出路就是要严肃地遵循客观规律，同时又积极地发挥自己的主观能动性。这样，我们才能彻底破除"决定论"和"自由意志论"之间的悖论，真正摆脱形而上学思维方式的束缚，增强辩证法的思维能力，从而才能把尊重客观规律与发挥主观能动性结合起来，争取在领导工作中有更大自由和更多主动权。

六　在反思中不断实现思想升华

20世纪70年代，随着改革开放的开始，为了进一步解放思想，人们希望通过总结历史教训，深挖诸如"文化大革命"等政治运动发生的根源。全党和全国人民都通过对这个时期经历的反省，同时通过对自己的思想和行为做诚恳的忏悔和检讨，反复思考，希望从中找出上述问题的答案。对这样一种思考形式的认识性质，哲学上称之为"反思"。事实证明，认真反思，对于提高人的认识水平和实现思想升华，具有重要的方法论价值。

（一）何谓反思

究竟什么是"反思"？或者说作为一种哲学思维方式的反思，其特点何在？哲学上的反思，其原意就是回过头去、反过来进行的一种自我思考，即自己对自己原来的思想、体验或者感受的重新认识、理解，或者说是通过对自身的观察对自己本身的一种思考。很显然，反思实际上是一种自我认识的思维方式。所以，从本质上说，反思就是一种自我意识。因此，反思是哲学的一种思维方式，我们可以称为哲学的反思思维。

在哲学史上，许多哲学家对反思这种思维方式进行过各种形式的探讨。法国哲学家笛卡尔在他的著名哲学命题"我思故我在"中，较早地阐述了"反思"这种思维方式的本质特征。英国哲学家洛克认

辩证法：领导者思维能力提升之道

为，人通过心灵内部活动的知觉，从而获得关于自身的思想、怀疑、信仰等的观念，也是"反思"思维的一种阐述。在近代哲学史中，对反思问题研究得比较系统深刻的，是以康德、黑格尔为代表的德国古典哲学时期的哲学家。

康德是从他的先验论的哲学思维中，来说明反思（即"反想"）的实质和价值的。在他看来，人类的认识活动的一个任务，是把复合的活动分解为知性和感性的简单活动，而"在纯先天的判断方面，这种工作就由先验的反想来实行。通过先验的反想，每一个观念都在相应的认识能力里面被指定了它的地位，并且由于先验的反想，一种认识能力对另一种认识能力的影响，也就区别开来了"[①]。如果抛开康德哲学思维的先验论性质，他把反思（反想）看作是人的一种特殊认识能力，这显然是很有价值的思想。在康德之后，黑格尔对反思思维的研究，又向前发展了一大步，在唯心主义的形式中奠定了近代哲学反思思维的基础。

黑格尔认为，反思是一种哲学思维，而哲学思维则是在主体与客体的同一中、在本质和现象的同一中，达到对事物的本质性认识，通过中介实现由现象到本质的认识，这就是哲学的反思。黑格尔又说，"只有通过以反思作为中介的改变，对象的真实本性才可呈现于意识前面"[②]。对此，他进一步具体解释说："反映或反思这个词本来是用来讲光的，当光直线式地射出，碰在一个镜面上时，又从这镜面上反射回来，便叫作反映。在这个现象里有两方面，第一个方面是一个直接的存在，第二方面是同一存在作为一间接性的或设定起来的东西。当我们反映或（像大家通常说的）反思一个对象时，情形亦复如此。因此这里我们所要的认识的对象，不是它的直接性，而是它的间接的反

[①] 北京大学哲学系外国哲学史教研室编：《十八世纪末—十九世纪初德国哲学》，商务印书馆1960年版，第58页。

[②] 〔德〕黑格尔著，贺麟译：《小逻辑》，商务印书馆1980年版，第76页。

映过来的现象。我们常认为哲学的任务或目的在于认识事物的本质，这意思只是说，不应当让事物停留在它的直接性里，而须指出它是以别的事物为中介或根据的。"①

马克思从费尔巴哈对黑格尔唯心主义哲学思想的批判中，进一步发挥了他的异化思想，肯定了人作为一种对象性的存在物，所以，人的本质必须在人的对象物中才能得到认识，比如说，在劳动异化的过程中，"劳动的对象是人的类生活的对象化：人不仅象在意识中那样理智地复现自己，而且能动地、现实地复现自己，从而在他所创造的世界中直观自身"②。关于反思的这些论述，恰恰证明了反思的哲学思维的本质特征，即人们总是通过自己在客观对象中的反映来更加深刻地认识自己的特点，即在外在对象的反映中来发现本身——在扬弃了的自身中来认识自身。

在中国哲学史中，对反思思维的研究也有许多有价值的思想见解。我国哲学家冯友兰对反思的概念做过如下的界定："所谓反思就是人类精神反过来以自己为对象而思之。人类的精神生活的主要部分是认识，所以也可以说，哲学是对于认识的认识。对于认识的认识，就是认识反过来以自己为对象而认识之，这就是认识的反思。"③在当代中国哲学学术界，有不少的学者对反思思维进行过研究，有一种基本观点认为，反思是一种哲学思维，即是"对思想的思想"，反思的直接意义，"就是思想以自身为对象反过来而思之"。④此外，在哲学学术刊物上，也有论述反思思维的类似观点的论文，它们从不同的角度对反思进行了学术界定，这对于认识什么是反思，也有一定的帮助。

---

① 〔德〕黑格尔著，贺麟译：《小逻辑》，商务印书馆1980年版，第242页。
② 《马克思恩格斯全集》第42卷，人民出版社1979年版，第97页。
③ 冯友兰：《中国哲学史新编》第1卷，人民出版社1982年版，第10页。
④ 孙正聿：《辩证法研究》（上），吉林人民出版社2007年版，第265页。

辩证法：领导者思维能力提升之道

（二）反思思维的方法论特征

从关于反思的研究中可以看出，哲学界的一个基本观点是，反思是一种特殊的哲学思维形式——是对人自己的认识本身进行的一种认识，是思想之思想，反思就是一种哲学的思维方式。就这一点而言，反思是能够真正在本质上表现哲学认识性质的一种思维方式。

我们说哲学是思想之思想，或者说是对已经形成了的思想的思想，这就是说，哲学思维一般来说是一种"滞后性"的思维。正是基于这样的认识，黑格尔把哲学的反思称之为"后思"（Nachdenken），这就是说，哲学反思是指事后对某些观念的思考，或者是一种随后的思考，是随着现实的发展而对现实进行一种的思考，所以，哲学总是来得太迟。基于哲学思维的这个本性，黑格尔把哲学比喻为直到黄昏才起飞的智慧女神——猫头鹰，对此，他有一个思想深刻而精彩的阐述："哲学作为有关世界的思想，要直到现实结束其形成过程并完成其自身之后，才会出现。概念所教导的也必然就是历史所呈示的。这就是说，直到现实成熟了，理想的东西才会对实在的东西显现出来，并在把握了这同一个实在世界的实体之后，才把它建成为一个理智王国的形态。当哲学把它的灰色绘成灰色的时候，这一生活形态就变老了。对灰色绘成灰色，不能使生活形态变得年青，而只能作为认识的对象。密纳发的猫头鹰要等黄昏到来，才会起飞。"[①] 关于这个思想，黑格尔进一步概括说："哲学的认识方式只是一种反思，——意指跟随在事实后面的反复思考。"[②] 反思即是后思，这个思维特点反映了哲学思维的方法论特征。

马克思恩格斯在《神圣家族》一书中对黑格尔的这个思想作了如

[①] 〔德〕黑格尔著，范扬、张企泰译:《法哲学原理》，商务印书馆1961年版，第13—14页。

[②] 〔德〕黑格尔著，贺麟译:《小逻辑》，商务印书馆1980年版，第7页。

下的发挥:"早在黑格尔那里,历史的绝对精神就在群众中拥有它所需要的材料,并且首先在哲学中得到它相应的表现。但是,哲学家只不过是创造历史的绝对精神在运动完成之后用来回顾既往以求意识到自身的一种工具。哲学家参与历史只限于他这种回顾既往的意识,因为真正的运动已被绝对精神无意地完成了。所以哲学家是 post festum (事后)才上场的。"[1]在这一点上,马克思恩格斯与黑格尔对哲学思维本性的理解基本上是一致的,即哲学是对完成了的观念形态的世界的一种思考,这就是说,作为哲学思维的反思的这种非先验性,恰恰是它在思想上的一种可贵之处。后来,马克思以他对商品、资本等范畴的研究为基础,更加深刻地阐述了哲学思维形式的这个本质特征。对此,马克思指出:"对人类生活形式的思索,从而对它的科学分析,总是采取同实际发展相反的道路。这种思索是从事后开始的,就是说,是从发展过程的完成结果开始的。"[2]

通过上述的一些理论研究,我们对反思的实质层面的认识会更加深入。这就是说,在一般的情况下,反思是一种哲学思维,再进一步具体地说,从辩证唯物主义认识论的角度上来说,所谓"反思",就是认识主体通过主体与客体的矛盾来达到对主体自身本质的更深刻认识。这就意味着,人应当而且可能在自己与客观世界的对立统一中来认识自己的内在本质特征。实际上,这也是一般哲学思维的主要表现形式,是人对事物本质的认识的基本过程,因为事物在本质上就是一种矛盾,人作为认识主体,它与客观事物就是处在对立统一的关系中。所以,反思也就是认识过程中矛盾的一种特殊表现形式。

如果在认识的更高层次上看,所谓哲学的反思,就是在主客体的对立统一中,认识主体把自身作为认识对象,是对自己的认识过程。所以,反思是人在认识过程中的一种"自觉"行为。通过反思,主体

---

[1] 《马克思恩格斯全集》第 2 卷,人民出版社 1957 年版,第 108 页。
[2] 《马克思恩格斯文集》第 5 卷,人民出版社 2009 年版,第 93 页。

辩证法：领导者思维能力提升之道

能够对自己的精神本性及其存在状态有一个更深刻的了解。同时，这也能够促进我们对哲学认识的基本特征有一个初步的理性认知，从而增强我们的哲学抽象思维能力。事实证明，这样的认识形式，归根到底，对我们自身及其与现实世界关系本质的认识会越来越深刻。正是在这样的认识过程中，反映出了哲学反思的方法论特征。

（三）反思：不断提高理论研究水平的重要途径

反思的实质，是通过主客观的比较，达到对自身内在特征的真实考察，使自己对自己有一个实事求是的认识。自己对自己有一个清醒的客观的认识，这实在是太重要了。实践证明，善于运用反思的思维方法，增强自我意识能力，这对于改造我们的思想方法，进一步提高我们的思想理论水平，是一个重要的途径。

反思思维的这些现实价值，也在启发我们如何在反思中，寻求提高我们的理论研究工作水平的根本途径。应该承认一个严肃的事实，即我们的马克思主义理论宣传，在一般社会群体中取得的效果并不理想，在一些青年中，马克思主义理论教育有的时候甚至会产生某种拒斥心理。这个情况，对我们的理论工作者是很大的刺激，当然，也应该从这里得到很大的教育。问题究竟出在哪里？有的理论工作者把责任归咎于群众和青年身上，认为是由于他们受西方意识形态影响，而对马克思主义理论产生了偏见。于是，有的人提出，要在意识形态上去"争夺群众"，使群众和青年摆脱西方思想影响。这种观点不能说没有一点道理；但是，事实证明，这不是根本出路。我们应该看到，这实际上是一种理论竞争，马克思主义理论究竟会有什么样的影响力，不能靠某种外力的作用，说到底，要靠自身的力量。所以，我们必须对自己的理论研究进行认真的反思：我们自己的那些理论作品为什么缺乏吸引力？面对着各种外来思潮的影响，为什么缺乏竞争力？

如此等等。这就是说，如果不下决心从自己身上寻找原因，切实提高自己的理论水平，是很难摆脱被动局面的。就此而言，反思思维对加强马克思主义理论研究，特别是对我们自觉提高研究水平，具有重要的方法论价值。

与此相联系的是，我们应该如何实事求是地看待长期以来的思想政治工作，特别是对青年学生的思想政治教育问题。必须肯定，我们一直重视思想政治工作，并且取得了明显的成绩。但是，现实中的一些问题，也必须引起我们认真思考。1981年7月，邓小平在关于思想战线上的问题的谈话中，说了这样一段话："最近我看了一些材料，感到很吃惊。有个青年诗人在北京师范大学放肆地讲了一篇话。有的学生反映：党组织在学生中做了很多思想政治工作，一篇讲话就把它吹了。学校党委注意了这件事，但是没有采取措施。倒是一个女学生给校党委写了一封信，批评了我们思想战线上软弱无力的现象。"[①]

邓小平这里说的是"资产阶级自由化"在当时所产生的不良影响，很显然地，我们必须明确地批判资产阶级自由化的言论，用马克思主义的思想来教育青年学生。但是，我们也应该对这个现象做深刻的分析，进行一些认真的反思：党组织在学生中做的思想政治教育工作，为什么会被那个"青年诗人"的一篇讲话就给吹了呢？当然，之所以产生这样的结果，那个青年诗人的一篇话是产生了消极作用的，青年学生思想幼稚，也不能说不是一个原因。但是，思想政治教育的结果之所以会被一篇讲话就给吹了，这个现象说明，归根到底是由于我们的思想政治教育工作本身软弱无力。所以，必须清醒地认识到，我们的思想政治工作之所以软弱无力，归根到底是由我们的思想政治教育工作的内容和方法决定的，即我们的政治思想教育的理论基础肤浅、缺乏说服力。这就决定了，解决邓小平提出的这个问题的根本出

[①] 《邓小平文选》第3卷，人民出版社1993年版，第389页。

路，就是使政治思想教育的理论更加深刻，更结合实际，生动活泼，深入人心，从而具有很强的说服力；在教育方法上，要废除那些教条式的强制灌输、生硬的说教方式，如此等等。这就是我们对政治思想教育现状反思的一个重要思想成果。

　　反思思维这种哲学思维方式的自我意识，作为思想的主体对主体的思想的一种思考，归根到底是要对主体的思想进行超越性的检验，这种思想的检验采取了反思形式。经验教训告诉我们，要使自己的认识具有真实性，必须善于运用哲学的反思思维，在主观与客观的交互统一中，来正确认识自己和世界。事实证明，无论是什么样的人物，只有看清了自己，才能真正看清自己周围的世界；同样道理，人们必须通过自己在客观世界中的真实反映，才能真正认识到自己的本来面目！

（四）在反思中不断增强理论认识能力——对苏联解体教训的反思

　　1991年年底，具有70年历史的苏维埃社会主义共和国联盟，由它自己的领导人宣告解体，分裂为15个独立国家。这件事立即成为轰动全世界的大事，国际社会的政治家和思想家为之震撼，几乎是同时就引起了东西方思想界的沉思。我们且不说西方思想界的议论，也不说苏联思想界的探讨，这里仅就中国政治理论家们的研究状况做一些概括。对苏联解体原因的分析，大体上有这样几个观点，即认为苏联解体的原因，一个是"和平演变论"，一个是"改革失败论"，一个是"叛徒窃取政权论"。这里所说的"和平演变论"，是认为苏联之所以解体，是由于西方搞"和平演变"的结果；所说的"改革失败论"，主要是指戈尔巴乔夫企图搞西方式的改革，不但没有成功，反而使苏联体制失败了；所谓"叛徒窃取政权论"，是指叶利钦叛变了共产党，窃取了苏联政权，使苏联的制度体制变质而解体了等。

对苏联解体原因分析所得出的这几个观点，都是有一定道理的，而且都具有不少的事实根据。就中国当前阶段的改革开放事业而言，我们应该就这几个方面的问题进行认真研究，从其中吸取历史的教训，推进中国特色社会主义的前进。但是，必须承认一个道理，那就是上述几种观点，说的基本上是苏联解体的外部原因，而事物的本质变化，是外因通过内因起作用的。人们会提出这样的问题：西方的"和平演变"为什么能够得逞？戈尔巴乔夫的经济体制改革和政治体制改革为什么会失败？"叛徒"为什么能够成功地窃取政权？归根到底，是由于苏联政权本身内在的原因，使这些因素在体制机制解体的过程中起了作用。所以，对苏联解体原因的研究，还是应该重视苏联政权本身内在原因的分析。对此，我国的理论界一直在进行历史反思，这方面的思想成果，可以概括为下述几个方面的内容。

第一，教条主义的"马克思主义"和以集权为基础的个人崇拜，毁掉了苏联和苏联共产党——没有自由就没有社会主义。

苏联的立国思想基础，是作为意识形态的马克思主义学说，在当时的苏联，则是列宁主义学说，按照当时苏联共产党的说法，就是苏联的马克思主义，或者说是马克思列宁主义。但是，这个列宁主义是完全遵照斯大林的个人意志来阐述的，它反映的是斯大林的观点。所以，所谓的列宁主义，不是列宁的列宁主义，而是斯大林的"列宁主义"。在当年，根据斯大林的意图编写的《联共（布）党史简明教程》，在苏联和其他国家的共产党那里，原文和各种译文版本一印再印，被称为"马克思主义的百科全书"，被奉为金科玉律。这样，《联共（布）党史简明教程》就成为了各个学科的最高典范，成为哲学社会科学以及整个意识形态研究的唯一遵循，凡是它所阐述的观点，任何人都不得越雷池一步。这就是说，任何人的任何思想，都有一个必须遵守的固定格式，否则，就是"反马克思主义"。可以想象，在这

辩证法：领导者思维能力提升之道

样的意识形态藩篱中，还有什么思想自由可言呢？那么，扼杀人们思想自由的这个意识形态禁律的实质是什么呢？简单地说，就是"左"倾教条主义和政治实用主义。这样，就在当时的苏联，形成了一种实际上是教条主义的所谓"马克思主义"。

斯大林和苏联共产党领导人把这种教条主义的所谓"马克思主义"作为指导思想，实际上是剥夺了一般人，特别是知识分子的思想自由，在不断地扼杀人们的创造性。可想而知，一个广大人民群众和知识分子被剥夺了思想自由的国家，它的体制机制还会有什么生机和活力吗？可想而知，一个僵化了的、没有了基本的思想自由，丧失了生机和活力的所谓社会主义体制机制，被"和平演变"不就是很容易的事情了吗？

事实证明，教条主义的形成和滋长，其现实的政治基础，是高度集权的政治体制。在当时的苏联国家，"教条主义的马克思主义"与"高度集权的政治体制"二者相辅相成。而"教条主义的马克思主义"与"高度集权的政治体制"这两者的"有机结合"，则产生了另一种政治毒瘤——个人崇拜。在国际共产主义运动史上，苏联时期对斯大林的个人崇拜，可以说是登峰造极了。当时的苏联，在斯大林个人崇拜猖獗的时期，根本不容许社会民主、党内民主的存在，至于现代法治，那就更是无从谈起了。历史事实证明，以高度集权政治体制为基础的个人崇拜，是对自由、民主、法治的彻底破坏。在人类社会发展的现代时代，一个人民群众没有了基本自由、却名为社会主义的国家，在外力冲击之下，最终走向解体是理所当然的事情。

由此可见，从苏联解体内在原因的这个方面来说，是教条主义的"马克思主义"和以集权为基础的个人崇拜毁掉了苏联。这个问题的实质是什么呢？在现代文明时代，没有自由就没有社会主义。

第二，剥夺人民的民主权利，破坏民主制度，必然葬送社会主义——没有民主就没有社会主义。

六 在反思中不断实现思想升华

在研究苏联解体的原因时，我们已经痛切地感到，苏联解体的实质是由于苏联政权长期脱离人民群众，而最后被人民群众抛弃了。在一个号称是人民当家作主的社会主义社会里，人民却是没有权利的，国家的一切主要权力都集中掌握在党和国家领导人的手中。由于这样的执政理念，在苏联，人民与权力机关的关系，即社会主人与社会公仆的关系是颠倒着的，高高在上的大量特权阶层的存在，就是一个有力的证明。大量历史事实说明，在苏联共产党执政的时期，所谓马克思主义意识形态的运行，包括媒体、一般文化工作等，完全由党的领导集团说了算，主要是取决于党的主要领导人的意志，而实际上是取决于党的最高领导人的个人意志。

对斯大林时期苏联政治体制由于集权、个人崇拜等原因而缺乏基本的民主制度，在20世纪50年代已经引起了苏联共产党党内领导的反思，苏联共产党二十大上关于反对个人崇拜的报告，就说明了这个问题。对此，中国共产党也在深刻反思，并且在理论上提出了自己的重要观点，这就是邓小平代表党中央在中国共产党八大上关于修改党章的报告中所阐述的人民主体原则。邓小平明确指出："同资产阶级的政党相反，工人阶级的政党不是把人民群众当作自己的工具，而是自觉地认定自己是人民群众在特定的历史时期为完成特定的历史任务的一种工具。""确认这个关于党的观念，就是确认党没有超乎人民群众之上的权力，就是确认党没有向人民群众实行恩赐、包办、强迫命令的权力，就是确认党没有在人民群众头上称王称霸的权力。"[①] 这个反思的政治结论，就是在今天，仍然具有现实意义。

当年由苏联共产党执政的苏联国家，在意识形态领域中，党的领导机关和党的领导人是以人民的教育者自居的，人民群众只是一些被动的受教育对象。可以想象，在一个意识形态体系中，作为社会主体

---

① 《邓小平文选》第1卷，人民出版社1994年版，第217—218页。

辩证法：领导者思维能力提升之道

的人民，没有任何实际权利，这样的意识形态，怎么会有生机与活力呢？在当年的苏联，党的领导机关、国家政权机关与整个社会是脱节的，与人民的根本利益是不相干的，甚至是相对立的。可想而知，一个对人民已经没有用处的东西，理所当然地要被人民所抛弃。就苏联解体的教训来看，我们应该从中得到什么样的思想启发呢？简单说来，这就是必须在整个社会真正实现人民的主体地位，这是社会主义民主政治的实质内容。

鉴于苏联解体和中国"文化大革命"时期的教训，我国在改革开放的过程中，进一步明确了要全面坚持人民主体地位的政治制度。中国共产党十九届四中全会强调提出，要坚持和完善人民当家作主制度体系，发展社会主义民主政治。必须坚持人民主体地位，坚定不移走中国特色社会主义政治发展道路，确保人民依法通过各种途径和形式管理国家事务，管理经济文化事业，管理社会事务[①]。这里所指出的人民当家作主，并且能够确保人民依法通过各种途径和形式管理国家事务，这其中当然包括经济、政治、文化和意识形态等各种社会事务。很显然，在意识形态领域中，也必须坚持人民主体地位，这样才能实现人民当家作主的制度。可以看出，人民主体原则，实质上也就是人民民主原则。人民民主原则核心内容就是由人民做主，而不是为人民做主，这才是真正的人民主体原则。

实践证明，如果国家政权剥夺人民群众的民主权利，必然葬送社会主义。所以，没有民主就没有社会主义。这就是我们从苏联解体教训的反思中应该得到的思想结论。

第三，破坏现代法治，就是在摧毁社会主义政治体制的文明基础——没有法治就没有社会主义。

在苏联作为一个独立主权国家存在的时期，特别是斯大林当权的

---

① 《中国共产党第十九届中央委员会第四次全体会议公报》，新华社北京 2019 年 10 月 31 日电。

年代里，由于集权体制的恶性膨胀，个人崇拜的一度狂热，曾经使公民的自由权利受到大规模侵犯，人民民主制度遭到严重破坏。公民自由的丧失，民主政治的被摧毁，这本身就意味着该社会的现代法治已经荡然无存。一个基本上没有了现代法治的所谓社会主义国家，必然会变得十分脆弱，经不起政治上的风吹浪打。

现代法治为什么对一个国家的巩固强大如此重要？这是由法治的本质和特殊功能决定的。什么是法治？这首先要明确法或者法律的实质是什么，即它究竟是以什么为基础的。对这个问题，马克思恩格斯认为，法或者法律，是以客观的社会关系为基础的，而这个社会关系就是不以人的意志为转移的现实的生产关系，因为人们的生产关系必然表现为他们的法律关系和政治关系。马克思恩格斯对此有过深刻的论述："这些个人通过法律形式来实现自己的意志，同时使其不受他们之中任何一个单个人的任性所左右，这一点之不取决于他们的意志，如同他们的体重不取决于他们的唯心主义的意志或任性一样。他们的个人统治必须同时是一个一般的统治。他们个人的权力的基础就是他们的生活条件，这些条件是作为对许多个人共同的条件而发展起来的，为了维护这些条件，他们作为统治者，与其他的个人相对立，而同时却主张这些条件对所有的人都有效。由他们的共同利益所决定的这种意志的表现，就是法律。"[①] 由此就决定了，在任何社会中，法律归根到底都是现实的社会关系即生产关系的反映，这就决定了法律原则和规范之总和的法治的客观性质。

现代意义上的"法治"（rule of law）范畴和法治思想，是以民主政治为基础的，明确反对任何形式的封建专制主义，反对各种特权现象，实现政治上的平等。所以，国家和国家机关工作人员必须依据法律的规定行使职权，每个公民都同样受到法律的保护，任何个人、任

[①] 《马克思恩格斯全集》第3卷，人民出版社1960年版，第378页。

辩证法：领导者思维能力提升之道

何机构如果违法，都同样要受到法律的惩罚，在法律面前国家、社会组织、政党与个人是一律平等的。随着社会的进步，特别是人类政治文明的发展，"法治"概念的含义和法治思想，也在不断丰富和发展着，许多法律学术文献对法治的内涵和本质都进行了深刻的研究。结合实践经验和有关的学术研究，我们认为"法治"的内涵和实质可以做如下的界定：法治是治理国家、管理社会、维护公民自由权利的基本方式，这个方式的主要特点是，由人民建立国家，并享有国家主权；人民通过直接或者间接的方式制定法律，授予政府有限权力，监督其依照法律管理社会事务；法律是最高的权威，所有的权力机关和公民个人，在法律面前一律平等。

人类文明发展的实践证明，现代法治是现代政治体制的文明基础。但是，在苏联的斯大林时期，由于其集权、专制主义、个人崇拜，公民自由和人民民主都受到严重破坏，这就使法治变成了赤裸裸的人治。苏联解体的历史教训告诉我们，一个社会的当权者破坏现代法治，那就是在摧毁现代政治体制的文明基础。可想而知，如果这个国家的文明基础被摧毁了，那么，在当今世界上，它的解体不就是合乎逻辑的事情了吗？所以，从苏联解体教训的反思中，我们得出这样的结论：没有现代法治，就没有社会主义。

结合我国社会主义改革开放的实践经验总结，在对苏联解体历史教训的深刻反思中，我们应该使自己的认识提高到一个新的层次上去，获得在社会主义发展研究上的一个思想升华：教条主义的"马克思主义"和以集权为基础的个人崇拜，必然剥夺公民的自由权利——没有自由就没有社会主义；剥夺人民群众的民主权利，破坏民主制度，必然葬送社会主义——没有民主就没有社会主义；破坏现代法治，就是在摧毁社会主义政治体制的文明基础——没有法治就没有社会主义。

七 权变论：实现平衡的思维艺术

作为现代社会的一个领导者，应该是在知识、能力和智慧的综合水平上的强者。这是因为，面对利益交织、复杂多变的现代社会生活，特别是在民主政治、市场经济、高科技时代的环境中，作为一个领导人，如果要成为杰出的政治家，处理棘手的政治问题，仅有能力和知识还不行，还需要政治智慧，甚至可以说政治智慧常常比政治能力更重要。这样，能力、知识和智慧的高度统一，才能把自己锻炼成为一个足智多谋的领导者。实践证明，在利益交织、复杂多变的现实生活中，运用权变论，就是领导者应该具有的实现平衡的哲学辩证法思维艺术。

（一）权变的实质

无知产生偏见，这是一个规律。长期以来，对中国古代传统思想，尤其是对儒家学说不了解的人，常常想当然地认为，孔子、孟子等儒家学者，脱离实际，头脑僵化，思想刻板，是只能搞一些道德说教的迂腐之辈。其实，把这些帽子加在他们头上，实在是冤枉了他们。凡是用心读过《论语》《孟子》等儒家经典的人，从书中的记载可以发现，他们的言行中蕴藏着一种深邃的智慧资源。而其中能够给人以深刻启发的，就是他们的权变思想和实践精神。

中国古代传统思想中，特别是儒家哲学精华之一的权变思想，其

辩证法：领导者思维能力提升之道

中的关键性范畴是"权""权变""时"等。在儒家的著作中，关于"权""权变"和"时"等概念，孔子以及其他的儒家代表人物有过各种的解释和运用，正是儒家学者在对这些范畴的解释和运用中，揭示了权变思想的实质。

从儒家经典中的解释来看，关于"权""权变"的实质，其中的关键是正确理解"权"与"时"这两个概念。"权"的本意是"称锤"，古代测定物体重量的一种衡器，根据物体的不同重量而移动它的位置。因此，"权"可以引申为变通的意思，如"权者，变也"之类的说法。可见，"权""权变"，是指遇事要先权衡利害，分别轻重、缓急，采取灵活变通的方法，使事情办好、办成功。而"权""权变"，作为一种思维方法，它针对的是思想的绝对化、极端化，要求在比较中全面地看问题、适度地提出自己的主张，从实际出发，灵活巧妙地、恰如其分地处理问题。所以，中国传统思想中的"权""权变"思想，可以说是高层次的智慧——也就是一种哲学的方法论。

在中国古代学者，特别是儒家学者那里，常常把"权变"作为一种政治概念来加以运用，把它看作是一种为政之道，也就是治国的一种政治智慧。据《孟子》记载，有一次齐宣王向孟子请教为政之道，孟子认为，要把国家治理好，一个关键是如何恰当地、有分别地处理好对老百姓的利益分配。孟子说："古之人所以大过人者无他焉，善推其所为而已矣"，所以，"权，然后知轻重；度，然后知长短。物皆然，心为甚"。朱熹对此的注释是："言物之轻重长短，人所难齐，必以权度度之而后可见。若心之应物，则其轻重长短之难齐，而不可不度以本然之权度，又有甚于物者。"[①] 朱熹本人还指出："权者，道之变也"，"虽是权，依旧不离那经，权只是那经之变"[②]。这就是说，所谓

[①] （宋）朱熹撰:《四书章句集注》，中华书局1983年版，第209—210页。
[②] （宋）黎靖德编:《朱子语类》卷三十七。

七 权变论：实现平衡的思维艺术

"权"，是一种变化、改变、变革，但是这个"变"却有一定范围，或者说，并不是"离经叛道"的根本性质的"变"，而是不"变"中之的"变"。很显然，如何把握"权变"中的"度"，即实现利益的平衡，就是对政治家智慧的一种考验了。

据《论语》记载："可与共学，未可与适道；可与适道，未可与立；可与立，未可与权。"朱熹在注解这句话时首先引用了程子的一个解释："可与共学，知所以求之也。可与适道，知所往也。可与立者，笃志固执而不变也。权，秤锤也，所以称物而知轻重者也。可与权，谓能权轻重，使合义也。"朱熹又引用了洪氏的一个解释："权者，圣人之大用。未能立而言权，犹人未能立而欲行，鲜不仆矣。"[①]这就是说，"权"好比是学会辨明方向、学会站立之后，才可实际去走路一样。可见，"权变"是理论进入到实践这个层次的问题。正如可以站立并明白了走路的道理，与实际上能否走好路，是两回事。实践中的本事，是最高的本事，从实践中悟出的道理，是最高的道理。这就是说，一个人高明与否，不仅是看他有多少书本知识，重要的是看他在关键的时刻能不能以自己特有的方式，解决实践中那些棘手的问题。这是儒家权变思想的一个实质性内容。这对我们的现代政治家们也是有借鉴价值的。如果一个领导干部只能照书本上的条条去办事情，虽然说得头头是道，但是，遇到棘手的难题，可能就会一筹莫展了。

儒家学者在进一步的解释中，有的时候强调"权变"中的"变"，这就是说，"权变"是肯定意义上的发展、变化、变革等的意思。儒家经典《公羊传》上说："权者仅于经，然后有善者也。"[②]这里涉及"权"与"经""道"的关系问题。后来儒家学派学者对此有过进一步

[①] （宋）朱熹撰：《四书章句集注》，中华书局1983年版，第116页。
[②] 《公羊传·桓公十一年》。

辩证法：领导者思维能力提升之道

的阐述，朱熹曾经引用过程子的话说："汉儒以反经合道为权，故有权变权术之论，皆非也。权只是经也。自汉儒以下，无人识权字。"① 朱熹本人则说："权者，道之变也"，"虽是权，依旧不离那经，权只是那经之变"②。戴震说："权，所以别轻重也。凡此重彼轻，千古不易者，常也；常则显然共见其千古不易之轻重。而重者于是乎轻，轻者于是乎重，变也；变则非智之尽，能辨察事情而准，不足以知之。"③ 儒家学者所说的"权变"，并不是要求人们实行根本性质的变化，而只是一种方法性质的变化，很显然，这就强调了权变的手段性质。

在儒家的"权变"观念中，与"权"相联系的"时"这个概念，也包含了辩证法思想。从儒家学者的论述中可以看出，"权""权变"的范畴中也包含着"时"这个重要范畴。所谓"时"，就是变化、发展、前进等意思，如"与时俱进"。"时"与"权"的结合、统一，就是指遇事要善于审时度势，顺应时势，采取有利于事业成功的变通处置办法。所以，"权"与"时"两者的结合，使权变的思想内容更进一步得到了深化和丰富。

可见，"权""权变"，是指遇事要先权衡利害，分别轻重、缓急，采取灵活变通的方法，使事情办好、办成功。而"权""权变"作为一种思维方法，它是反对绝对化、极端化思想的，要求在发展中全面地看问题、适度地提出自己的主张，恰如其分地确定自己的目标和灵活巧妙的方法，在不断变化的过程中寻求解决问题实现平衡的最佳方案。

这一点，我们也可以从孔子、孟子的言行中看出来。有人向孟子提出应该如何评价伯夷、伊尹、孔子这三位圣人的问题，问曰："伯

---

① （宋）朱熹撰：《四书章句集注》，中华书局1983年版，第116页。
② （宋）黎靖德编：《朱子语类》卷三十七。
③ 中国科学院哲学研究所中国哲学史组编：《中国哲学史资料选辑·清代之部》，中华书局1962年版，第362页。

七 权变论：实现平衡的思维艺术

夷、伊尹何如？"孟子答曰："不同道。非其君不事，非其民不使；治则进，乱则退，伯夷也。何事非君，何使非民；治亦进，乱亦进，伊尹也。可以仕则仕，可以止则止，可以久则久，可以速则速，孔子也。皆圣人也，吾未能有行焉；乃所愿，则学孔子也。"朱熹对这句话的注释是："伯夷，孤竹君子长子。兄弟逊国，避纣隐居，闻文王之德而归之。及武王伐纣，去而饿死。伊尹，有莘之处士。汤聘而用之，使之就桀。桀不能用，复归于汤，如是者五，乃相汤而伐桀也。"[1] 从这段记述可以看出，孟子所称道的孔子，不但没有迂腐的书生气，而且是相当灵活的，能够随机应变。在孟子看来，像孔子这样的人才是值得效法的"圣人"。所以，儒家的"权""权变"思想，是一种高层次的、即"圣人"的政治智慧。

其实，孟子本人也有这样的特点，他是一位反应敏捷、应变能力强、具有雄辩口才的人物。《孟子》中记述过这样一件事："淳于髡曰：'男女授受不亲，礼与？'孟子曰：'礼也。'曰：'嫂溺则援之以手乎？'曰：'嫂溺不援，是豺狼也。男女授受不亲，礼也；嫂溺援之以手，权也。'"孟子的回答雄辩有力，说明他深通权变思想，既有原则性又有灵活性。这里再一次说明，原则性和灵活性的真正统一，就是"权变"思想的实质。当然，在儒家学派的权变思想中，也反映出了他们思想上的历史局限性和阶级局限性，特别是他们的那些带有消极因素的观点，如"明哲保身"之类的思想，则是需要分析批判的。

从我们上述对儒家权变思想的一些概括可以看出，所谓"权变"的实质，就是要求人们在复杂情况下处理那些棘手问题的过程中，必须善于在不断变化中，从实际出发，实事求是，摆脱一切束缚，寻求解决问题的最佳方案，而又能够高度灵活地运用各种各样可能的手段。这其中闪耀着辩证法的智慧之光。在这个意义上，我们说儒家的

---

[1] （宋）朱熹撰：《四书章句集注》，中华书局1983年版，第234页。

权变思想，是现代政治家必须具备的一种可贵的政治智慧资源。

（二）权变：智慧和品格高度统一的思想境界

经验教训说明，现代政治家要掌握平衡的思维艺术，学习这样的政治智慧，有一个捷径，就是从中国古代传统政治经验那里挖掘思想遗产，这其中的一个历史财富，如上文所述，就是我国古代的权变思想。正像儒家学者所说的，治国为政者，能够在各个方面都是强者，那就应该做一个"识时务、通权变"的"大人"。可以看出，这里所谓"大人"，是指人的一种境界，儒家的所谓"大人"境界，是智慧和品格高度统一的人格境界。

自古以来，官场如战场，特别是在现代社会的权力斗争中，政治家特别是政治领袖人物，经常面临着各种各样的挑战，需要马上做出选择，而选择的正确与否，常常具有生死存亡的意义。在现代社会的政治活动中，权力已经成为政治竞争中的最强大的杠杆，因而它的作用，往往使事情变化莫测、极其复杂，充满政治风险。所以，如何对待这些因素及其作用，对每个政治家都是一种严峻的考验。在这方面，政界领袖不但要具有坚定优秀的品德，同时还要具有很高的智慧水平，而这样的品质和智慧的结合，就成为儒家学者所极力颂扬的"大人"。所以，我们研究一下儒家所说的"大人"的品德和思维方式特征，对于现代政治家的智慧型人格修养的形成，会有重要的启发意义。

在儒家学者看来，所谓"大人"的主要特征应该是，人们在事业的选择和进退上，应当是"有义存焉，无可无不可"（即要坚持高度的原则性与灵活性的统一）；为了取得更大的成就，应该做到"有所不为方可有为"；高明的领袖人物，在逆境中应该表现出大智若愚的样子，具有一般人所没有的胸怀和气魄；遇事要奉行"允执其中""致

七　权变论：实现平衡的思维艺术

中和"的中庸之道，等等。总之，儒家学者认为，治国为政者，应该做一个"识时务、通权变"的"大人"。

在孟子看来，孔子之所以能成为"圣人""大人"，那是因为孔子是个非常实际的人，善于从实际出发，来决定自己的策略。同时，我们可以看出，孟子所说的"大人"，则是具有更高的灵活性和原则性统一的人，他说："大人者，言不必信，行不必果，惟义所在。"朱熹注释说："大人言行，不先期于信果，但义之所在，则必从之，卒亦未尝不信果也。"[①]这就是说，这样的"大人"，他的特点是实事求是，而不是从绝对原则出发，这就使他为维护最高原则，而能够表现出最高的灵活性。这样的人才是值得效法的"圣人""大人"。

在孔、孟等儒家的著述中，"大人"的概念常常是从其人品、智慧、才能等方面说的，也就是说，不但人品高尚，而且才智超群的人，才能称得上是"大人"。这与后来官场上所称的"大人"是不同的。就其才智方面而言，孔孟等先秦儒家所称赞的"大人"，主要的特点是：在品德方面，"爱人""达人"，讲信用；在智慧方面，识时务、通权达变；他们能够"有所为"又能够"有所不为"，有高明的选择智慧；他们善于恪守"中庸之道"，能够恰如其分地处理复杂的事务；等等。否则，迂腐之辈，是称不上"大人"的。常言道，识时务者为俊杰。这句话的意义在于说明，聪明人应当在变化中、在不同的环境和条件下，采取不同的策略或对策，适应不断变化着的社会环境，来展示自己的才能与智慧。

在一定的意义上可以说，通权达变或随机应变，是处人、处世的一种最高本事和学问，是那些高明的人成功的真正秘密之所在。历史经验和现实的生活经验都告诉人们，在遇到棘手难题时，只会搬书本、读条条、说官话的人不足以说明此人的本事高低，而领袖人物的

[①] （宋）朱熹撰：《四书章句集注》，中华书局1983年版，第292页。

辩证法：领导者思维能力提升之道

真正高明之处，则表现在他能在特殊条件下对于特殊的问题，运用特殊的手段，以不同凡响的方式加以解决。这就是儒家所称道的"大人"。可见，这里说的"大人"，也可以说是"高人"！

《论语》上记载了孔子这样一段话："可与共学，未可与适道；可与适道，未可与立；可与立，未可与权。"[1]朱熹在注解这句话时引用了洪氏的一个解释："权者，圣人之大用。未能立而言权，犹人未能立而欲行，鲜不仆矣。"这就是说，"权"好比是学会辨明方向、学会站立之后，才可实际去走路一样。可见，"权变"是从理论进入到实践这个层次的问题。实践中的本事，是最高的本事，从实践中悟出的道理，是最高的道理。"大人"的高明之处，就在于他在关键的时刻能以自己特有的方式，解决实践中那些棘手的问题。

在儒家看来，"权变"思想之所以可贵，之所以是"大人"的品德、学问和本事，还因为在实践中能够做到通达权变，是需要有勇气、有胆识的。《孟子》中关于"大人"品行的一些言论，便可以说明这一点。孟子说，"大人"应当是"居仁由义"的，而这其中孟子特别重视的，是要有政治上的权变胆识。他说得很明确："大人者，言不必信，行不必果，惟义所在。"[2]有人曾批注过这句话，认为由这句话可以看出，孔子、孟子都是一些伪君子，靠说假话办事。但是，如果我们认真分析，从现实的生活经验出发来理解这句话的实质，可以发现其恰恰是反映了孟子的权变思想，而且其中包含了他那种直面现实的勇气和充满智慧的辩才。在他看来，为了在特殊条件下维护基本原则（"礼""义"），应当敢于在实践中放弃原来不现实的许诺，承担因失信而可能受到的责难。用我们今天的话说，就是要敢于实事求是，而不是死死抱住原来的信条，搞"凡是"那一套。这样的"失

---

[1] （宋）朱熹撰：《四书章句集注》，中华书局1983年版，第116页。
[2] （宋）朱熹撰：《四书章句集注》，中华书局1983年版，第292页。

七 权变论：实现平衡的思维艺术

信"决不可与"背信弃义"同日而语，反而恰恰显示了一个有胆识、有原则性的政治家的高明之处。"权变"思想之所以可贵，"大人"之所以成为"大人"，秘密正是在这里。

孟子还说过："大人者，不失其赤子之心者也。"朱熹注释曰："大人之心，通达万变；赤子之心，则纯一无伪而已。然大人之所以为大人，正以其不为物诱，而有以全其纯一无伪之本仞。"[①] 这就是说，孟子所谓的"大人"，无论如何也必须是"真人"——"纯一无伪"的人。既能"通达万变"又能"纯一无伪"，这样的人，岂不就是"圣人"了吗？

儒家关于"大人"所应该具有的品德和能力的这些思想，对我们从事各种工作具有重要的启发意义。他们所说的"大人"，并不等于通常意义上的"好人"，也不是俗见上的所谓"大人物"，因为并不是任何的"好人"或者"大人物"都有很高的水平，而儒家的"大人"，一个重要特点是有"权变"的智慧，是能在风云变幻中干出一番大事业来的人；同时，儒家所谓的"大人"并不等于完人。而且，由于权变处事，就很可能因某些过失而受人责难，遭到舆论攻击，其实，这并没有什么可怕的，可怕的是在这种情况下，受不得一点屈辱。还是孔子说得好："成大事者，不恤小耻。"可想而知，干大事还会没有缺点吗？别人批评一点有什么关系！成大事者应当襟怀坦荡，以事业为重，个人的利害、荣辱算不得什么，这才是孔、孟所称赞的"大人"！

关于这一点，如果研究一下《论语》中记载的"子见南子"一事及朱熹对此事的评论，我们也能够从中得到启发。孔子一次去卫国，卫灵公之夫人南子请见，孔子推辞不过，不得已而见之。南子有淫行，因此孔子的弟子子路表示不悦，孔子为此还曾对天发誓，表示

[①]（宋）朱熹撰：《四书章句集注》，中华书局1983年版，第292页。

辩证法：领导者思维能力提升之道

自己是清白的。对此，朱熹评论说，孔子不得已见南子，这只是一个礼节问题，至于南子的品行如何，当然不会对孔子这种"圣人"有什么不良影响的。朱熹针对子路的不悦，在注中写道："圣人道大德全，无可不可。其见恶人，固谓在我有可见之礼，则彼之不善，我何与焉。"①这大概就是"出污泥而不染"的道理吧。

朱熹的这句话说得精彩，他对儒家的权变思想及孔子的人格特征，是理解得相当深刻的。只要自己行得正、守礼法，我们就不怕与各种人打交道，至于在何时与何种人交往，那就看需要了。有时是人际交往中礼节上的需要，有时则是一种特殊的需要。为了取得一定的正当利益，达到某种目的，应当说与什么人都是可以打交道的，不必有什么忌讳。比如我们在外交活动中，如果这样的人不见，那样的人也不谈，我们还能做什么事情呢？至于出于礼节上的考虑，接触一些人，那就更不必像子路那样看得太严重了。说来说去，还是"权"的问题，权衡利害，分别轻重，然后再决定自己的行为举止，无关大局、不损害原则即可。"大人"者，可以说是一些忌讳很少的人。实践证明，忌讳很多的人是成就不了大事的；忌讳太多的人甚至都很难生存下去。记得有一位由政治家而变为企业家的人说过，一个人在任何条件下都能够活，那才是一种真正的能力。这里所谓的能力，应该是以权变智慧为基础的高超能力。

儒家的"权变"思想，也可以说是人们达到了很高境界的一种意志自由。所以，在一定意义上可以说，儒家所谓的"大人"，是一种能够把握自己的、意志自由的人。《论语》中记载了孔子这样一句话："君子之于天下也，无适也，无莫也，义之与比。"朱熹在注这句话时，引用了谢氏的解释："适，可也，莫，不可也，无可无不可，苟无道以主之，不几于猖狂自恣乎？此佛老之学，所以自谓心无所住而

---

① （宋）朱熹撰：《四书章句集注》，中华书局1983年版，第91页。

能应变，而卒得罪于圣人也。圣人之学不然，于无可无不可之间，有义存焉。"①这就是说，在社会的重大活动中，只要是以"义"为依归，至于采取何种方式，这是有个人选择自由的，不必拘泥于某种固定方式。当然，在各种不同的情况下，因时、因地、因条件之异，如何能够做出自己恰当的选择，那就是权变水平的问题了。

现实经验也告诉我们，在事业上有作为的人是需要有度量的，因此，在一定的原则范围内，应当有宽容精神，而这样才有"权"可言。从儒家经典中的记述来看，一个人只要是在维护基本原则，在进退、适从方面，究竟是采取哪种方式，都是无所谓的，不必过分计较，不必看得太重。从权变的观点看，如果是据于"义"，那么，人们的不同选择，就无所谓对还是不对了。这样，才能达到孔子所说的"从心所欲而不愈矩"那种高超的境界，成为孟子所称道的"大人"——具有"天地境界""大彻大悟""出类拔萃""超凡脱俗""纯一无伪"的人物，这样的"大人"就是圣人！在现代民主政治的竞争中，政治家们只能做"大人"，而决不能做"小人"，否则是很难成就一番事业的。

（三）权变思维在高级谈判过程中的特殊价值

这里所说的"谈判"，包括各种性质的谈判，本书主要是指国家代表之间的外交谈判，即所谓高级谈判。应该说，即使是高级谈判，也是一种谈判，即广义上的交易、交换等。所以，这里所谓的高级谈判，包括外交谈判，这其中的方法论如权变论，也具有一般的方法论价值，具有借鉴价值。一般认为，谈判即外交谈判，是和平的国际关系的基本形式，在这样的交往形式中，争端国双方通过协商的方式调整双方的主张，达成某种共识，使争端得到和平解决。当事双方就争

---

① （宋）朱熹撰：《四书章句集注》，中华书局1983年版，第69页。

辩证法：领导者思维能力提升之道

端的问题究竟以什么样的方式进行协商，以及以何种形式进行争论、在什么基础上加以解决，这就由双方政治家自由决定了[①]。在有的国际关系辞书中，对"谈判"（negotiation）所作的界定中，认为谈判是"为了和平解决分歧，提升国家利益而采用的一种外交技巧。谈判者通过直接接触，以妥协和接纳的办法实现谈判目标……谈判的协议意味着双方都乐意做出一定的让步（或对方能够接受的交换物）"[②]。很显然，这其中包含着我们所说的权变思维，因为通过权变，才能实现谈判所要追求的共同目标——平衡。

对于如何评判外交谈判的成果，不能仅仅看是否坚持了一些抽象的原则，而归根到底要看你通过谈判为国家争取了什么样的实际利益。在这方面，中国老一辈外交家积累了不少值得借鉴的经验，也留下了宝贵的思想遗产。顾维钧就是其中之一。他曾反复阐述外交谈判的一个基本原则，即否定全胜论。顾维钧说："每一个中国知识分子都记得一句古话：宁为玉碎，不为瓦全。换句话说，坚持原则比只顾局部利益为好。我一向把这句话看作是个人一生中的宝贵箴言，因为一个人的生命是有限的；但这项箴言不适用于外交，因为国家是永存的，不能玉碎，一个外交家不能因为必须坚持原则而眼看着他的国家趋于毁灭而不顾。"[③] 很显然，那些教条主义者很难理解这句话中权变思想的深刻含义。

外交谈判的根本诉求是为了解决各种各样的矛盾，这需要谈判双方的政治家们发挥出最大限度的智慧和能力，最大限度地达到谈判的目标，最大限度地满足谈判双方的要求。在这方面最突出的事例，就

[①] 日本国际法学会编：《国际法辞典（中文版）》，世界知识出版社1985年版，第771页。

[②] 郑华：《从美国解密档案看中美〈上海公报〉的谈判》，《上海行政学院学报》2008年第5期。

[③] 余世存主编：《常言道——近代以来最重要的话语录》，新世界出版社2007年版，第112页。

七 权变论：实现平衡的思维艺术

是在20世纪70年代，中国领导人毛泽东、周恩来以及乔冠华等，与美国领导人尼克松、基辛格等，通过卓有成效的外交活动，使中美关系由对抗逐渐走向缓和及正常化的道路。从20世纪70年代初开始，中美双方根据各自利益在试探着进行高层之间的接触。毛泽东在与美国友人斯诺的谈话中提出，欢迎尼克松访华，愿意同他晤谈，而且尼克松作为一个旅行者也行，作为总统也行——这是在释放缓和的"空气"。经过精心策划和周密安排，1971年7月美国总统国家安全助理基辛格秘密访华，消息公布后，震惊世界。1972年2月，尼克松总统访华，通过会见毛泽东，与周恩来会谈，以及各种方式的谈判，包括双方私下达成的谅解，签订了著名的《中美联合公报》，为以后的中美建交和双边关系发展奠定了基础。从后来公开的这次外交行动的一些史料来看，这次世界史上的外交创举，充分显示了毛泽东和周恩来等领导人的高超谈判艺术。他们坚决捍卫了我国的主权，又表现出了高度的灵活性；既不使双方有失体面，又尽量寻找为双方都能接受的方式，最终达成了协议。从这其中可以看出，权变思维这个方法论的价值是何等重要。

有关专家根据对已经解密的尼克松总统档案的研究指出，关于中美起草《中美联合公报》的谈判，早在1971年7月基辛格秘密访问中国之后就开始了，基辛格先后同周恩来进行过10次谈判，其中最后的5次都是围绕起草《中美联合公报》而进行的。可见，这是个艰难而漫长的权变—平衡过程，在这个过程中，双方政治家都各自显示了自己的政治智慧。在1971年10月24日的谈判中，基辛格首先提出双方应开始商议起草《中美联合公报》事宜，但中方表示并不急于讨论，并列举了充分的理由。首先，美方用一般性词汇掩盖了双方在一些具体问题上的分歧；其次，毛泽东与尼克松的会面尚未进行，双方尚未交换意见；再次，中方要就具体的国际事务和国际形势阐明观点，要明确阐述和美方在根本问题上的分歧，不想用模棱两可的词汇

辩证法：领导者思维能力提升之道

给世界一个不真实的面目，也不想为双方今后留下无休止争论和辩论的隐患。美国方面对起草《中美联合公报》表现得比较急切，希望有充分时间开诚布公地进行讨论。基辛格提出："世界上有许多人希望中美改善失败，如果双方发布一份陈词滥调公报，每个人都会做出不同的解释。"鉴于此，他表示不反对双方在公报中各自表述各自的观点。

从已经解密的档案中可以看出，双方对《中美联合公报》都很重视，把它看成是华盛顿—北京首脑峰会成功的重要标志，所以，中美两国都非常希望能够公开发表这样一份官方外交文书。但是，双方在《中美联合公报》中主要问题的根本立场上却截然不同。基辛格强调，美国需要的是一份"既能表明双方的分歧，但又不具有攻击性；既能表明双边关系发展的一个积极方向，但又不会提出错误的希望"的公报。换句话说，《中美联合公报》应该能够树立和加强尼克松政府的形象，为其外交政策赢得积分，不能作为攻击的靶子，因而，措辞要适度模糊。基辛格甚至坦言："模糊的话语对美国更为有利，而对中国会不利。"周恩来则认为，《中美联合公报》将是实现双边关系正常化的前提，因而，双方在台湾问题等具体议题上必须有明确的表述。否则，世界和中国人民都会怀疑中美关系发展的方向，怀疑双边关系正常化的基础。

台湾问题始终是中美关系中最为棘手的问题之一，或者说由于历史的原因，也一再是美国人感到"头痛"的问题之一。这一点，也反映在《中美联合公报》起草过程中。基辛格希望在《中美联合公报》的表述上，在台湾问题上尽可能用一些"闪烁"的态度，与"模糊""模棱两可"的话语来掩盖立场的分歧；而周恩来则要求美方用明确、清晰的话语表明在台湾问题上的立场。当然，周恩来对美国人也是留有余地的，他认为，美方在台湾问题的表述上可以具有层次性，即台湾的地位和归属是第一位的，美方必须承认"只有一个中国"，强调"台湾问题是中国的内政"，尽管可以允许美国以"美国承认海峡两岸的中国人坚持只有一个中国"这样的表述方式；其次，台湾问题的最终解决必须是台湾回归大陆；再次，美国要从台湾撤军。

双方经过多回合的磋商，最终在台湾问题上一致达成的表述是："美国承认台湾海峡两岸的所有中国人都认为只有一个中国，台湾是中国的一部分。美国对此立场不持异议。美国重申希望中国人自己能用和平方式解决台湾问题。在此期间，随着地区紧张局势的减退，美将分阶段减少驻台军队和军事部署。"这可以看出，中方在最后的表述中是做了让步的，比如说，中方已考虑到尼克松政府在国内遇到的阻力，并未在公报中提及《美蒋共同防务条约》和确定美国撤军的最后时刻表[①]。

在这个过程中，毛泽东、周恩来、尼克松、基辛格等表现出了不平凡的政治家智慧和才能，经过艰苦的谈判，他们克服了在一般人看来几乎是不可能克服的一些难题。这里，我们引证他们在几个关键问题上的精彩言论，以为佐证。

1972年2月21日，毛泽东、周恩来会见尼克松、基辛格，在谈到台湾问题时，基辛格回忆道："无论是当时，还是在后来的会见中，毛都没有在台湾问题上表现得不耐烦、设定任何时间限制、作出任何威胁或者将之作为我们关系的试金石。'我们可以暂时不要他们，一百年以后再说吧。''为什么要这样匆忙呢？''这个（台湾）问题不是一个重要问题。国际局势问题才是一个重要问题。''台湾是小问题，世界是大问题。'这些是毛在我们多次访问中向我们表达的他关于台湾问题的思想。"[②] 从这里我们可以看出，他对全局利益和局部利益的关系问题，权衡得十分清楚，在他的心目中，轻重缓急，明明白白。毛泽东的确是个伟大的战略家。

---

① 郑华：《从美国解密档案看中美〈上海公报〉的谈判》，《上海行政学院学报》2008年第5期。

② 龚洪烈：《基辛格的外交思想和战略》，南京大学出版社2009年版，第226页。

辩证法：领导者思维能力提升之道

在与美国人的谈判中，在阐明中国在台湾问题上的原则立场时，周恩来明确地、毫不含糊地指出："它（美国）必须承认中华人民共和国毫无例外地是中国唯一合法政府。……台湾是中国的一个省，已经归还了中国，是中国领土不可分割的一部分。这就把我们带到第二个问题：美国必须在一个限定的期限内从台湾和台湾海峡撤出所有的军事力量，拆除所有的军事基地。……中华人民共和国和中国人民认为1954年由杜勒斯签署的美国和蒋介石的条约是非法的，我们不予承认。"在基辛格回答并表达了美国对台湾问题的立场之后，周恩来接着重申了中国在台湾问题上的基本立场，然后对于美国的立场作了评论："至于你刚才所说的，那就是你关于历史演变的观点，以及你刚才清楚表明的，你们不主张'两个中国'或者'一个中国，一个台湾'解决方案，这都预示着一个解决方案和我们两个国家间建立外交关系的前景是有希望的。"① 在处理复杂问题时，周恩来的表述总是能把原则性与灵活性巧妙地结合起来，比如他对台湾问题这个难题，在与基辛格的对话中，就更加生动地反映出了这位伟大外交家高超的谈判艺术。

在美国当代的总统中，尼克松是很有作为的政治家，在与毛泽东、周恩来等一起打开中美关系大门的惊世之举中，表现得很有胆识，敢于负责而又有高度的灵活性。比如，他在北京曾经对周恩来说过："台湾问题的难点不是我们打算做什么，而是我们公开会怎么讲。我过去的人生历程已告诉世人，一旦我定下了我们政策的方向，我做的总会比说的多。"② 与这个谈话相对应的是尼克松在他的一部著作中写的话："要从权力中得到快活，就必须认识到，错误是难免的，有错误也还是可以的，只是希望在小事而不是在大事上犯错误。只有两者

---

① 龚洪烈：《基辛格的外交思想和战略》，南京大学出版社2009年版，第222—223页。
② 宫力主编：《从解冻走向建交》，中央文献出版社2004年版，第68页。

七 权变论：实现平衡的思维艺术

具备——既喜欢权力，又不怕犯错误，才能像一个伟大领袖那样敢作敢为。"[1] 后来中美关系的发展，证明了尼克松这一独特政治风格的特殊价值。

在台湾问题上，中美双方都是从大局上看问题的，因此能够作出战略妥协：将当时无法根本解决的问题留给历史的演变来推进。对此，基辛格回忆说："我和周恩来一致同意，第一次会谈最重要的结果应该是彼此理解对方的根本目的。如果我们的判断正确的话，倘若我们都不要求对方去做其价值观念和利益所不允许的事情，那些将我们带到一起的必要因素也将为我们未来的关系指明方向。"[2] 这说明，双方都能够从战略高度审视自身的立场，各自以明智的方式来捍卫自己的根本利益。

有一位外交家曾经说过，在成功的外交活动中，最重要的问题是研究、寻找和运用对大家来说是共同的东西。用我们常说的话，就是求同存异。这恰恰是权变思维的目的，也是政治家智慧和能力的彰显。在 20 世纪 70 年代的中美谈判中，毛泽东、周恩来正是在这方面显示了他们作为伟大外交家的领导艺术。通过中美交往，基辛格对毛泽东、周恩来和邓小平的外交谈判艺术有很高的评价。他说，由于各种各样的原因，中美对话初期阶段主要集中在协调观念与基本方法上："毛泽东、周恩来与日后的邓小平，都不简单。毛泽东是有远见的、冷静的革命领袖；周恩来是高傲、有魅力、干练的行政主管；邓小平，则是具有根本信念的改革者。这三个人反映出详细分析的传统，也是古老中国经验的精华，能够分辨何者为常经，何时应权变。"同时基辛格还指出，毛泽东、周恩来、邓小平的"谈判作风与苏联领导人大异其趣。苏联的外交官几乎绝口不谈观念问题，他们的战术

---

[1] 〔美〕理查德·尼克松著，尤勰、施燕华等译：《领导者》，世界知识出版社 1983 年版，第 371 页。

[2] 龚洪烈：《基辛格的外交思想和战略》，南京大学出版社 2009 年版，第 225 页。

辩证法：领导者思维能力提升之道

是，选定莫斯科当下关切的一个问题，纠缠不休，旨在令对手疲乏而不是被说服，而获致一项决议。苏联谈判代表的坚持与死硬，强调苏共政治局的一致意见，反映出其纪律严酷，也透露出苏联政治的内部张力，把政策变成累死人的零售叫卖，葛罗米阿就是这一派人士的典型"[①]。

基辛格说，中国领导人则不同，因为"中国具有欧洲政治艺术的伟大的古典传统。中国共产主义领导人冷静、不带感情地评价权力均衡的需要，不受意识形态或感情用事的影响。他们是善于搞平衡的大师和深谙相对性的艺术家。他们明白权力均衡中所牵涉的力量是不断变动的，因此必须根据环境的变化不断加以调节"[②]。通过基辛格这样的对比，我们的确能够更真切地领略到权变智慧的精华。

[①]〔美〕基辛格著，顾淑馨、林添贵译：《大外交》，海南出版社1998年版，第672页。
[②] 龚洪烈：《基辛格的外交思想和战略》，南京大学出版社2009年版，第187页。

八 博弈论：竞争性选择的哲学智慧

现代社会是一个瞬息万变的世界，各种矛盾交织存在着，所以，领导者必须思维敏捷，反应迅速，善于及时地抓住有利于自己的机会。在政治领导工作中取得主动权，善于恰当地选择有利的时机，充分利用有用的机会，是一种特殊的思维能力。作为一种哲学辩证法思维能力要求，这就是我们所说的博弈智慧。著名经济学家萨缪尔森曾经说过，要想在现代社会做一个有文化的人，你必须对博弈论有一个大致的了解。看来，对于作为政治家的领导人来说，在博弈论问题上的研究就应该更加深入了。所以，善于运用博弈智慧并且能够从实际出发，恰当解决矛盾选择中的难题，这就可能尽显出现代政治家的高明领导能力。研究博弈论对于现代政治家智慧型人格的修养、增强领导思维能力、不断地提高领导水平，有着极为重要的价值。

（一）博弈论的实质及其方法论价值

与权变思想相联系着的博弈论，它所包含的智慧资源，对于现代社会的经济、政治活动，都具有重要的价值。现代社会中的政治活动是以民主为基础的，而民主政治作为政治家的一种行为选择，就其一些本质特征来说，既反映了儒家的权变思维特点，也体现出了现代博弈智慧。所以，认真研究现代博弈论，有助于增强领导思维能力。

辩证法：领导者思维能力提升之道

1. 什么是博弈论

现代博弈论作为一种实践价值很突出的社会科学理论，它的产生有着很深刻的历史渊源，同时有着特殊的现实价值。所以，在现代社会生活里，尤其是市场经济活动、民主政治活动以及其他的一些重要社会活动中，人们对博弈论越来越重视了。博弈论在社会生活中之所以引起人们日益浓厚的兴趣，从根本上说是取决于它本身的理论意义和实践价值。

关于博弈论的产生，著名经济学家保罗·A.萨缪尔森介绍说，博弈论主要是由匈牙利的天才数学家约翰·冯·纽曼（John Von Neuman 1903—1957）创立的。博弈论所分析的是两个或两个以上的比赛者或参与者选择能够共同影响每一参加者的行动或战略的方式。这一理论是从棋弈、桥牌及战争中所借用的术语，听起来也许有些不太顺耳，在实际上却具有重大的意义[①]。从这个简单介绍中，我们能够明白，作为人类的高层次智慧，博弈论是一种策略思维，同时也是一种战略思维。所以，萨缪尔森说，博弈论的运用已经产生了极为丰富的成就："这一领域已在帮助经济学家和其他社会学家思考有关市场、政治和军事上为少数人所深入了解并相互影响的情形方面，是非常有益的。"[②] 这就是说，对于博弈论在广泛领域中的辩证思维方法论的价值问题，应该认真研究。

什么是博弈论？就是一种有一定规则的"游戏"。"游戏"虽然有一定的规则，但是，不存在某一方完全控制最终结局的情况。例如，商业本身就是"游戏"，它是世界上人们所知道的"如何去玩"的最大游戏，因为，两个公司在市场中的竞争就像下象棋一样。再如，政

---

① 〔美〕保罗·A.萨缪尔森、威廉·D.诺德豪斯著，胡代光等译：《经济学（第14版）》（上），首都经济贸易大学出版社1996年版，第378页。
② 〔美〕保罗·A.萨缪尔森、威廉·D.诺德豪斯著，胡代光等译：《经济学（第14版）》（上），首都经济贸易大学出版社1996年版，第391页。

八　博弈论：竞争性选择的哲学智慧

治本身也是一种"游戏"，因为，两个对手在选举的竞争中也像下象棋一样。将英文"The Game Theory"翻译成"博弈论"，其原因盖出于此。所以，在后来的叙述中，我们经常将"一场游戏""游戏的局中人"等中的"游戏"两字以"博弈"代之。

为了说明博弈论的实质，有的学者试图用这样一句话作概括：博弈论就是关于包含相互依存情况中理性行为的研究。这里的所谓相互依存，通常是指博弈中的任何一个局中人都会受到其他局中人的行为的影响，反过来，他的行为也影响到其他局中人。由于这种相互依存性，游戏或博弈的结果依赖于每一个局中人的决策，没有一个人能完全地控制所要发生的事情，也没有一个局中人处于孤独的状态。相互依存常使博弈中的局中人之间产生竞争，以为自己争取到最高的目标。有的学者还指出，博弈论中的所谓"理性行为"的这个理性，一般不是指道德标准，从参加博弈的局中人的眼光来看，他们试图去实施自己认为可能是最好的行为，尽管这样的行为有可能损害了其他局中人[1]。

中国话中的"博弈"，就是如下棋一样的一种游戏模型。比如围棋的游戏特征，集中反映在一个"围"字上，而这个"围"字有两个含义，一个含义是围地，另一个含义是围子。这两种含义，一种是防守，一种是进攻，包括了攻守矛盾的对立统一关系[2]。所以，我们可以这样概括，一个小小的围棋棋盘博弈，融汇着中国人的战略思维精髓。为此，我们应该对这样的"游戏"博弈做进一步的研究。

在这样的游戏中，有两个以上的参加者，即所谓"局中人"，他们在游戏中都有着自己的切身利益，因此，每个局中人都要为自己的利益而做出选择，而他们各自的不同选择又必然地会影响到其他局中

---

[1] 施锡铨:《博弈论》，上海财经大学出版社2000年版，第5—6页。
[2] 陈祖德:《围棋与东方智慧》，《光明日报》2007年5月10日。

辩证法：领导者思维能力提升之道

人的切身利益。这样，各个局中人由于理性地选择自己的策略行为而最大限度地取得自己的利益，就像下棋游戏中的各方使尽浑身解数、寻找一种策略使自己尽可能保证赢而避免输一样。其中的一个关键，是所有局中人的利益都存在于这种相互制约、相互影响的相互依存的关系中。这个"相互依存"，对博弈论来说具有实质性的意义。所谓相互依存，一般是指博弈过程中各个局中人的策略选择的互相影响，或者说，每个局中人的策略选择行为对其他局中人的利益都有切身利害关系。由于这种相互依存性，每个局中人都不可能控制游戏或博弈的结果，但是，每一个局中人的决策，都会对博弈的结果产生影响。正是因为这种相互依存关系的存在，博弈中的每个局中人之间必然产生竞争，他们通过各种竞争手段来达到自己最高的目标，争取自己最大的利益。这就是博弈论的实质。

经济学家萨缪尔森说过："要想在现代社会做一个有文化的人，你必须对博弈论有一个大致了解。"这句话对现代领导人和政治家的实践也完全适用。

2. 博弈论的方法论价值——"囚徒困境"解析的启示

究竟应该如何认识博弈论的深刻意义？西方现代经济学著作中经常以对"囚徒困境"悖论的解析来揭示博弈论的实质和价值。据有关资料介绍，"囚徒困境"这个悖论性的案例，是美国普林斯顿大学的数学家塔克在1950年提出的，他企图以此向人们解释究竟什么是博弈论。由于经常被引用，这个案例目前已经演绎出了各种各样大同小异的版本。我们这里按中国人的思维方式特点，来介绍这个故事性的案例。

所谓"囚徒困境"，是指这样一个故事：有两个犯罪嫌疑人被警察机关捉拿归案，他们分别被单独告知，如果两个人都招供，那么，两人都会被判处5年徒刑；如果其中只有一个人招供，那么，这个人将当场宽大释放，另一个不招供的人则会从严判处10年徒刑；如果两个人都不招供，凭已有的证据，将各判 1 年徒刑。在此情况下，两个人都面临着坦白和不坦白两种选择，而且每个人的利益不仅取决于他自己的选择，还取决于另一个人的选择。这样，两个囚徒就都面临着如何选择才能对自己最有利的难题。在这样的情况下，他们各自的命运结局，就取决于他们各自的选择策略了：

第一种结局：如果两个人相互信任，结成"生死同盟"，都不招供，他们各自就只会被判 1 年徒刑。

第二种结局：如果两个人互不信任，由于一个人担心另一个人会招供，那么，他就会先招供；另一个人也这么想，也会招供。结果是两个人都招供了，都被判了 5 年徒刑。

第三种结局：如果其中一人不招供，而另一个人招供了，或者相反。那么结局是一个人当场被释放，而另一个人则被判 10 年徒刑，或者相反。

比较下来，最优的选择是招供，因为如果另一个人也招供了，他最多判 5 年徒刑；如果另一个人不招供，那么，他可以侥幸被释放；而不招供，那么风险是很大的，因为如果另一个人招供了，他就会被判 10 年徒刑。究竟哪一种选择是最优策略呢？这就需要在博弈的过程中发挥各自的智慧了。

在这样的情况下，选择的决策者必须考虑下列各种各样的因素，比如说，要认识到自己是处于一个群体中，所以，在任何博弈中每一个决策者都是局中人，而且有不止一个决策者；大家都在相互作用中，所以，任何单个局中人的行为直接影响到群体内至少一个其他的局中人。由此就决定了，选择必须十分注意策略，单个局中人在决定自己所选择的行动时，要考虑到他们的相互依存性；选择要有理性，因为在考虑到这种相互依存性时，每一个局中人必须选择自己的最优

辩证法：领导者思维能力提升之道

行动，等等①。

在对所谓"囚徒困境"悖论的解析研究中，我们还要看到，为了自己最大的利益，博弈中每个局中人的决策不是一种道德行为，而是一种理性行为。这就是说，博弈的每个局中人试图去实施对自己可能最有利的决策选择行为，一般不能用道德标准去衡量，因为他们在进行自己的决策选择行为时，已经意识到了这有可能损害其他局中人的利益。当然，在现代社会的市场经济竞争中，对"囚徒困境"中的"理性行为"不能做形而上学的理解，竞争的双方似乎只能是你输我赢、你死我活的结局；实际上，在现代社会的经济、政治竞争中，通过合作中的妥协，各自作出理性的选择，来达到各个局中人都有所得的结局是能够实现的。由此，"囚徒困境"所揭示的博弈智慧，来自人们对人性奥秘真实而深刻的认识。

（二）博弈论：一种选择和放弃的智慧

通过对"囚徒困境"悖论的解析，我们对博弈论的实质会有一个基本的认识。如果从把传统的权变思想与现代博弈论结合起来进行研究，我们就会受到更为深刻的启示。这其中的一个重要启示，就是我们认识到，权变——博弈论是一种选择和放弃的智慧。作为一种思维方式的选择和放弃，这对每个人的生命旅程都将产生深刻的影响；对现代政治家来说，那就是具有特殊价值的事情了。

既然政治生活中充满了选择和放弃，那就意味着政治家必须有一个十分灵活的头脑——他应该是任何一种教条主义或者本本主义的敌人。在这方面，不少的思想家总结过非常深刻的政治箴言，其中凝结

---

① 〔美〕普拉伊特·K.杜塔著，施锡铨译：《策略与博弈——理论及实践》，上海财经大学出版社 2005 年版，第 3—4 页。

八　博弈论：竞争性选择的哲学智慧

着历代政治家的智慧。比如，美国政治学家萨农说过："经验告诉我们，政治的首要原则就是决不要说决不。"[①] 近代法国思想家拉罗什福科说过："要成为一个伟人，就应懂得利用所有的机会。"[②] 这就是说，一个成功的政治家必须要给自己的选择留下尽可能多的机会，不要堵死任何一条可能有利的道路。这也许就是博弈论所教导给我们的一种政治智慧。

理论界学者往往从各种不同的角度来揭示博弈论的实质，比如，有的学者论证说，倘若博弈论是一家公司，那么，它的口号将是"没有人是一座孤岛"。这是因为博弈论关注的是互相依存，整个人群的状态受到群体内每个个体所作选择的影响。在这样互相联系的环境里，令人感兴趣的问题包括：每一个个体猜测其他个体的选择是什么？每个人将采取什么样的行动？（当最优的行动依赖于其他人的所作所为时，这个问题尤其令人关注）这些行动产生什么样的结局？对于整个群体而言，这个结局好吗？[③] 等等。这就是说，博弈论实质上是处于利益互相依存关系中人们的一种选择智慧。

在博弈的过程中，人们的正确选择是以维护自己的根本利益为转移的，这就需要对选择的价值作出准确的判断。在这一点上，杰出的政治领袖人物都懂得，在关键的时刻必须善于排除次要的事情，集中力量抓住主要的、有阶段意义的事情。这个道理是很容易说明白的，但是，真正做到却是一件很困难的事情。所以，正确的选择，不但要有智慧，而且还要有把这样的智慧与坚强的意志结合起来的能力。

手段的选择，对政治家来说往往具有关键的意义。拿破仑有一句名言："我有时是狐狸，有时是狮子。进行统治的全部秘密就在于要知

[①] 伍天冀、杜红卫编译：《政治的智慧》，警官教育出版社1992年版，第12页。

[②] 〔法〕拉罗什福科著，何怀宏译：《道德箴言录》，生活·读书·新知三联书店1987年版，第72页。

[③] 〔美〕普拉伊特·K.杜塔著，施锡铨译：《策略与博弈——理论及实践》，上海财经大学出版社2005年版，第3页。

辩证法：领导者思维能力提升之道

道什么时候是前者、什么时候是后者。"很显然，他说的"统治的秘密"，就是一种选择的智慧。但是，大多数政治家或者是"狐狸"，或者是"狮子"，很难随时随地转变自己的这种"政治角色"，也就是说，他们不善于根据具体情况而灵活地选择恰当的手段，很难取得杰出的成就。

由于现实政治生活的复杂性，利益的多元性，政治家们的选择很难达到"理想"状态。一位西方政治哲学家曾经这样说过，在政治领域中，很少能够在好坏之间进行选择，而是要在坏与稍坏之间选择，因为人们应该把不太坏看成就是好。比如，改革开放后，我们实行了市场经济体制，也带来了各种各样的问题，一些人免不了要怨天尤人。须知，在当今世界上，任何一种形式的经济体制，实际上都有各种各样的弊病，但是，市场经济体制毕竟是各种经济体制中弊病最少的一种。而这其中，社会主义市场经济体制与资本主义市场经济体制相比，又是弊病更少的一种经济体制形式。所以，我们必须继续坚持社会主义经济体制的根本方向。这样的权变——博弈选择，可以说是中国马克思主义政治家的一种政治上的大智慧。

这样，我们对博弈论的实质就可以有一个进一步的概括了，即博弈论就是对"社会性游戏"中在相互依存情况下为实现各自利益最大化进行决策选择的理性行为的研究。如果再直接一些说，博弈论就是对人们在竞争中寻找赢而避免输的决策选择行为的研究。可见，在激烈的利益竞争中进行恰当的"决策选择"，这当然需要知识，但是，更需要智慧。所以，在这个意义上，博弈论是一种"智慧论"。在当今的世界上，面对如此激烈的经济、政治竞争，在国内，也面对着极其复杂的社会矛盾，许多棘手的问题需要我们去解决，这也是一种特殊的经济、政治竞争，而要赢得这些竞争，当然首先要靠强大的经济、政治实力，但是，更需要智慧。现代政治家面临着的时代复杂多变，需要把人格修养提高到新的水平上去，不但要有超群的能力，而且还要有十分强的应变能力——博弈智慧，这就是我们研究博弈论的价值所在。

博弈论中所蕴含着的选择智慧本身，就意味着其也包含着"放弃的智慧"。这个道理是很明白的：如果没有任何放弃，也就无所谓选择了。中国古代思想家有一个很重要的哲理名言，叫作"有所不为，才能有所为"。同样道理，对于现代政治家们来说，在纷繁复杂的社会事务中，特别是面对着千头万绪的事务似乎都需要你去处理的时候，如何做选择，这是具有关键意义的事情，而选择得是否正确，往往取决于放弃得是否正确。对于政治家而言，成功的选择，往往决定于他们正确的放弃，而要明白这个"放弃的智慧"，就必须明白"选择"和"放弃"的辩证法。

有个例子可以用来阐述"选择"和"放弃"的辩证关系：一个狐狸不幸被猎人套住了一只爪子，它毫不犹豫地咬断了那只小腿，于是得以逃命。这应该说是一种明智的选择。人们常说的"两弊相衡取其轻，两利相权取其重"，以及"鱼与熊掌不可兼得"，也是这个道理。就现代政治家的个人事业成功与否来说，他们几乎时刻都面临着得失、进退、上下等问题的选择性博弈，有些人常常能够"以进为退"，显得很高明；而对他们所居于其中的集体事业来说，同样面临着一个又一个弃、取的选择问题。作为一名领导干部能不能拿得起放得下、有没有"舍车保帅"的勇气和智慧，对他来说也是对自己是否具有辩证思维能力的考验。

（三）博弈过程中妥协的特殊价值

20世纪70年代中期"文化大革命"结束后，在思想解放潮流的冲击下，我国政治和经济的改革已经势不可当，然而，旧的思想阻碍仍然是一股强大的政治力量。很显然，在当时的历史环境中，一些大

辩证法：领导者思维能力提升之道

的改革措施都不可能像想象的那样顺利提出，而是必然会伴随着尖锐激烈的政治思想斗争。在这样的情况下，如何妥善地处理各种矛盾，坚持改革的基本方向，就具有决定性的意义。其中，在如何"妥善地处理各种矛盾"的问题上，就出现了究竟应该怎样对待"妥协"这种思维方式的问题。其实，"妥协"并不是一个抽象的理论问题，而是一个现实的利益博弈问题。

20世纪80年代初，有的贫困地区农民开始创立了专业承包责任制形式，即包产到户，这样的做法明显突破了原来的农村人民公社集体经济体制。于是，引起了从中央到地方各级领导人和群众的广泛关注，并且很快引发了激烈的争论，其中的争论焦点是，如果允许农民自由选择包产到户，还要不要坚持集体经济了？还要不要坚持社会主义原则了？激烈的争论甚至使1980年9月中央召开的专门讨论农业生产责任制的第一书记座谈会都很难开下去了。

为了解决这个难题，中央几次修改会议文件，对不同的意见都考虑到了。文件中写道：集体经济是走向农业现代化不可动摇的基础，但是，过去人民公社脱离群众的那些做法则必须改革。所以，集体经济比较稳定的、生产也有所发展的地区，就不要搞包产到户，同时也不要对选择包产到户的群众强制纠正；而在那些贫困落后地区，群众要求包产到户的，就应当支持群众的要求。这就是著名的、具有重要历史意义的1980年75号文件。当年亲自参与这项工作的杜润生同志回忆说，75号文件是个妥协的文件。但是，正是这个所谓的"妥协文件"在中国改革史上产生了划时代的影响。

对于"妥协"这个概念，人们并不生疏，但是，人们总是把它作为一个贬义词来对待，甚至把"妥协"和"投降"相提并论。这其实是一种误解。为什么会出现这样的情况呢？这是由于各种政治历史原因，特别是长期以来"左"的思想影响，对"妥协"这个概念持形而上学的态度所造成的歪曲理解的一种反映。

八 博弈论：竞争性选择的哲学智慧

在汉语的语义解释中，所谓"妥"，一般是指"妥当""妥善""稳妥"，即比较合适的意思；而所谓"协"，常常是指"协调""协同""协作""协助""同心协力"等。商务印书馆 1978 年版《现代汉语词典》对"妥协"的解释是"用让步的方法避免冲突或争执"；1996 年的修订版在对"妥协"的解释中，除了前面的一条外，又加了一条"妥协投降"，如"原则问题上不能妥协"。所以，就"妥协"这个词本身来看，它基本上是一个肯定性的概念，而不是一个否定性的概念。当然，在一些特殊语言环境中，它也会有一定的否定性意义，如前面列举的"原则问题上不能妥协"等，但是，这并不是"妥协"一词的一般含义，也就是说，不能对任何一种"妥协"都是必须否定的；同样道理，我们也不能对任何情况下的"妥协"都持肯定的态度。

其实"妥协"一词的内涵中是包含着辩证法内容的，肯定性理解的"妥协"，本质上应该是不同利益主体之间的对立统一关系，而不是形而上学的所谓"对立"关系——"在绝对不能相容的对立中思维着"！

历史上大量的政治生活经验告诉我们，对"妥协"的行为和主张的评价，不能一概而论，而应该进行具体分析。在复杂的环境中，"妥协"常常显示出决策者一种高超的政治智慧；而且，在有些历史时期，特别是在改革的攻坚阶段，有的重大决定和政策的出台，往往就是一种妥协的产物。

在对一些特殊历史事件的思考过程中，同时联系我们工作中对一些棘手问题处理的经验，可以越来越清楚地认识到，在重要历史关头中做重大决策的时候，对于那些有作为的政治家来说，坚持自己的某种主张，要有政治上的勇气和智慧，同时，放弃自己的某种主张，也要有政治上的勇气和智慧。所以，政治上的妥协，不仅是一种辩证法的思维方法，而且也是马克思主义的勇气和智慧。关于这一点，英国政治家 A.菲利普·伦道夫说过："在政治中，其他领域也一样，没有平白无故得到东西的情况。代价可能是各种形式的让步，而这种让步又可能会打破一个人一生所坚持的宝贵理想和原则。"

同样道理，在我们的日常工作中，为了维护人民群众的根本利益，能够妥善地处理不同意见之间的博弈，寻找出不同利益的平衡机制，制定出不同利益群体都能够认可的政策措施，这也是需要具有辩证思维艺术的；相反地，不管什么样的情况，总是坚持"针锋相对"那种思维方法，人民群众是要吃亏的。从这里，我们就能够比较清楚地看出"妥协"这种思维方法的特殊价值了。

（四）竞争性博弈：一种高明的策略哲学

一般来说，策略是相对于战略而言的，它是为了达到一定的战略目标所采取的具体手段。策略通常表现为斗争形式、组织形式和口号等。或者说，策略是在经过深思熟虑的战略研究的基础上，贯穿于行动过程中的适当的斗争方式，解决某些问题的恰当手段。策略理论对于政治学是极为重要的方面，特别是在当代世界的各种政治竞争中，恰当的策略手段就更是必要了。长期以来的政治、经济、军事实践经验说明，博弈论就是一种高明的策略哲学。

毛泽东在长期的政治经济领导和军事指挥中，积累了丰富的实践经验，不但表现出战略家的才能，而且也是一个卓越的策略大师。他根据自己的经验总结，吸取了现代博弈论的一些精华，思想精细，考虑周到，机动灵活。尤其可贵的是他对于策略问题做了许多深刻的哲学概括，这反映在他一系列科学著作中。这里从几个方面对毛泽东的策略中包含的哲学思想做简明概括，以便于领导干部从中学习现代政治家的政治策略智慧。

博弈论对人们行为的根本要求，说到底就是必须实事求是、从实际出发，所以，任何一种高明策略的制定，都必须坚持客观现实性的原则。毛泽东经常说，形势改变了，策略、领导方式等也必须跟着改变；必须学会"适应情况、改变策略"；不问客观现实情况的变化，只是从概念、原则出发，拘守过了时的经验，这是策略决策上的大忌。也就是说，制定和实行某种策略，必须要有十分客观、十分现实的态度，而这样彻底的辩证唯物主义精神，恰恰是博弈论的精髓。

对具体问题进行具体分析，这是策略决策的根本要求。策略决策的过程，实际上也就是博弈的过程，通过博弈寻求最佳的结合点。这个"最佳的结合点"，就是策略决策的依据。当然，在策略决策上，要从客观实际出发，坚持观察的客观性，这是毫无疑问的；但是，一般化的思想方法是不行的，必须对客观情况进行具体分析，而决不能搞本本主义，不能搞教条主义。形象言之，高明的策略决策应该使人能够做到一把钥匙开一把锁。否则，笼而统之、一般化地对待，虽然看到了现实，但并不能保证观察的客观性，因为他还停留在抽象的认识阶段上。这就是说，在策略问题上，要求尽可能具体，必须坚决反对抽象的思维方式。

博弈的过程，根本目的是要"权衡利害，趋利避害"，这一点反映在策略实施中，就是必须坚持集中最大力量解决当前最主要问题的原则。这也就是毛泽东关于一定的时间内要集中全力去解决当前的重点问题的思想。在指挥战争中，例如在抗日战争时，毛泽东经常明确地指出，要团结一切可能的友军打击当前的、最主要的敌人。这就是说，在策略问题上，要注意研究、运用一切可能性，并使之变为现实性，以解决当前的最主要矛盾；不要分散精力，不要主次不分，不要不分轻重缓急，不要四面出击，等等，这对于提高领导的策略水平是一个重要的方法论。实践已经反复证明，那些什么都想干的人，往往是到头来什么也干不成。没有重点，就没有策略，所以，能够抓住重点的策略，才是高明的策略。

博弈论的一个本质要求，就是要人们克服那种"绝对的""纯粹

辩证法：领导者思维能力提升之道

的"形而上学思维方法，争取在尽量全面的、各种各样的可能性中寻求出最佳方案。这一点，反映在制定和实施策略的过程中，就是要克服那种把事物看成是"纯粹""笔直"之类的绝对化思维方法。毛泽东在抗日战争中极力宣传党的抗日统一战线策略，坚决反对关门主义的策略，则是反映了这样的辩证法思维方法。他说，坚持关门主义的策略，这是一种幼稚病，因为他们是按照那种他们所认为任何事物的存在和发展都是"纯粹"的、"笔直"的观点来思考问题的。这种思维方法的特点就是"非此即彼"，结果总是在"绝对不能相容的对立中思维着"。在持这样的思想方法的人看来，要统一战线就不能有独立性，要独立性就不能有统一战线。也就是说，在他们看来，统一战线中坚持我党的独立性就是不可思议的。所以，现代政治家要提高自己政治智慧水平，克服在策略决策过程中这种形而上学的思维方法，认真研究博弈论，具有极为重要的价值。

博弈论目的的实现，要求思维主体必须具有一种全方位的、多视觉的开放的思想方法，这样，才能真正发挥它的选优作用。这一点，反映在制定策略与实施策略的过程中，要求人们必须具有广阔的视野、开阔的认识、开放的思路。在《论反对日本帝国主义的策略》的报告中，毛泽东在谈到关于革命策略的问题时说："老在狭小的圈子里打转，是干不出大事情来的。"[①]的确，思想狭隘、目光短浅的人不可能在策略问题上有高明的见解。所以，在策略问题上，我们必须在更大的空间和时间范围内来思考问题，力求避免思想上的局限性，克服不应有的思想障碍，从实际出发来研究问题。坚持策略决策过程的现实性，这是博弈论的一个实质性的要求。

一般来说，博弈论的一个核心内容，就是要求人们在自己的行为选择中，必须具有高度的灵活性，这个思想对策略的制定和实施，有

---

① 《毛泽东选集》第1卷，人民出版社1991年版，第153页。

重要价值。在制定策略和实施策略的过程中，必须有最大限度的灵活性，毛泽东曾尖锐地讽刺过宋襄公那种蠢猪式的仁义道德，而主张在战争中必须要灵活、主动，利用一切可能性，以战胜敌人为最高目的。古人所谓"运用之妙，存乎一心"，这个"妙"，就是毛泽东所说的"灵活性"。他还说："灵活，是聪明的指挥员，基于客观情况，'审时度势'（这个势，包括敌势、我势、地势等项）而采取及时的和恰当的处置方法的一种才能，即是所谓'运用之妙'。"[①]可见，灵活性的实质就是要最大限度发挥人的主观能动作用，充分利用一切可能的机会和条件。因此，最大限度的灵活性就是策略哲学的灵魂。

实践证明，没有灵活性就没有策略。但是，这种灵活性是以一定的原则性为前提的。我们是共产党人，我们的一切策略都是以人民群众的根本利益为出发点的，并且要有明确的党性原则，否则，以个人的主观意志为出发点，不讲原则，那样的策略就会变成反动阶级的权术阴谋。我们的策略具有最大限度的灵活性，但又本质上不同于反动阶级的权术、阴谋，根本原因就在于这是有明确原则性的策略。

因此，结合博弈论的运用，仔细研究现代策略哲学，对于提高政治领导人的策略思想水平有重要意义。

（五）把思想从一切束缚中解放出来，开启智慧之门

博弈者，最根本的目的，就是要从实际出发，在利益竞争中做出理想的选择。而要达到这样的根本目的，必须有一个思想方法的改造：不是从观念、原则、理念等主观意识出发，而是摆脱一切观念的束缚，切实做到实事求是，从实际出发。这个思想方法的本质就是反对任何一种教条主义、公式主义的理论模式，反对任何一种形而上

[①] 《毛泽东选集》第2卷，人民出版社1991年版，第494页。

辩证法：领导者思维能力提升之道

学的思维方式，真正把思想从一切束缚中解放出来，开启人的智慧之门。

在当代的社会生活中，博弈理论已经运用到了经济管理、政治治理、军事指挥等各种领域中。比如，在经济管理的领导工作中，管理者必须了解组织系统的不断变化和各种各样的特殊情况，即不同类型的组织都有适当的关系模式，要加深对其中的有关变量互相作用情况的认识，最终目的是选择出最适宜于具体情况的组织设计和管理行动。管理者必须从不断变化着的具体情况出发，使管理活动具有最大的灵活性、创造性。管理者应该从传统的管理观念束缚中解放出来，发挥管理者的最大积极性和创造能力。人是活的，管理也必须是"活"的！

大量的实践说明，博弈理论与所谓的"完美主义"是不相容的。在数理逻辑中有一个"哥德尔定理"，它的基本思想是：任何一个公理系统如果自身是一致的、无矛盾的，那么，它就必定是不完备的（不完全的），而且，这种无矛盾性在系统内不可证明。因此，"哥德尔定理"也被称为"不完备性定理"。这就是说，世界上并没有完美无缺的事情，自身具有内在矛盾、系统中的不完备性等，这才是正常的。因此，人们也正是在处理这些不正常、不完备、矛盾百出的事件中，才能显示出他们的智慧差别，从而给那些勇敢者以广阔的创造性天地。博弈理论正是在这个问题上，给人们开启了智慧之门。

我们更加深刻认识到这样一些道理：冲突是激发想象力的源泉；在极端对立中寻求出的妥协方案可能是最佳的方案；在越来越尖锐的论战中才能使人们的思想更加深刻；人们越来越深刻地认识到，人生多一条路就多一个希望，如常说的那样"如果你觉得只有一条路可走，那么，你很可能就是无路可走了"，如此等等。这些常识性的道理告诉我们：在竞争性的博弈中，人们才会逐渐走向思想的高峰。

人们要明白一个道理：世界上的事情，不可能只有利而无害，只

八　博弈论：竞争性选择的哲学智慧

能权衡利害，取其害小者而为之。就此而言，竞争性博弈论，实质上也就是肯定意义上的实用主义哲学。这也是世界上要成大事者，特别是现代政治家、改革家行事的基本原则。政治是一种科学，一种哲学，同时又是一种艺术。艺术的本质是创造性的活动。博弈论的本质是人的创造性，就是那种摆脱了任何观念束缚的创造精神。在这方面，中国当代的一些改革家的思想方法和精神境界，是值得认真研究和借鉴的。

邓小平作为领导中国新时期改革的伟大政治家，一贯反对教条主义、本本主义，他主张要有新思想、新语言、新思路，大胆地闯，大胆地试，走出自己的路！他的经典言论是：

"现成的答案是没有的。"

"惟一的道路是没有的。"

"固定的模式是没有的。"

综上，博弈论给人们最深刻的启发就是：伟人之所以是伟人，是因为他们在进行机会选择的关键时刻，不受任何一种既有理论观念的束缚！

九　非凡思维方式的特殊方法论价值

人类在走向自由的思想征途中，不断克服形而上学的束缚，广泛运用辩证法，寻求各种各样的思维方式，才能在文明的生活中获得越来越多的思想解放和思想自由。这其中，要求我们遵循一般认识规律，坚持辩证唯物主义各种主要的思维方式，这是基本的要求。在学术研究以及解决现实问题的过程中，除了要运用那些基本的思维方式外，还要根据实际情况，运用特殊的思维方式解决特殊问题。这一类特殊的思维方式，很难归结到哪一种基本思维方式中去，所以，我们把它们称为非凡的思维方式。应该承认，这些非凡的思维方式在理论研究和实践探索中发挥了非同一般的特殊作用。当然，世界上没有能够解决所有问题的万能方法，我们必须从实际出发加以运用。实践证明，这些非凡的思维方式在解决一些特殊的认识论问题上，在排除许多棘手的难题上，显示了辩证法思维的特殊价值。

（一）解决非确定性问题的特殊辩证思维方式——辩证法是"革命的代数学"

列宁在纪念俄国19世纪民主主义革命家赫尔岑的文章中说，在19世纪40年代农奴制的俄国，赫尔岑已经达到了当时最伟大的思想家的水平，其中的一个标志是"他领悟了黑格尔的辩证法。他懂得辩

九 非凡思维方式的特殊方法论价值

证法是'革命的代数学'"[1]。很显然，列宁这是在赞扬赫尔岑的思想水平，并且充分肯定了他关于辩证法是"革命的代数学"这个思想见解，而且说明赫尔岑对黑格尔的辩证法有很深刻的理解。如何认识赫尔岑说的辩证法是"革命的代数学"这个命题呢？从这里又如何进一步认识辩证法的特殊方法论价值呢？回答这些问题，我们还是要从代数学的性质和它的特殊方法论价值这个问题说起。

代数学是数学的一个分支，它与作为初级数学的算术不同。算术是运用整数和分数的四则运算，来解决日常生活中一些常规计算问题；与算术不同，代数用抽象符号，即字母（如 a、b、c，或者 x、y、z 等）来代表实数，并且引进了未知数，根据问题的条件，列出方程式，然后解方程求未知数的值。代数与算术的一个根本区别是算术的四则运算，由于数值是确定的，所以，运算的结果也是确定的；而代数则不同，它在解方程的过程中，由于给定的条件不同，所求出的未知数的值就会随时有变化，即代数学所说的变量（或者说"变数"），即非确定性的量。

现代代数学的发展日益复杂，产生了许多分支学科，我们这里谈的仅仅是代数学的最一般理论，目的是为了说明代数学为什么与辩证法有这样的本质关系。为此，在下文中我们对代数学的基本特征再做一点研究。

从数学家长期以来的理论研究中，我们更加明确地认识到，代数学的突出特点是它通过求解方程式而得到的值，因为设定条件的变化而成为一种变量或者说变数。这就是说，代数运算的结果与算术不同的是具有不确定性。这里的关键是代数学中引进了变数，而这是数学的一个转折点。这个转折点说明了整个数学的本质功能，恩格斯曾经说过，数学是辩证的辅助工具和表现形式。但是，由于引进了变数，代数学就更加明显地反映出它与辩证法的本质关系，这是因为运动进入了数学，辩证法便进入了数学，就有了变数。

---

[1] 《列宁选集》第 2 卷，人民出版社 1995 年版，第 284 页。

辩证法：领导者思维能力提升之道

因此我们得知，代数学之所以与辩证法有着这样的本质联系，就是因为代数学中引进了变数，即变量。代数学中的这个变数或者变量，实质上就是客观世界中的物质运动，即事物内部变化的表现形式，这恰恰就是客观辩证法的主观反映。我们已经知道，辩证法所反映的正是事物自己的运动和事物的不断变化，即事物自身的永恒发展。事物的这种无限的运动、发展，就在人的认识中形成了一种不确定性。而这一点，在代数学中得到了生动的表现。

我们周围的自然环境充满了不确定性。我们必须充分认识和学会把握这样的不确定性。这就是自然界的辩证法，也就是自然界的代数学。由此可见，辩证法是革命的代数学，这表明着一种不确定性思维的形成和它不可替代的特殊作用。

辩证法不承认所谓明确的或者是严格的界线。对此，恩格斯这样说过，随着进化论的产生，一些动物品种之间的界线，正在消失，这就是说，"严格的界线是和进化论不相容的。……一切差异都在中间阶段融合，一切对立都经过中间环节而互相转移，对自然界的这样的发展阶段来说，旧的形而上学的思维方法不再够用了。辩证的思维方法同样不知道什么严格的界线，不知道什么普遍绝对有效的'非此即彼！'，它使固定的形而上学的差异互相转移，除了'非此即彼！'，又在恰当的地方承认'亦此亦彼！'，并使对立通过中介相联系；这样的辩证的思维方法是唯一在最高程度上适合于自然观的这一发展阶段的思维方法。"[①]

在社会生活中，我们对这样的辩证的思维方法体会也越来越深刻。在革命斗争年代里，由于敌我力量对比这个条件的不断变化，造成了大量的"变数"，因而也就带来了许许多多的不确定性。这就是革命的辩证法，也就是革命的代数学。

[①] 《马克思恩格斯选集》第 4 卷，人民出版社 1995 年版，第 318 页。

九 非凡思维方式的特殊方法论价值

我们国家正在进行着的社会主义改革事业与革命年代相比，矛盾更多，因而也就更加深刻，更加变化多端。当前，我们的一个历史性的任务，是要通过深化经济体制改革，建立更加完善的社会主义市场经济体制。我们必须认识到，由于利益博弈，必然会出现各种各样的"变量"，从而使市场经济内部、外部都充满诸多的不确定性。近年来，频繁出现的金融风波、动荡不定的股市风云，以及各种经济"泡沫"所造成的困境可予佐证。

同时，我们必须相应地进行社会主义民主政治建设，这也是一个伟大的世纪性工程，它将使我们的文明水平有一个巨大的提高。然而我们也应充分认识到，由于权力与权力的博弈、权力与权利的博弈，必然会使社会政治生活充满各种各样的矛盾，并在某些条件的作用下，就会造成诸如各种"突发事件"。对此，各级领导者必须要有充分的思想准备，加强自身的应变能力。

社会主义改革事业充满了各种各样的"变数"或者"变量"，这样就带来了更多意想不到的不确定性。这就是社会主义改革的辩证法，也是社会主义改革的代数学。掌握这种辩证法，学会这种代数学，我们就会改变被动局面，从而把握领导的主动权。

作为思维方式的辩证法，肯定了认识的不确定性。但是，作为现实生活辩证法的反映，这个不确定性并非孤立存在的，因为客观事物的发展表明，它的不确定性因素中包含着确定性因素，同样道理，它的确定性中包含着不确定性。这就是说，我们面对的是一个既有确定性因素又有不确定性因素的多重世界。在领导工作实践中，能否充分认识该问题，是对我们的辩证思维能力的一个考验。

（二）非线性思维的创造性价值

在我国当前以改革开放为主流的时代里，与价值观变革相应的

辩证法：领导者思维能力提升之道

思维方式的改造，即改变那些陈旧的思维方式，以马克思主义哲学的唯物主义辩证法培养新的具有革命性的思维方式，已经是一个迫切的思想任务了。这其中，研究近代科学发展的革命成果，从中吸取思想营养，不失为是一个重要途径。在这方面，以非线性思维取代线性思维，很可能是解决这个问题有价值的个例。

如果按照常识性的思考，人们对许多问题的解决，本来可以是轻而易举的——有什么原因，就会有什么结果；整体就是部分的总和；人类社会的发展只能是越来越好而不可能有什么意外情况；任何事情都有一定之规，如此等等。天下事都是按照不变的规律运行的，一切都是必然的，即只要知道事情的开始，就能够准确地预测到事情的结局——所谓的"拉普拉斯决定论"。总之，任何事物的发展都是按照一条直线向前运动的，这就形成了一种思维方式——线性思维。

线性思维形成的一个重要因素，是受经典物理学理论的影响。在经典物理学影响下，人类社会进入机械论时代，这个时代里特殊的精神产物之一就是线性思维这种形而上学的思维方式。在整个18世纪至19世纪的欧洲，机械论充斥学术界，"人是机器"就是一种具有代表性的理论观点。在霍布斯看来，国家就是一台巨大的机器——"利维坦"，个人则是这个机器上的齿轮；拉美特利则认为，人的灵魂只不过是自动机器齿轮的传动装置；亚当·斯密在解释市场经济机制之秘密的时候，借用的是那种"看不见"的力量——牛顿的"万有引力"，如此等等。

在通常情况下，线性思维思考问题的方法不能说不正确。但是，实际上，任何事物的发展结局并不是如人们想象的这么简单，因为，在千变万化的现实生活中，事情的发展状态都十分复杂，充满了不确定性，其结局甚至扑朔迷离。这样，人们就不能不对线性的思维方式提出质疑了。我们已经看到，正是在这样的质疑即不断地探索中，一种新的思维方式——非线性思维形成了。这是人类思维方式发展中的一个重要进步，而人的思维水平和能力的提高这个革命性的变化，其伟大的动力乃是来自科学发展。

在谈到科学发展的伟大作用时，人们总要提到"哥白尼革命"这个概念。在20世纪的科学发展中，爱因斯坦的相对论对于思维方式变革来说，同样具有"哥白尼革命"的意义。

作为经典物理学基础的经典力学，曾经统治了科学学术界一个相当长的时期，具有不可磨灭的历史意义。但是，随着科学本身的不断发展，特别是人类认识能力的提高，经典力学越来越显示出了它的局限性。一个突出的问题就是，它的基本原理不适用于高速运动的物体和微观领域。20世纪的相对论和量子力学，则分别解决了物理学中的这两大问题。其中，爱因斯坦的相对论提出了"时间和空间的相对性""四维空间""弯曲空间"等全新概念，从而颠覆了人类对于宇宙和自然的一些"常识性"观念。应该说，相对论以及量子力学的伟大意义，不仅仅在科学研究本身，更重要的是带来了人类思维方式的深刻变革。一个比较具体的表现，就是以非线性思维取代了线性思维，很显然，这是人类在认识论领域的革命性变革。

这里，我们以马克思主义哲学为指导，认真考察、分析不断发展的现代社会生活，对这个问题做进一步的研究。

诚如诸多大科学家说过的，现代科学是深深地植根于辩证唯物主义哲学的思想土壤之中的，增强了科学思维的思辨能力；同时也必须看到，现代科学的发展又把现代哲学推向了更高历史水平，不断地使人类的思维方式产生革命性的变化。通过科学研究，以非线性思维取代线性思维是一个突出的范例。

近代以来的科学研究，特别是对天体、宇宙、自然现象的研究中，使科学家们越来越深刻地认识到，天体、恒星、行星之间的因果关系是极为复杂的，它们的相互作用、相互影响可以导致一种非线性的混沌轨迹，或者说，这样的轨迹既不是完全规则的，也不是完全无

辩证法：领导者思维能力提升之道

规则的，它们的运行结果极其敏感地依赖于起始条件的选择，选择中的任何一种无意识举措，其后果都可能是不堪设想的。这就是著名的"蝴蝶效应"。

"蝴蝶效应"（The Buttfly Effect），是美国气象学家洛伦兹于20世纪70年代提出的。他在解释空气系统理论时说，亚马逊雨林里一只蝴蝶翅膀的偶尔振动，也许两周后会引起美国得克萨斯州的一场龙卷风。意思是说，事情开始时的一个微小变化，在一定条件下，经过不断地放大，可能会造成以后意想不到的巨大后果。这可以看作是对非线性思维实质和内涵的一种绝妙解释。

通过对"蝴蝶效应"实质内容的反思，我们可以对非线性思维的哲学本意作进一步的认识，即我们应该怎样理解唯物主义反映论的本质内容，也就是我们在自己对客观世界认识的过程中，究竟该如何实事求是地看待思维与存在的关系问题，即概念世界与客观现实世界的关系问题。应该承认，在我们的实际生活中，由于思维方式的简单化，许多人形成了简单化的线性思维，或者说，是直线性的思维方式。这样的思维方式，就是我们经常批判的机械唯物主义的反映论——思维与存在、主观与客观、概念与现实的形而上学的一致性。

在这个问题上，晚年恩格斯的一个观点会给予我们以深刻的哲学启发。他在一封信中写道："一个事物的概念和它的现实，就像两条渐进线一样，一齐向前延伸，彼此不断接近，但是永远不会相交。两者的这种差别正好是这样一种差别，由于这种差别，概念并不无条件地直接就是现实，而现实也不直接就是它自己的概念。由于概念有概念的基本特性，就是说，它不是直接地、明显地符合于它只有从那里才能抽象出来的现实，因此，毕竟不能把它和虚构相提并论。"[①]

从根本上说，概念归根到底是客观事物的反映；但是，作为对

[①] 《马克思恩格斯选集》第4卷，人民出版社1995年版，第744—745页。

九　非凡思维方式的特殊方法论价值

客观事物的一种反映形式，它又不可能与它所反映的客观事物完全相同。人的概念对客观事物的反映，并非是一条简单的直线，而是一条思维的曲线——非线性思维，因此，就形成了概念与其所反映的客观事物之间的差异。正是由非线性思维所形成的这个差异中，隐藏着人的创造性。举例来说，人类的各种艺术作品，绘画、音乐、雕塑等，是对现实事物的一种反映形式，但是，它们却能够给予人们一种不同于现实事物本身的特殊的美的享受。奥妙何在？这是因为人在形成这些艺术作品的时候，并不是对客观事物简单的、直线的反映，而是通过非线性思维对现实生活进行了对象化的再创造。

人们之所以形成了线性思维，即直线性的思维方式，这不仅仅是由于人们把认识过程中思维与存在、主观与客观、概念与现实之间关系做了形而上学简单化的理解，而且也与人们对人的认识过程本身简单化有关系。实际上，人对客观事物的认识本身就是一种很复杂的过程。人们在对客观事物进行认识的时候，所运用的可能并不仅仅是某一种认识方式、某一种认识要素，而可能是各种认识方式、不同认识要素发生了不同的认识功能。比如说，体悟、体验、信仰与反映等，这些不同的认识形式，以不同的方式、发挥不同的作用，这样，就造就了人们各自不同的思维方式。因此，人们对客观事物的认识结果，也会千差万别的。比如说，同样一个秋景，在一些人的眼中是一片诗情画意，而在另外一些人那里却是悲凉凄惨的。每个人由于各自不同的认识条件而都会具有自己独特的思维方式，这样，在众人眼中才能出现一个丰富多彩的世界。

我国科学家李醒民先生对爱因斯坦思维方式的独特性有过一个深刻的论述。他认为，作为科学家，爱因斯坦有不同于一般人的独特思维方式。爱因斯坦的这种思维方式不同于科学思维方式（实证的和理性的）和技术思维方式（实用的和功利的），它是直觉型的，即是虔敬的、信仰的、体验的和启示的，在形式上与神学思维有某种类似

辩证法：领导者思维能力提升之道

性，我们不妨称其为"宇宙宗教思维方式"：

"在宇宙宗教思维中，思维的对象是自然的奥秘而不是人格化的上帝；思维的内容是宇宙的合理性而不是上帝的神圣性；思维方式中的虔敬和信仰与科学中的客观和怀疑并不相悖，而且信仰本身就具有认知的内涵，它构成了认知的前提或范畴（科学信念）；此外，体验与科学解释或科学说明不能截然分开，它能透过现象与实在神交；启示直接导致了灵感和顿悟进而触动了直觉和理性，综合而成为科学的卓识和敏锐的洞察力。与此同时，宇宙宗教思维方式中所运用的心理意象和隐喻、象征、类比、模型，直接导致了科学概念的诞生。这种思维方式在很大程度上是摆脱了语言和逻辑限制的右脑思维，从而使人的精神活动获得了广阔的活动空间和无限的自由度，易于形成把明显不同领域的元素关联起来的网状思维——这正是创造性思维过程的典型特征，因为语词的和逻辑的思维是线性过程。"[①]

我们可能不同意或者不完全同意爱因斯坦的这种思维方式，不过，应该如实地看到，爱因斯坦明确反对线性思维，主张非线性思维。我们必须承认，在他的这个特殊的思维方式中，有着与常人不同的宝贵之处，这就是他在事物的认识过程中，能够最大限度地排除各种精神因素的限制，给思维以更广阔的活动空间，并且获得更大的自由度。而在时空中的自由，恰恰是思维得以发挥创造性最宝贵的主观条件。可见，以自由为灵魂的非线性思维，蕴藏着人类最宝贵的创造性资源。

人类的历史发展就是一条曲线，不是直线——非线性是其本来面目。一般的历史观念常常呈现出简单的、直线性的发展状态，那不过是关于历史发展状态的一种思想和概念而已。我们必须深刻认识到这

---

① 李醒民：《科学的社会功能与价值》，商务印书馆2014年版，第116页。

样一个客观现实:"历史常常是跳跃式地和曲折地前进的……"①这是因为,客观世界是按照自己的规律自由地发展着的。

我们认为非线性思维蕴藏着人类认识过程中的创造性,这不仅是从积极意义上说的,而且也是从消极意义上说的。人类的认识要具有创造性,必然是一条曲折的道路,即是正确——错误,错误——更加正确;再正确——错误,再错误——更加正确,如此循环往复。这就是说,人类对真理的追求,必然是一条充满了错误的曲折认识道路。实际上,在真实的认识过程中,我们恰恰是通过错误走向真理的,而且在一定意义上可以说,是"错误"而不是"正确",教育着我们更加聪明。实践证明,在追求真理的时候,企图走一条笔直的认识道路,往往会成为一种空想。人类的认识史越来越深刻地揭示了这样一个真理:笔直的认识道路——线性思维,常常会扼杀人的认识的创造性;而曲折的认识道路——非线性思维,才能给人以实现创造性所必需的自由。

这就是我们主张要以非线性思维取代线性思维的根本理由。

(三)模糊性思维的特殊认识论价值

"模糊性"这个概念,是由模糊数学而来的。模糊数学是20世纪60年代由美国应用数学家查德创立的数学新学科,它的研究对象是所谓的"模糊现象"。"模糊现象"是经典数学、统计数学等所没有系统研究过的一个特殊领域。模糊数学的产生反映了当代科学技术发展的一个特点,这就是既高度分化又高度综合的基本趋势。模糊数学的研究对象——模糊现象,以及它独树一帜的研究方法,对于我们深入认识和运用辩证法的本质,进一步提高辩证唯物主义认识论水平,具有

---

① 《马克思恩格斯文集》第2卷,人民出版社2009年版,第603页。

辩证法：领导者思维能力提升之道

特殊意义。

与传统数学不同，模糊数学的研究方法具有各种传统方法的综合性质，因而形成了一种交叉而又互相渗透的研究方法。同时，它由注重对事物进行分门别类的研究转变为对事物进行总体性的研究。当然，把事物作为整体进行研究，与对其进行分析性研究是相辅相成的。而这恰恰反映出了模糊数学研究方法的特点和优点。很显然，这一切都取决于对模糊现象的本质的认识。

模糊现象在自然界是普遍存在的情况。比如说，气温到了零度，水要变成冰。本来，水和冰具有不同的物理性质，有明确的界限，水就是水，冰就是冰。但是，就是在零度的时候，水并不能马上全部都变成冰，而是水和冰混合在一起的，人们习惯称之为"冰水"。很显然，这是一种模糊性的说法。再比如说，有一种由嫁接而成长出来的所谓"梨苹果"，它既不是梨，也不是苹果，但既是梨，又是苹果。可见，"梨苹果"是个模糊的称呼。正如进化论所揭示的，在生物的种、属之间，绝对分明和固定不变的界限是不存在的。

这种状况说明，任何事物都处于永恒变化的过程中，它们的性质也不可能是确定不变的。这正如古代哲人所说，一个人不可能两次踏入同一条河流中。物质世界这种永恒的发展变化，使事物之间本来应该是明确的质的规定性变得不明确了；同样，由此而决定的界限也不清楚了。这样就产生了所谓的模糊现象。

这一类的模糊现象在社会生活中则更为司空见惯。每个人都有少年、青年、中年和老年的年龄段，但是，由少年到青年、由青年到中年、由中年到老年，这些年龄段之间的界限又是模糊的。所以，就有了"青少年""中老年"之类模糊性的说法，而这类模糊性说法本身就意味着在"青少年"这样的年龄段中，一个人既有少年人的某些特点，又有青年人的某些特点。因此，事物变化过程中模糊现象的实质，是事物发展中确定性与不确定性（即模糊性）的统一。

九 非凡思维方式的特殊方法论价值

至于在人类社会发展的历史过程中,这样的模糊现象就更不罕见了。从原始社会向奴隶社会转变,从奴隶社会向封建社会转变,从封建社会向资本主义社会转变,从资本主义社会向社会主义社会转变等等,在每一个"过渡时期",社会形态都有某些模糊的特点。在这些社会制度转变的过渡时期,不同性质的社会制度因素,过去的东西和未来的东西,是交织在一起的。比如,从资本主义社会向社会主义社会转变的过渡时期,既有即将消失的资本主义因素,又有正在生长着的社会主义因素,也即落后的因素与先进的因素两者共同存在于一个社会形态之中,有的时候甚至性质也很难确定清楚。

在建设社会主义市场经济体制的过程中,有些人往往存在着这样的愿望:希望早一点建设成一种"纯粹"的市场经济,消除一切行政干预,完全用价值规律来指导社会生活。应该说,这只是一种理想状态的理论,在现实生活中不可能出现这样的理想状态。市场经济体制是指经济资源的分配、以市场机制为基础的制约体系,但在整个市场经济体制中不可能完全排除必要的行政干预,也不可能完全废除计划手段的调节作用。所以,要真正建设起高水平的现代市场经济体制,就必须克服那种追求所谓"纯粹"的形而上学绝对化思维方式。

社会发展的这种规律性的现象说明,在整个人类历史上不存在某种在性质上"纯粹"的社会制度。同样,人类社会发展的这个特点说明,在历史进步的过程中,永远不会出现一种尽善尽美的状态,永远不会产生一种完美的、理想状态的社会或者国家,也不可能有一种性质单一的纯而又纯的经济政治体制。当然,这本身也决定了人的认识的相对性或者局限性,即任何人的认识都不可能达到一种再也不能继续前进的地步,或者说,对任何事物或者人的认识,都不可能达到一种"极限"的地步。这就意味着,人的认识总是会留有"余地"的,在这里,就会出现事物存在和发展的"模糊现象",因而就会相应地产生认识上的"模糊性"思维。

辩证法：领导者思维能力提升之道

关于模糊现象本质的理论及其相应形成的研究方法，对于我们的认识，将会产生深刻的影响。运用数学方法，我们主要是从量上来研究事物，求得一种精确性的认识，这对于我们思维的训练是非常必要的；但是，仅仅对事物的量有了准确认识，而没有对事物的质有比较深刻的认识，那还不能说是一种完全的认识。这样，对模糊现象认识的方法论，就弥补了这个认识上的不足。所以，要把我们对客观现实的认识提高到一个新的水平上去，就应该把认识的准确性和认识的深刻性结合起来。在这方面，我们是能够从"模糊性"思维方式理论中得到深刻启发的。

（四）多向性思维的思想价值

举世闻名的长江三峡大坝工程，即葛洲坝水利枢纽工程，从20世纪50年代中央政府开始提出设想，到20世纪70年代真正决定建设，中间又几经周折，一直到80年代才正式动工，这期间经过30多年的反复研究、各种形式的讨论、多方面征求意见，最后中央政府才下定决心，做出决策。所以，葛洲坝水利枢纽工程是中国几代人的智慧结晶。这个集中全国人民智慧的过程，是对各种各样的不同意见、特别是各种各样反对意见的综合，而且直到现在，仍然有明确的反对意见。所以，就葛洲坝水利枢纽工程决策的形成来说，是多向性思维思想价值的体现。

多向性思维是针对单向性思维而言。所谓单向性思维，就是按照既定的思维方向，遵循同一个思路，追求一种固定的单一思想结果。从葛洲坝水利枢纽工程的决策过程来看，多向性思维与单向性思维的本质区别在于，在多向思维的过程中，思维主体并不是按照既定的思维方向，遵循同一个思路，追求一种固定的思想结果，相反地，是一种横向探讨式的，同时以不同的思路、可以得出一些可能是未曾预料

九　非凡思维方式的特殊方法论价值

到的不同思维成果。

从这里可以看出，单向性思维是比较稳妥的思想方法，它能够保证不偏离思维主体已经确定了的价值目标；但是，这种线性的、单向的、一元的思维方式，决定了它的思维成果的唯一性，因此，一旦发生错误，就无法挽回了。与单向性思维不同的多向性思维，就能够克服这样的局限性。因为这种思维方式具有多元性，可以由不同的思路、不一样的思想方法得出一些迥然不同的思想结果，从而能在其中进行最佳选择，而且能够最大限度地避免那些无法挽回的错误决策。

由此可见，多向性思维对于一个决策集体的价值是十分重要的，而对于作为个体的思维主体同样很重要。社会生活是复杂多元的，因此，反映在每个人的思维方式上，也必然会呈现为一种多向思维的状态。当然，由于有些人受形而上学思维方法束缚比较严重，思考问题总是倾向单向的、一元的、绝对化的思维方法。实践证明，这样的思想方法，常常使自己陷入被动局面。如果能够运用多向性思维的方法，多一些思考问题的辩证法，人们的思路就会更加开阔，而不同的思路及其相应的不同思想结果，就会为人的选择提供更多的余地，在更大的限度里保证自己的思想更加符合客观实际。

多向性思维不仅能够保证人们认识的真理性，而且对人们的思想发展具有特殊的价值。因为主体在思维过程中，可以不受任何束缚地进行探讨，尽量地发挥，这就会明显增强主体的思想自由度；还有就是，同一个思维主体，同时并存的几个思考方向，必然会形成一定的思想张力。这样，在不受外界束缚的自由思考中，多极的思想张力，必然会激发人的思想创造性。我们应该承认一个事实，即有不少人正是在似乎漫无边际、杂乱无章的万千思绪中，抓住了其中的一个奇思妙想，从而取得了意想不到的成就！

多向性思维对一般人提高思想水平具有特殊的价值，而对那些居于决策地位的领导者来说，就更是如此了。许多领导者都会有这样的

辩证法：领导者思维能力提升之道

经验，在作某个重要决定的时候，与其关起门来冥思苦想，不如到各种人群中去广泛征询意见、集思广益，这种方法能够最大限度地避免作出错误的选择；同时，与其只拿出一种自认为正确无误的方案，不如多拿出几个不同的方案，在比较中做出最佳选择，这样就更能够保证所作决定的正确性。在某种意义上说，这也就是人们要求领导者所具备的多谋善断。

学会运用多向性思维，实际上是要人们自觉地克服那种"非此即彼"或者是"在不相容的对立中思维着"的思想方法，以辩证法的多极思维方式取代形而上学的两极思维方式。所以，在头脑中自觉地养成多向性思维的方法，就是要求我们每个人，特别是领导者能够克服先入为主的、单一的思维定式，自觉地、耐心地尽量多听取各种各样的不同意见，作决定的时候，尽量多拿出几个不同的办法，多考虑几个不同的可能性，多设想几个不同的结果，如此等等。事实证明，这样的多向思维，能够使我们的思想更加灵活一些，思路更加开阔一些，工作上的创造精神更多一些！

（五）思辨性思维的实质与方法论价值

在一些场合中，人们往往会发现这样的情况，有些自称为有学问的人写起文章或者讲起话来，往往是天花乱坠却又杂乱无章，使人感到茫然无绪、不得要领；或者是平铺直叙，像开杂货铺，主次不分，同样是难解其义。当然，我们常常也能够看到一些与此相反的情况，那些理论素养高的学者或者高明的领导者，在他们的文章或者讲话中，很善于把一些散乱的、原始形态的思想材料，或者把那些人们不得要领的观点，归纳为几个精练的理论观点，用简明扼要的语言加以表述，使人对这些观点的理解感到理论层次高而且思想深刻。为什么会产生这样的区别呢？除了理论水平和语言修养等因素之外，主要原因是由

九 非凡思维方式的特殊方法论价值

于他们经过基本的哲学思维训练，因而具有深厚的哲学思想素养，这其中的一个突出特点，就是他们表现出了很强的哲学思辨能力。

什么是思辨？我国学术界一般认为，作为哲学认识形式的思辨性思维，是指与感性经验认识不同的高级理性认识，所以，思辨思维的基本形式是一种概念思维，即运用概念进行的纯粹理性思维形式。通常还认为，思辨性思维的对象是客观事物的矛盾性质，即思维的内在的对立统一本质[1]。正是在这个意义上，哲学家们认为思辨的本质就是一种辩证法的思维方式，所以，在哲学的学术语言中，常常把思辨性思维称之为辩证思维。

以黑格尔为代表的德国古典哲学，就其基本的哲学思维形式而言，是一种思辨的哲学，而思辨哲学的本质则是作为思维的灵魂的辩证法，所以，对黑格尔来说，思辨性思维就是辩证思维。黑格尔指出，他所说的"思辨的思维"，是与那种克服了所谓"表象思维"的肤浅性、并且与"表象思维"根本不同的"概念的思维"。在表象思维中，往往不是抽象的肯定，就是空洞的否定，而且肯定与否定之间是一种外在的关系；而在概念的思维中，"否定本身就是内容的一部分；无论是作为内容的内在运动和规定，或是作为这种运动和规定的全体，否定也就是肯定"[2]。这就是说，思辨性思维的辩证性质，本质上说是揭示事物运动的辩证法在概念中的反映，即反映概念自身内在的对立统一。所以，他甚至这样说过，在概念中这样的辩证法的纯粹的自身运动，我们可以称之为灵魂。这就是说，思辨性思维是一种纯粹的概念性思维，它虽然可能会发生脱离客观实际的危险，但是，它能够避免感性认识因素的干扰，从而保证了认识不产生失误。

在黑格尔看来，哲学的思维或者说哲学的陈述，是对事物的本质

---

[1] 冯契主编：《哲学大辞典》(上)，上海辞书出版社2007年版，第59页。
[2] 〔德〕黑格尔著，贺麟、王玖兴译：《精神现象学》(上卷)，商务印书馆1962年版，第39—40页。

辩证法：领导者思维能力提升之道

的认识，而不是对非本质的认识，不是表象思维。很显然，这样的哲学认识形式，只能是在概念中进行的纯粹的思维活动。所以，黑格尔指出："哲学的陈述，为了忠实于它对思辨的东西的本性的认识，必须保证辩证的形式，并且避免夹杂一切没有被概念地理解的和不是概念的东西。"[①] 黑格尔这里所说的"哲学的陈述""被概念地理解的""概念的东西"等，都是指的在概念里内在的对立统一的思维，即辩证思维——客观世界运动的辩证法。当然，对黑格尔来说，这自然是一个唯心主义的命题。

德国古典哲学的思辨思维是一种唯心主义的概念思维，特别是在康德的哲学中，这种思辨思维具有明显的先验论性质，黑格尔也没有摆脱先验论的束缚，所以，他们是以一种颠倒的形式来阐述人类思维的辩证性质。所以，就思辨思维而言，他们是在错误的理论中阐述了一种正确的思维形式——人类思维的辩证性质。不过，如果以此为根据，认为思辨是不合时代的旧词[②]，是过了时的范畴。这显然也是不科学的认识。这里的关键是对人类思维辩证性质的价值的认识和运用问题。

辩证思维是对事物及其概念表现形式的思想的内在矛盾——对立统一的认识形式。在对立面中把握对立面，这就是辩证思维，即思辨的思维方式实质。如上所述，黑格尔是在唯心主义的形式中来阐述这个思维方式的，而这恰恰是黑格尔哲学的合理内核。马克思恩格斯改造了黑格尔的唯心主义体系，吸收了他的辩证法的合理内核，创造了唯物主义辩证法。这就是唯物主义哲学的辩证思维即思辨性思维。

在黑格尔的哲学辩证法中，他是用正题、反题、合题这样的三段

---

① 〔德〕黑格尔著，贺麟、王玖兴译：《精神现象学》上卷，商务印书馆1962年版，第45页。

② 〔苏联〕布劳别尔格、潘京：《新编简明哲学词典》，吉林人民出版社1983年版，第225页。

论来表述其辩证思维即思辨思维的。马克思对其进行了唯物主义的改造，形成了唯物主义的辩证思维命题。马克思写道："这个正题、这个与自己相对立的思想就会分为两个互相矛盾的思想，即肯定和否定，'是'和'否'。这两个包含在反题中的对抗因素的斗争，形成辩证运动。"关于这个思想，他还进一步解释说："两个相互矛盾方面的共存、斗争以及融合成一个新范畴，就是辩证运动。谁要给自己提出消除坏的方面的问题，就是立即切断了辩证运动。"[①]马克思这里所说的"辩证运动"，首先是指客观世界运动的辩证法，同时也是指反映客观世界运动辩证法的人的辩证思维。

关于思辨性思维的辩证法本质问题，恩格斯在其关于自然辩证法的批判性阐述中指出，在用进化论观点研究生物学的过程中就已经发现，有机界领域内那些固定不变的分类界线都消失了。相反地，无法分类的中间环节却日益增多了，几乎无法把有机体归到某一个纲里面去。"可是，正是那些过去被认为是不可调和的和不能化解的两极对立，正是那些强制规定的分界线和纲的区别，使现代的理论自然科学带上狭隘的形而上学的性质。这些对立和区别，虽然存在于自然界中，可是只具有相对意义，相反地，它们那些想象的固定性和绝对意义，只不过是由我们的反思带进自然界的，——这种认识构成辩证自然观的核心。"[②]可以看出，恩格斯这里说的"反思"思维，就其实质内容而言是一种辩证思维即思辨性思维。

这就是说，思辨性思维的实质就是辩证思维，即要坚持思维的辩证法。思辨思维与任何一种形而上学思维方式都是尖锐对立的。可以看出，承认事物及其反映形式的思维内在的矛盾，揭示人的思想中的对立统一，是一般哲学思维的灵魂。把辩证法运用于我们的整个思维

---

① 《马克思恩格斯文集》第1卷，人民出版社2009年版，第601、605页。
② 《马克思恩格斯选集》第3卷，人民出版社1995年版，第352页。

辩证法：领导者思维能力提升之道

过程中，反对形而上学的思维方式，这就是思辨思维的实质，也是它的思想力量之所在。

思辨的这种辩证思维特点，使善于运用这种思维方式的人们，能够在对立中把握统一，同样道理，也能够在统一中把握对立；在偶然性中看到必然性，同样地，在必然性中看到偶然性；在对事物的肯定的理解中同时包含着对事物的否定的理解，反之亦然。这样，人们的思想变得犀利而深邃，能够更加深刻地洞察事物及其思想的本质。这就是说，思辨思维之所以能够产生巨大的思想力量，其中的一个原因，是因为思辨的辩证性质使人们所表述的思想具有无比深刻性。

在现实社会生活中，杰出的领导人和学术水平高的理论家，他们在文章或者讲话中有一个共同的特点，即他们在表达自己的思想观点时，与那些心存哗众取宠者的浅薄之见，形成了鲜明的对照，他们的思想见解，往往会使人们感到严谨而且深刻有力。之所以如此的一个本质特征就是他们的表达有很强的概括性。人类的哲学史说明，思想见解的概括性是思辨思维的一个本质特点，也是它具有强大思想力量的一个重要因素。

为什么思想见解的概括性越强就会使其具有越大的精神力量呢？这是因为哲学概括能力是哲学思维的一个本质要求。在对客观事物进行哲学思考的过程中，人们要把具体的事物通过概念加以把握，从而提高了理论表达的理性程度。一般来说，思维中的理性程度越高，理论上的概括性就越强。理论研究的实践证明，理论表达的概括性强，就能够更加深刻地反映事物的本质，因而就能够使其思想性更强、更有力。在哲学思维中，对思想观点进行概括的过程，实际上就是理论研究中的思想凝练功夫。可想而知，这样高度凝练的理论见解，自然就能够在更高的理性水平上，显示出它的更大的思想力量。

在进一步研究思辨思维的本质特征时，我们会越来越清楚地看到，作为认识世界的思维方式，哲学思维是从总体上、宏观上来加以

九　非凡思维方式的特殊方法论价值

把握世界的，而且反映的是自然界、社会和人本身的最一般特征。哲学思维方式的特点是系统性、全面性，一个基本特征是理论上的概括性。这一点，恰恰是哲学思维的特点，即哲学不是对非本质的认识，而是对本质的认识。思想的力量，恰恰是应该表现在它对事物本质认识的深刻程度。所以，进行哲学思维训练，就是要不断增强我们的理论概括能力。就此而言，我们在进行实际工作的过程中，是能够把那些凌乱的、不系统的思想资料，通过哲学思维——思辨思维方式，使之更加系统化、理论化，使我们的理论表达具有更强的概括性，从而显示出更强大的思想力量。所以，在这个意义上可以说，哲学概括能力是我们的思想能力的一个不可或缺的理论基础。

思辨思维的本质特征除了辩证性、概括性之外，还与思维的辩证法相联系的，是思辨思维或者说整个哲学思维的逻辑性。在广义上说，哲学就是逻辑学。黑格尔的那些主要哲学著作，大多数都是以"逻辑学"为题目的。在他看来，哲学的研究是以思想为研究对象的，即思想为思维的研究对象。因为思想本身就是一种矛盾，所以，思维是"在其自身内解决其自身的矛盾"。这就是说，"认识到思维在其真实的本质上就是辩证的，并且作为理智其必将陷入矛盾——其自身的否定，构成逻辑学的一个主要课题"[①]。由此可见，黑格尔所谓的逻辑学就是哲学，而哲学的一个主要课题，就是研究思想自身的矛盾的。

我们到此再回过头来，总结一下：究竟什么是哲学的思辨和思辨能力呢？所谓思辨，简而言之，就是一种思想层次高的概念性思维，具体一点说，主要是指那种抽象程度高因而理性水平高，同时又是逻辑性强的思维方式，或者说，思辨就是抽象的逻辑思维，运用概念在纯粹的理性范围内，进行演绎、推理，从低级层次的概念到高级层次的概念。这样的思辨思维形式，区别于并且高于直觉性质的经验型感

---

① 〔德〕黑格尔著，贺麟译：《小逻辑》，江西教育出版社2014年版，第12页。

辩证法：领导者思维能力提升之道

性认识，也不同于具有形而上学特征的知性认识，而是具有辩证性质的理性逻辑思维。因此，思辨思维能力的特点就在于，它能够在本质上揭示事物的多样性和统一性，即事物的内在矛盾，以求以抽象概念的形式在有限的事物中把握无限的存在。可见，哲学的思辨能力，通过概念的抽象逻辑思维，使有限的思维能力产生无限的认识效果，能够克服我们认识上的局限性，不断地提升我们的思想层次，使我们能够在理论的视野中，认识得更深，看得更远。

我们还可以进一步从其思维方式的本质上来研究思辨。从这个角度看，通过抽象概念进行的逻辑思维，是在矛盾中掌握矛盾，是在对立面中掌握对立面，在肯定中掌握否定，或者说在否定中来掌握肯定；在有限中掌握无限，反之亦然。也就是说，思辨是一种抽象形式中的辩证思维，甚至可以这样说，思辨是一种以形而上学形式出现的辩证法，这就是它的思维的非凡性质之所在。

有一位哲学家曾经这样说过，一个不善于进行哲学思维的民族，不论做什么事情，都没有深沉和远大的抱负，而往往会流于浅薄和短见。认真学习和研究哲学，我们就善于运用抽象的概念思维，能够使我们达到对事物的普遍本质的认识，可以不断地增强我们的理论概括和逻辑思辨能力，使我们的思想更加深刻。实践证明，哲学思辨性思维的训练，使我们透过现象认识事物的本质，不断地开创出全新的视野；使我们的思路更加简明清晰，理论的吸引力更强，比常人更加足智多谋。这样，我们就会因为掌握了哲学思辨性思维，增强领导工作的辩证思维能力，成为实践者中的强者。

十　走向真理的曲折探索之路

哲学是探索真理的常新智慧之学。哲学的主题，就是人类对认识的真理性的一种不断的探索过程。哲学的目标不是一种固定化的研究成果，而是特别重视认识过程的价值，也就是思想探索本身的特殊价值。人类的认识史说明，我们走向真理的道路，是一条曲折的、漫长的、无穷的探索之路。这个探索过程是辩证法的生命力之体现。真理，这是一个神圣的名词，也是一个极具吸引力的名词，每个人都心向往之，甚至以获得真理为自己的人生目的。然而，为了追求真理，使自己的认识真正成为真理，以各种方式证明自己认识的真理性，却是一个极其艰苦的过程，常常需要付出巨大的代价和牺牲。人类在走向真理的艰苦辩证思维历程中，经过了一条漫长而曲折的认识道路，并且人类在这条精神征途上还要继续走下去。

在一定意义上也可以说，面对着复杂多变的现实社会生活，我们的领导工作也是一种探索真理的过程。所以，研究人类探索真理的曲折思想道路问题，对于增强我们在领导工作中的辩证思维能力，具有特殊的方法论价值。

（一）真理是人类对事物矛盾发展的认识过程

什么是真理？简单地来说，就是通过实践和认识的反复过程，使人们的主观认识与客观实际相一致，或者说，是使人们的认识能够符

辩证法：领导者思维能力提升之道

合客观实际，这样的认识结果，我们就把它称为真理，或者称为认识的真理性。但是，当人们进一步追问起究竟什么是真理这个问题的时候，不少的人却感到很茫然。可见，究竟什么样的认识才能够称得上是真理性的认识，这不是一个简单的问题。

在人们的一般认识中，真理与错误是相对立的，或者说，"真"与"假"是相对立的。所以，在真理的问题中，就是如何判断何者为"真"与何者为"假"的问题，而归根到底就是如何判断何者为"真"的问题。对此，长期以来，在国内外哲学界有这样一种真理定义，即认为如果一个陈述与事实相符合、与实在相一致，那么，它就是真理。这个定义被称为真理的符合论。当然，这个真理的定义，是在人们的常识范围内的，因为人们若进一步对"事实""实在"这一类概念进行分析的时候，就会有新的问题需要解决，即"事实""实在"本身的真、假问题。因此，我们应该把真理本身作为一个认识过程来研究，这就是说，真理的实质是人类对客观事物的本质和规律的探索过程，而不是人对某个事物认识的一个最终结果。

目前，我国的哲学界关于真理的定义，即认识主体对认识客体及其规律的正确反映，就是真理。这可以说是属于反映论的真理论，它吸取了符合论的真理论的基本内容，同时又克服了符合论的形而上学思想方法所造成的各种弊端，而能够以客观的、发展的、开放的观点来认识真理的本质。

反映论的真理论首先肯定了真理的客观性，认为真理的内容是客观的，而不是主观的。这就是说，认识主体所反映的外部世界及其规律，具有不以人的意志为转移的客观性质。在这一点上，反映论的真理论对符合论的真理论所说的"事实""实在"这些认识对象，再一次明确肯定了它们的客观性质。换句话说，人们真理性认识中的认识对象只能是客观的，在这一点上又是绝对的。所以，反映论的真理论承认真理的客观性，即认为我们所认识的是一种客观真理；同时，它的内容的客观性是绝对的而不是相对的，正是在这个意义上我们把客观真理称之为绝对真理。所以，我们反对任何形式的主观主义真理观。

反映论的真理论是把真理看作一种认识的过程，而这个认识过程又必然是不断发展着的。一般来说，人对客观事物及其规律的正确反映，不可能一次完成，总是要从现象深入到本质，从不甚深刻的本质到比较深刻的本质，经历这样不断深化的认识过程。所以，没有任何一种观点可以被称为真理的最后的篇章。也正是在这个意义上我们可以说，任何真理都没有绝对的性质，而只有相对的性质。正是在这个意义上，我们必须指出真理的相对性，即我们所说的相对真理。这一点，我们在现实生活中会越来越深刻地感受到，那就是当某一种观点被宣布为真理之时，它就已经开始显示出自己的不足和欠缺，需要不断地被补充、修正，甚至被一种更新的观点所取代。这个思想的方法论价值在于，在任何时候我们都不要把任何人的任何一种思想观点绝对化，更不能把它作为"最高指示"，用以统一其他人的思想。

真理既是绝对的，又是相对的，二者统一在人的认识过程中，所以，绝对真理与相对真理的并存，反映了人类对客观事物认识中矛盾的现实。或者说，人的认识过程的辩证法，在真理中获得了生动的表现。无论是对真理的绝对性，还是对真理的相对性，都不能用形而上学的绝对化思维方式来解释。真理的绝对性与真理的相对性，构成真理的真实矛盾存在，反映了人类认识过程的辩证法。

（二）假象、真相与真理

如果把假象误以为是真相，那么，我们就无法获得真理，当然，即使看到了真相，也不一定会获得真理，因为还需要具有科学的认识

辩证法：领导者思维能力提升之道

能力。真理的获得归根到底需要具有对真相的认识，没有取得对真相的认识，无论如何是无法获得真理的。这就是假象、真相与真理的辩证法。

什么是真理？对于真正的唯物主义者来说，所谓认识的真理性问题，简单地表述，就是人的思想如实地反映客观世界的本来面目。据此，我们还可以说，作为人的一个认识成果，真理是以人们对客观事物的真相的揭示为前提的。所以，如果对事物的真相还基本上不清楚，那么，认识的真理性问题是无从谈起的。

其实，关于真相和真理的关系问题，并不是什么高深莫测的大道理，应该说，它是从人们的生活常识中引发出的普通道理。如果说对事物的真理性认识必须以揭示事物的真相为前提，那么，真诚地追求真理的人必然是一个坚持说真话的人。所谓说真话，就是在主观上要如实反映客观情况。当然，真话并不一定都是正确的话。这正如人们揭示了事物的真相本身，并不等于就是获得了认识的真理性，是同样的道理。

我们这样说，并不是要否定说真话——揭示真相在认识真理过程中的价值，而是要恰当地肯定说真话——揭示真相的价值。事实上，揭示了真相，我们的认识仍然是处在对事物现象的感知状态，并没有使认识上升到理性阶段，还不能证明我们已经获得了真理性的认识。但是，说真话——揭示真相，与说假话、制造假象，这是绝不能同日而语的。因为我们如果还习惯于说假话，并且长期被假象蒙蔽着，我们离真理将越来越远；而坚持说真话，努力揭示真相，这才是走向真理过程中有决定性意义的一步。

生活经验告诉我们，缺乏说真话的诚意、拒绝揭示真相的人是没有资格谈论追求真理这样的问题的，因为这样的人永远迈不开走向真理的第一步。

社会经验说明，搞清楚事物的真相并非轻而易举的事情，甚至可以这样说，能否揭示事物的真相，或者进一步说，能否充分揭示事物的真相，这是人们在走向真理的认识道路上常常遇到的一个障碍。因而，揭示事物的真相，是一个需要认真解决的难题。

把揭示事物的真相看作是走向真理的一个难题，并非毫无根据。在客观世界中，真相与假象是常常混淆着的，以至于人们在观察事物的过程中，真假难分；在实际生活中，甚至可能出现真假颠倒的情况；还有的时候，真相与假象常常是并存着的情况——真中有假、假中有真，所以，这就更增加了人们分辨真假的难度。

在自然界，许多自然现象复杂交错、变化无穷，往往使人眼花缭乱，因此，常常是真假难辨。"风在雨头"，这是许多人信以为真的常识；但是，人们又说过，千万"不要听风就是雨"，这也是对的，尤其是在社会生活中，这句话就显得更为深刻。

在对人的认识上，如何看清一个人的真面目，就更是难题。这主要是由于人性的复杂多变。一位对罪犯进行过深入观察研究的专家说过，有一些表面上看似温文尔雅的人，实际上却是十恶不赦的恶魔。有一个西方的谚语说，人是什么？一半是天使，一半是野兽。在现实生活中，人究竟是天使还是野兽呢？这就取决于各种主客观因素的作用了，兽性压倒了人性，就是野兽；人性压倒了兽性，就是天使。当然，有的时候人性与兽性是集于一身的，使观察者善恶难辨。因此，真正认清人的本来面目，是一件很难的事情。所以，古人说，知人则哲，惟帝其难！

在谈到揭示真相可能产生何种后果这个问题的时候，许多人都会想起童话《国王的新衣》中那个经典的情节：在观看国王为了显示自己新衣的游行大典上，当众人争相赞美说国王的衣服是如何如何漂亮的时候，突然有一个小孩叫了一声："可是他什么衣服也没有穿呀！"于是众人把那个小孩的话在私下低声传播开来。国王似乎觉得众人说的话是真的，不过，他只能装模作样地坚持把游行大典进行完毕。但

辩证法：领导者思维能力提升之道

是这个时候，国王已经开始发抖了。

这个流传了上百年的童话其中的一个寓意是，有的人是害怕真相的，但是，真相总会被揭露。真相之所以必然会被揭露是因为，只要我们怀着一颗纯真的心，正视现实，那就应该认为说真话、揭示真相，是理所当然的事情。一个正常的社会中，说真话、揭示真相，这是大多数人应有的良知。在这一点上，我们应该有一个基本的信念，即必须坚信人民大众的真诚，对人民的历史有信心。一个时期、一部分人，可能会说假话、制造假象，但是，长时期里、大多数人，是一定会说真话、一定会努力揭示真相的。因为，真相在人民的视野里，真理在人民的心中。

《国王的新衣》这个童话说明，揭示真相成为认识真理的一个难题，这是不正常的现象；而通过揭示真相来达到认识真理的目的，这应该是正常的现象。所以，在一个社会中，如果说真话成为一种例外的事情，一旦说出真相就被认为是一件怪事，那就说明这个社会本身已经不正常了！

人们通过揭示事物的真相，进而认识真理，这个过程究竟能不能实现、能够在多大的程度上实现，是什么因素在起决定作用呢？人类认识史中的大量事实说明，这个决定性的因素就是认识主体即人的素质。概括言之，就是要如实地反映客观世界的本来面目，而作为认识主体的人，首先应该是一个真实的自我。

不少的人都有这样的生活经验，人爱照镜子，又害怕照镜子，为什么？因为谁都希望看看自己漂亮的面孔，但是，从镜子里看到的往往是自己那张有各种毛病的面孔。照镜子虽然有时会令你烦恼，但镜子还是能够忠实地反映出你的真相，所以，在镜子里实际上看到的是你自己的真面孔。事实证明，如果你能够坦然地接受这个真相，那么，说明你的内心是真实的、纯洁的，是一个愿意面对真实的自我。所谓真实的自我，就是能够老老实实地对待自己，正视自己的本来面目的人。在这个意义上可以说，镜子是人的真朋友，正如在现实生活中，只有诚恳地、并且毫不客气地指出你的毛病的人，才能看作是你的忠实朋友，这与镜子照人是同样的道理。

我们的人生经验表明，只有那些有勇气正视自己的人，才可能正视客观世界的真相。而只有正视客观世界的真相，才能够真正把握关于客观世界的真理。

完美的东西，并不一定是真实的；而真实的东西，却往往不一定是完美的。我们正是以自己纯洁的心灵，通过揭示这个不完美但却是真实的客观世界，一步一步走向真理。这就是真实的自我、真相、真理三者之间的逻辑关系。

从揭示真相到把握真理，这是人追求真理过程中所必须经历的一个认识过程。但是，在人们探索真理的过程中，许多人都深深地感到，揭示事实的真相是一个不可逾越的难题。那么，究竟"难"在何处呢？这就是认识主体本身各种各样的精神束缚，诸如某些人头脑中的教条主义；社会对揭示事实真相所有意无意设置的一些障碍，诸如权力机关颁布的各种法律规范。这样，人们对事实真相的揭示，就会在实际上失去自由，甚至常常是没有自由的。

人类的认识史一再说明，探索真理，是一个自由的认识过程。这一过程的关键所在就是对事实真相的揭示。而没有基本的探索和认识的自由，是不可能揭示事实的真相。

人走向真理的过程，就是人不断地摆脱各种束缚的一种思想探索。对此，我们可以进一步这样表达：人们通过揭示真相来把握真理，这是一个自由地观察、自由地思考、自由地研究的认识过程。没有自由地观察，很难看到事物的真相，也不可能充分揭示事物的真相。当然，对于已经观察到了的事物真相，还要进行思考、研究等这样的认识过程，才有可能在理性上真正把握真理。而这样的认识过程，必须是一种自由的探索，没有自由的探索，人们是无法获得真理的。因此，没有认识的自由，就不能获得真相；没有对真相的认识，就不可能获得真理。

随着社会主义民主政治和法治的发展，我们的社会正在走向开放、透明、真实；同时，我们也不必讳言，在我们的现实生活中，那些封闭的、神秘的、虚假的东西，并不是绝无仅有的，有的时候甚至是很盛行的。所以，在揭示真相走向真理的过程中，认真破除假象这个现实障碍，并非无的放矢。在现实生活中，特别是在复杂的环境中，我们很难保证自己的每一句话都是正确的，但是，我们却应该保证自己的每一句话都是真话。即坚持不说假话，敢于揭示真相，那么，我们就有可能从那种使人们苦恼的伪装的世界中走出来。

在此，我们应该铭记一位哲人的箴言：如果你能揭穿这个世界的矫饰，那么，这个世界就是你的！

（三）谬误是走向真理的铺路石

因提出"相对论"而闻名于世的爱因斯坦是当时科学界令人崇拜的最高学术权威。但是，当这位大科学家要进一步向前发展自己的理论的时候，由于基本粒子实验数据不足，他遇到了很多困难。在这个过程中，爱因斯坦曾经提出了几个理论假设，比如"统一场论"等，都因为根据不足而宣告失败。为此，他曾公开向后辈同行认错，表现出了虚怀若谷的大师风范。他不断地修正自己的观点，总结经验教训，孜孜不倦地继续探索。这里要特别说明的是，爱因斯坦直到去世之前，一直在坚持不懈地进行科学实验，并且屡败屡试，常常是公开放弃错误观点，又提出新的观点，不断地达到更高的科学水平。爱因斯坦的"相对论"理论体系，虽然没有达到尽善尽美的境界，但他仍是一位名垂青史的科学伟人。而这其中的一个伟大贡献，就是他那种勇于修正错误的顽强探索精神，对人类科学发展所产生的深刻影响。

十 走向真理的曲折探索之路

爱因斯坦的科学探索历程，极为生动地说明了这样一个道理：凡是人都会犯错误，就是再伟大的人物也不例外。有一位哲人曾说过，在这个世界上，只有两种人不会犯错误，一种是死人，一种是没有生下来的人。可见，每一个人都会犯这样或那样的错误，从来就没有不犯错误的人。但是，我们又必须承认这样一个事实，每个人都在追求真理，而且，一切刻苦学习和认真思索的人，他们或多或少都获得了具有真理性的认识。这就是说，每个人的头脑中，谬误与真理常常是并存着的，在漫长的人生实践中，人们在不断地犯错误，同时又不断地获得真理。人总是在这样矛盾的状况中生活着，就像有人形象地说过，真理与谬误是一对孪生姊妹。她们相伴而生，但却此消彼长。正因为这样，人们才能在认识真理的探索中不断地获得进步。

在人类对真理的探索过程中，真理与谬误之间的这种"不离不弃"的关系，说明在人的认识中，谬误是不可避免的。一个人的高明，不在于他犯没犯过错误，而是在犯了错误之后，能够比较快地、比较自觉地改正错误，而且在改正错误的过程中，使自己获得新的认识，从而在真理的道路上又向前迈进一步。这一点，正如德国哲学家狄慈根所说，谬误是通向真理之路上的一块铺路石。人类认识真理的历程难道不是如此吗？

什么是谬误（即错误）？就范畴本身而言，它是真理的对立面，是对真理的一种否定性判断。在认识论的范围内，如果说真理是认识主体对认识客体的正确反映，那么，错误就是认识主体对认识客体的不正确反映。当然，错误（谬误）也有不同的性质，有一些错误是由于认识主体的主观原因造成的，如不正确的思想方法、狭隘的利益观念等，妨碍了人们正确反映客观实际；同时，还要看到，客观事物本身的本质、规律，有一个表现或者说暴露的过程，在一定的阶段上，人的认识不可能正确反映事物的本质，就可能形成错误的观念。很显然，当认识上的这些主观、客观的限制被逐渐消除，错误就会越来越

辩证法：领导者思维能力提升之道

少，正确的反映就会越来越多。

人们在追求真理过程中犯错误之所以不可避免，它反映的是真理探索中一个认识论的规律，这个规律的实质，是人类对客观事物真理性的认识过程，具有曲折性和反复性。对真理认识过程的曲折性和反复性，既有认识主体本身的主观原因，也有各种各样的客观原因。就主观原因方面来说，是人们对客观事物认识的局限性而经常导致错误的认识；但是，每个人正是在不断克服自己认识上局限性的过程中，才能使自己的认识越来越正确。这就是说，人们都是在改正错误的过程中逐渐取得了对真理的日益接近，并且，对整个人类来说，这样的认识过程是永远不会完结的。

人的认识之所以发生错误、出现曲折和反复，就客观原因来说，是社会上一些守旧势力及其代表人物，常常为了自己的既得利益而自觉或不自觉地抵制新见解的出现，以各种方式打击传播真理的人们。这样，人对事物真理性的认识，就必须不断地冲破这些反动社会势力的种种阻碍，彰显正确观点。

错误或者谬误本身之所以成为人们认识真理过程中不可缺少的条件，是由错误在认识过程中的地位和价值决定的。在一定的意义上可以说，对客观事物的错误认识，是人们整个认识过程中必然的环节。因为人对客观事物的认识，总是要由比较片面到比较全面、由比较肤浅到比较深刻、由现象到本质，这个过程本身就包括了由认识上的错误比较多到错误比较少，以至于达到认识上的基本正确。人不经过错误的认识阶段，不可能达到比较正确或者基本正确的认识阶段。所以，我们还可以进一步这样说，没有犯过错误的人，是不可能一下子就变成完全正确的。

在人的认识过程中，一些认识结果之所以被某些人认为是谬误，其中的一部分，是由于人的认识的局限性造成的；还有一部分，是某些人由于透过利益棱镜的折射，产生了认识上或者政治上的偏见，从而无意或者有意地颠倒了正确与错误的关系所造成的。在这样的情况下，那些新的观点往往被一些人视为异端邪说。所以，要克服由于认识局限性而造成的是非颠倒，主要应该进行反复的实践，实践的结果，能够逐渐把颠倒了的是非再颠倒过来；而因为社会原因或者政治原因所造成的是非颠倒，那就要经过社会政治改革，通过改变人们的利益格局、理顺人们的利益关系，克服由此所造成的认识偏见，来把颠倒了的是非再颠倒过来。这个时候，人们就会发现，放弃了错误使人们获得了真理，这也是人认识真理过程中一个重要规律。

在现实生活中，人们会犯各种各样的错误。这都是正常现象，因为它符合人的认识规律。但是，我们看到有的领导人，甚至包括一些大政治家，为了维护自己的领导威信，常常标榜自己是"一贯正确"或者"绝对正确"的。历史已经说明，聪明的领导人不是不犯错误，而是能够坦诚地对待错误，痛快地改正错误。他们这样做的结果，不是降低了威信，而是提高了威信。英国思想家利斯特这样说过："我能想象到的人的最高尚行为，除了传播真理之外，就是公开放弃错误。"

事实证明，随时随地地公开改正错误，这恰恰说明他在勇敢地走向真理。许多经验教训告诉我们，那些故意回避自己的错误的人，他们将离开真理越来越远。我们只能通过错误而走向真理——错误是走向真理的必经之路。这也是一个真理。

在很大的程度上，人类文明史是由创造真理的信仰取代那些所谓正统"真理"，是认识错误的历史。人应当向正统思想挑战，这种自由不应受到束缚，因为这是走向真理的道路。实践证明，勇敢地向错误挑战，才能获得真理。同样道理，一个领导人，在对待错误的态度上能够光明磊落、随时随地地公开改正错误，这恰恰说明他在勇敢地走向真理，而只有这样才能真正赢得人心。

（四）在谬误与真理的互相转化中加深对真理的认识

对于我们的各级领导干部来说，有一个常识性的原则要求，这就是必须坚持正确的观点（"真理"）、反对错误的观点（"谬误"），对这一点，人们是不会有什么怀疑的。但是，随着时间的推移、情况的变化，却常常会出现使有的领导者很尴尬的局面：他们所坚持的可能是"谬误"，而反对的却是"真理"！比如说，曾经有那么一个时期，当有人提出要搞股份制经济的时候，提倡股份制被批判为"错误观点"，说这是在搞"资本主义"。随着改革开放时期的到来，经过思想理论上的拨乱反正，从上至下，都逐渐认识到"股份制经济"不是"资本主义经济"，而是"社会主义市场经济"的一种形式。于是，"谬误"就变成"真理"；同样地，"真理"就变成了"谬误"！

"谬误"真的能变成"真理"吗？反过来说，"真理"真的能变成"谬误"吗？许多人对提出这样的问题，是会感到奇怪的，因为按照一般常识来说，这是很难理解的事情："真理"就是"真理"，"谬误"就是"谬误"，它们怎么能够互相变来变去呢？但是，"谬误"与"真理"之间的这种互相转化，却是人类认识史中的正常现象，而且，也正是由于"谬误"与"真理"的互相转化，使人的认识逐渐由谬误而向真理转化。这不是什么奇怪的事情，而恰恰是人类认识过程的辩证法。事实证明，尊重认识过程的这个辩证法，我们就不会陷入被动；相反地，对"谬误"与"真理"之间的关系，如果仍然坚持形而上学的僵化态度，那么，尴尬局面则是很难避免的。

由于在人的认识过程中不可避免地会不断产生错误，因此人的认识会出现曲折性和反复性。人的认识之所以发生错误、出现曲折和反复，就客观原因来说，是由于社会上一些守旧势力及其代表人物常常为了自己的既得利益，从而自觉或不自觉地阻挡新见解的出现，以各种方式打击传播真理的人们。这样，人对事物真理性的认识，就必须不断地冲破这些反动社会势力的种种阻碍，而使正确观点得到彰显。正如印度学者泰戈尔所说的："检验真理的工作也没有被过去某一个时代的一批学者一劳永逸地完成；真理必须通过它在各个时代受到的反对和打击被人重新发现。"人认识真理的这个过程的实质，就是有些观点曾经一度被一些人认为是"谬误"，但是经过实践检验，它们被证明不是"谬误"而是真理。因此，在人的认识历史中，"谬误"变成了真理。

在人的认识过程中，一些认识结果本来是基本正确的，为什么却被某些人认为是谬误呢？其中的一部分，是由于人的认识的局限性造成的，比如说，观察问题的片面性、以现象代替本质等；还有一部分，是某些人由于透过利益棱镜的折射，产生了认识上或者政治上的偏见，而无意识或者有意识地颠倒了正确与错误的关系所造成的。在这样的情况下，那些新的观点往往被一些人视为异端邪说而加以排斥。甚至会出现如哲学家洛克所说的那种极端情况：那些新的意见永远被人怀疑，甚至因为它是一种新奇观点，而常遭到人们的反对。当然，这样的特殊情况是经不起时间的考验的，经过历史实践，人们终究会分清哪些是谬误、哪些是真理。

那么，究竟怎样才能实现"谬误"与"真理"的转化呢？要克服由于认识局限性而造成的是非颠倒，主要是要经过反复的实践，实践的结果能够逐渐把颠倒了的是非再颠倒过来，因为实践是检验真理的唯一标准。至于那些由于社会原因或者政治原因所造成的是非颠倒，那就要经过社会政治改革，通过改变人们的利益格局、理顺人们的利益关系，克服由此所造成的认识偏见来把颠倒了的是非再颠倒过来。这个时候，人们就会发现，错误转化为了真理。错误与正确的这种转化，也是人认识真理过程中一个重要规律。可见，人们犯错误，或者由于某种原因反对正确观点而犯了错误，这都是正常现象，因为它是符合人的认识规律的。

辩证法：领导者思维能力提升之道

对人类追求真理过程的这个辩证法有充分的认识，并且能够恰当地运用于领导工作中，对于提高领导者的思想水平有特殊重要的意义。我们常常会发现这样的现象，即一些领导人，在遇到是非争论相持不下的时候，自以为位高权重，往往不进行认真分析，以自己的好恶为判断是非的标准，轻率地下结论，居高临下宣布孰是孰非。在这样的情况下，有时就会是非颠倒，甚至造成某种冤假错案。所以，作为一个领导人，在是非尖锐对立的情况下，必须防止武断，坚持实事求是，从实际出发，冷静分析，并且要留有余地，让大家充分讨论，让历史和实践做结论。事实证明，这样的领导才能显示出其更高的思想水平。

（五）社会实践是检验真理的最终标准

无论是符合论的真理论，还是反映论的真理论，说的都是究竟什么是真理，也说明了这些认识为什么是真理，但是，究竟如何证明这些认识是真理仍是一个没有解决的问题。这个问题的实质，就是检验真理的标准问题。

在自然科学中，这个问题还比较简单一些，但是，一旦涉及社会科学问题特别是政治问题的时候，这个问题就比较复杂。这里我们以社会科学问题，特别是社会政治问题为主要对象进行研究。

当着我们谈论某个理论观点的是非时，如果发现它明显违背马克思主义的基本原理，或者是与公认的经典著作中的一些提法相冲突，就认为它是不正确的；或者，某人的意见与当时正在执行的国家政策法规中的某个规定相违背，那我们就可以说他的意见是错误的。这就是说，那些公认的基本原理、理论观点，在一定的范围内可以作为衡量某个观点是否正确的一种标准；现行的国家政策法规中的规定，也可以作为衡量某种意见对错的一种标准。但是，这些与已有原理、现行政策法规中提法不一致的观点、意见，究竟是不是错误的，归根到底还要看这些观点、意见是不是正确地反映了客观实际。怎么样才能证明这些观点、意见是不是正确地反映了客观实际呢？最后还要通过社会实践来加以检验。为什么已有原理、现行政策法规这些公认是正确的东西，仍然不能作为判断人们观点、意见是非的标准呢？因为这些已有原理、现行政策法规虽然是正确的，但是，它们毕竟还是观念范围的东西，在这一点上，它们与人们的那些观点、意见等，都同样是主观的东西，两种观念性质的东西不能相互作为检验标准，因为它们究竟是不是正确反映了客观实际，最终都需要由社会实践来加以检验。

在一些特殊的情况下，对某些观点或者是做法的对错、是否可行拿不定主意的时候，可以采取表决的办法，由多数人的意见来做出决定。应该承认，在一般的情况下，多数人的意见可能是正确的，少数人应当服从多数人的决定。但是，我们常常发现，真理有的时候是在少数人那里。这就是说，一种观点、意见、决定是不是真理，究竟是多数人赞成还是少数人赞成，这并不是判断的客观标准，还是要看究竟是哪一种意见、观点正确反映了客观实际，而要解决这个问题，最后还是要由社会实践进行检验。

在一般情况下，如果一个人的讲话、文章违背通常的逻辑规律，矛盾百出，那就不能说它是正确的。所以，逻辑证明也是检验我们言论对错的一种有效方法。但是，这样做的结果，只是从它是不是符合逻辑这个角度来证明它的对错，至于它其中的思想观点是不是符合客观实际，"逻辑证明"的方法就解决不了了，最后还要靠社会实践进行检验。

当然，我们还可以用其他的一些方法来证明某些观点、意见的对错，但是，在引起争论后，由谁、用什么样的手段来做最后的裁决呢？这就只能靠社会实践来检验，看它是不是正确反映了客观实际了。

那么，为什么只有社会实践才是检验真理的最终标准呢？因为实践是人的一种能动的活动，它具有直接的现实性，它能够使主观见之于客观，使人的精神见之于实际，把人的思想与客观现实联系起来，从而证明人的认识究竟是不是正确反映了客观实际。社会实践的这个作用，是其他任何方法都代替不了的。所以，我们说社会实践是检验真理的最终标准。

（六）追求真理和坚持真理需要有献身精神

追求和坚持真理是一个艰难的过程，需要有奉献乃至献身精神。

教育家孔子云："朝闻道，夕死可矣。"

诗人贾岛感慨："二句三年得，一吟双泪流。"

作家曹雪芹叙述创作《红楼梦》中"披阅十载，增删五次"的那种情形时，留下了这样的诗句："满纸荒唐言，一把辛酸泪！都云作者痴，谁解其中味？"

这些名言都是对文学艺术或者学术创造过程中那种艰辛情况的描述。人们为了探索真知灼见并求得一种完美的表达形式，需要付出巨大的代价！

如果再回顾一下那些冲破中世纪黑暗为追求真理而献身的科学勇士的惨烈经历，我们会受到更深刻的教育。

十五六世纪的欧洲，宗教势力为了巩固神权统治秩序，推崇古希腊天文学家托勒密的"地心说"，天主教会的宗教裁判所不惜用恐怖的暴力对付一切敢于提出异议的人们。1327年，意大利天文学家采科·达斯科里活活被烧死，他认为地球是球状，在另一个半球上也有人类居住，却因此被认定为违背圣经的教义而惨遭迫害。1533年，60岁的波兰科学家哥白尼完成了他的巨著《天体运行论》，提出了"日心说"，世人称之为"哥白尼革命"，但是由于害怕教会的迫害，到了古稀之年他才决定出版此书，直到逝世的那一天，哥白尼才收到出版商给他寄来的书。1600年2月17日，意大利哲学家布鲁诺在罗马百花广场被活活烧死，因为他到处宣传哥白尼的学说，动摇了教会支持的地球中心说而对教会构成了直接的威胁。

意大利文艺复兴后期的天文学家伽利略，被誉为"近代科学之父"。恩格斯称他是"不管有何障碍，都能不顾一切而打破旧说，创立新说的巨人之一"。伽利略是哥白尼学说坚定的支持者。伽利略通过自己的观测和研究，逐渐认识到哥白尼的学说是正确的，而托勒密的地球中心说是错误的。由此，他晚年受到教会迫害，并被终身监禁。但伽利略即使在双目失明的情况下，依然没有放弃自己的科学研究工作。在伽利略78岁离开人世的前夕，还在重复着这样一句话："追求科学需要特殊的勇气。"直到300多年后的1979年11月，罗马教皇才在世界主教会议上提出要为伽利略"平反"！

这就意味着，在一些重大的自然科学或者社会科学问题上的探索，要取得革命性的贡献，不但要付出一定的代价，有时甚至还要付出个人的牺牲。人类的文明发展不断进步，但是，要在一些重大自然科学或者社会科学上取得革命性的突破，仍然需要一部分人以牺牲个人幸福甚至生命为代价。回望顾准、遇罗克、林昭、张志新这些先烈的血泪史，我们就会明白这样一个道理：在任何时代的革命性变革中，那些敢于挑战过时理论而提出新思想的人，常常成为革命的殉道者。这也可能是人类走向真理之路要付出的高昂代价。

为什么在追求真理的历程中，人类要付出这样高昂的代价呢？这自然是由真理的本性与价值所决定的。真理是对客观现实事物本来面目的正确反映，就是一种实事求是的态度，按照常理来说，大多数正直的人对于真理是欢迎的，因为这符合他们的利益；但是，对有些人来说，为了维护自己的既得利益，害怕变革，因此也就把反映旧体

辩证法：领导者思维能力提升之道

制的旧观念作为自己的护身符，抓住不放，用来反对支持变革的新观念，甚至不惜采取各种手段打击、迫害坚持真理的改革派。这样，如果要坚持正确观点、反对错误观点，就要有一定的自我牺牲精神。

当然，我们还应该承认一个事实：在社会大变革的非常时期，分清"真理"与"谬误"，明确地坚持真理、反对谬误，是有相当大的认识难度的。这是由于，这个时期的各种社会思潮互相混淆，甚至是非颠倒，于是，人们往往可能会把谬误说成是"真理"，把真理说成是"谬误"。特别是由于不同社会集团的利益博弈，造成真理（或者谬误）、权力、利益这几个因素的交织状况，更加使真理与谬误的界限混淆不清。在这样的情况下，要坚持真理、反对谬误，不但要有哲学认识论的智慧，而且还要有自觉推进社会改革的勇气，甚至还要有献身精神。所以，对真理的追求，不仅要有很高的哲学认识水平，而且还要有相当崇高的政治道德水平。

这种特殊的社会时期，对各级领导者提出了更加严格的要求。这就是，明智的领导人必须坚定地站在社会改革的立场上，全力支持改革事业，他们必须保持清醒的头脑，是非分明，坚持真理。当然，在这种情况下，有的时候是要付出代价的，甚至可能会有一定的个人牺牲，但是，最终，历史会作出肯定性评价。反之，一个领导人如果对改革事业患得患失，那么，他在大是大非面前，就会表现得畏首畏尾，甚至在错误思潮面前随声附和，最终，必然站到社会发展潮流的对立面而得到应有的惩罚。这也许就是他们坚持错误、反对真理所要付出的高昂代价吧。

十一　多元性思维与思想文化的进步繁荣

不断提高社会文明水平，是这个时代每个公民都应当履行的社会义务，对于承担社会公共职务的领导者而言则更是义不容辞的社会责任。那么，社会文明水平提高的根本标志是什么呢？概括地说，就是思想的不断进步和文化的高度繁荣。对于整个社会来说，要实现这样的目标，并不是轻而易举的事情，需要从各个方面努力，包括社会经济政治文化体制的改革、通过民主法治建设推进文明水平的提高等。在这个过程中需要解决的一个深层次问题是人的思维方式的改造。因此，提高社会文明水平的关键是彻底克服唯心主义形而上学的思维方式，真正树立唯物辩证法的思维方式。坚持多元性思维，对于促进思想的进步和文化的繁荣，具有极为重要的方法论价值。

（一）多元性思维的本质和价值

作为唯物辩证法思维方式具体体现的多元性思维，之所以能够在推动思想进步和文化繁荣过程中显示出它的重要方法论价值，成为一种积极的精神力量，这是由多元性思维的本质和价值决定的。

1. 一元性思维批判

长期以来，学术界一直重视对多元性思维的研究，并且在这方面的研究已经取得了显著的成绩。但是，在关于这个问题的基本理论的研究上，仍然需要下功夫。为了明确地界定多元性思维的内涵，首

辩证法：领导者思维能力提升之道

先需要对多元性这个概念进行必要的研究。在严格的意义上，多元性与多样性并不是同一个性质的概念，也就是说，多元性并不等于多样性，因为所谓"多元"，是与"一元"相对立的概念。比如，社会结构的多元性，是指社会成员都是平等、独立、自由的权利主体；反之，社会结构的一元性，是指该社会成员的身份、权利、地位等，都有统一的标准规定，并且往往具有一个能够支配其他社会成员的最高权利主体，这样，社会成员就失去了平等、独立、自由的主体地位。这种情况在人的思想上的表现为一元性思维。我们如果认真研究一元性思维的本质，就能够对多元性思维的本质，有更加深刻的认识。

什么是一元性思维或者思维的一元性？从思维的价值目标上看，一元性思维是单向的思维方式。单向思维的最大的问题是人在思维过程中失去了自由选择的可能性。这对人思想创造性的发挥是一种消极的和不利的因素。

从思维向度上看，一元性思维实质上是一种单纯的定向性思维。这种思维方式的优点是能够集中精力思考某个问题；但是，由于这种思维的单纯的定向性特征，就会形成思维选择的形而上学单一性。在这样的单向思维之下，人们思考问题往往会出现简单化的倾向，例如认为人类社会的发展只有一个前途，只有一个方向，只有一个结局；同样地，人的思想发展只有一个趋势，只有一种方式。总而言之，无论是社会发展还是人的思想发展，都没有任何偶然性，只有一种固定的模式。在这样的精神状态中，本来应该是充满了生气的人类精神世界，就会变得死气沉沉。

一元性思维还表现为一种所谓高度"统一性"的思维——诸如"要把每个人的思想都统一到某种思想或者某个人的思想中去"等，这实际上是一种思想专制主义。一元性思维实际上就是一种专制性的思维。理论研究的经验教训说明，形而上学绝对化的一元性思维最大的弊端，是它往往会成为专制主义政治的工具，起着扼杀人的思想创造性的恶劣作用。历史事实表明，那些盛行着一元性思维的社会，或者说只能有一种思想的社会，不允许有不同思想存续的社会，实际上是一种虚假的社会，甚至在某种条件下还可能变成一种精神恐怖的社会。

2. 多元性思维的本质

我们这里所说的多元性思维或者思维的多元性，首先是指人的思想的本质特征而言的。思想总是个人的思想，这就是说，思想总是属于个人的，每个人的思想都是不同的，每一种思想总是独一无二的。思想的对象是客观的、实在的、变化着的，思想永远是变化的，任何思想永远都不是僵化不变的，保持着常新的性质；思想总是有选择性的，总是与人的利益和兴趣相关的，也就是说，思想不仅要反映客观实在，而且也是人的主体能动性的一种反映，它表现着人的主观意向、需求、愿望等。

在马克思主义看来，所谓思想就是在借鉴前人理论成果的基础上，通过总结实践经验形成的有价值的、独创的见解。在社会的精神生活领域，思想是作为主体的人的精神行为，而思想作品则是一种原创性成果，这就使每个人真正的思想具有了独创性即唯一性。思想的这种独创性，决定了不同的人的思想，在整个社会精神领域中，必然呈现出一种多元性的存在方式。正是在这个意义上，我们说社会的思想具有多元性质，同样道理，我们也可以说，思想本身就是一种多元性的精神存在。这样，作为人的思想活动的思维，必然反映思想的多元性本质，从而形成多元性思维。

对作为个体的个人来说，多元性思维就是每个人都具有自由地思考问题、研究学术、表达观点的独立、平等权利，那么，不同观点、不同流派、不同风格的思想和文化作品，就具有合法产生和存在的自由权利。对作为主体的社会学术团体来说，多元性思维是由于民主法治的良好环境，从而出现了各个不同学科及其相应的不同学派，在自

辩证法：领导者思维能力提升之道

由竞争中推进了文化、科学的繁荣发展，这就是自古以来就存在着的百花齐放、百家争鸣的思想局面所显示出的重要意义。

从作为思想主体的个人来说，这种多元性思维应该表现为思维主体的平等、独立、自由地位，或者说，每个社会成员的思维或者思想活动是独立的、平等的、自由的，这样，就必然形成一种具有多元思想的社会。实践证明，真正的思维多元性的社会必将形成生气勃勃的思想文化发展局面，不断推动文明水平的提高。

多元性思维与思想专制主义是根本对立的。历史和现实的经验教训都说明，专制主义是导致文化落后的根本原因之一，只有民主自由的政治制度才能保证文化的进步。这其中的一个决定性的因素是民主制度创造了言论自由、出版自由这样的条件，而民主政治的一个重要思想和文化基础，是多元性的思维方式和在这个基础上的不同文化多元并存。一个真正的民主、自由的社会，应该是一个有不同思想、不同声音的社会，当权者能够听到不同意见、听到批评声音的社会。这就是社会的生气之所在。听不到批评声音的社会，不是一个真实的社会，而是没有生气的社会。同时，必须明确认识到，现代民主政治的一个基本要求是，任何一个社会成员，都不应因为有不同于当权者思想的思想而受到歧视或者不公平的对待。

3. 多元性思维的主要思想价值

多元性思维的主要思想价值归根到底是它能够激发出人的思想活力，从根本上说，这种思维方式本身是一种辩证法的思维方式，而辩证法的内在动力则是它的批判的和革命的本质，它的彻底的发展性质。由此，就可以在各个方面显示出多元性思维的主要思想价值。

多元性思维或者说思维的多元性，意味着社会范围内的各种各样思维者（主要是指作为主体的个人），都是平等、独立、自由的主体。在这样的思想文化环境中，能够形成宽松、宽容、自由的思想气氛，而这样的精神环境正是人的创造精神产生的必要条件。如果人们的思维总是被一种强制性的高度统一的体制机制控制着，被绷得紧紧的、统得死死的，那么在这样的社会氛围里，人们思想创造精神就必然被扼杀了。所以，人们如果能够自由地、独立的、平等地进行思维，他们的创造性能力就会得到充分的发挥。

在一种鼓励多元性思维的社会舆论环境中，人们会积极地进行自己的独特思考，能够自由地发出不同声音、表达自己具有个性的思想见解。反之，如果扼杀多元性思维，那将会是一个没有思想的社会。没有思想的社会，文明是无从谈起的；同样的，那种没有进步的思想的社会，就是一个没有生命力的社会。人类的文明发展史证明，多元性思维作用的充分发挥，这是思想进步的基本社会条件。

历史的经验教训说明，一个高明的民主政治家和领导集体，就可能听取不同意见，研究反对意见，及时修正错误，避免灾难。多元意识形态的环境，是修正错误、寻找真理的良好政治生态环境。

在一种多元性思维的思想世界中，那些不同的观点、不同的思想见解、不同的理论体系、不同的价值观，总是并存着的，而且，人们总是以不同的态度对待它们。这就是呈现在人们的不同视野中的主流思想、意识形态与非主流思想、意识形态，正统的思想观念与异端的思想观念，正确的观念与错误的观念，真理与谬误，等等。这种状况是一般民主法治社会的正常思想生态。我们应该怎样对待这样的思想生态呢？科学的、正确的态度，是取消这些观念名称的区别，统称为"不同的思想观念"，采取一视同仁的态度。否则，如果以专制主义的一元思想观念对待之，必然会消灭人们的政治主体意识，扼杀社会的民主精神。所以，真正的多元性思维是现代民主政治的思维方式基础。

在现代科学研究中，为适应解决一些重大的复杂科学理论问题的需要，研究者必然会产生各种各样的综合研究方式。在这方面的一个突出反映，就是研究者结合不同学科来研究解决某个复杂课题。这样,就产生了跨学科、交叉学科、多学科结合的研究方式。这里的不同学科之间,是指自然科学与社会科学之间、自然科学内部的各个学科之间、社会科学内部的各个学科之间、一些边缘学科等。自然科学与社会科学交叉研究的实践证明,这种交叉、结合的研究方法,显示了思维方式多元性的特点和优点,即在学科的结合处——通过不同观点的碰撞,产生出智慧的火花,用以解决科学难题。新学科往往是在跨学科、交叉学科、多学科的研究中诞生的。所以,多元性思维是推动现代科学发展的一个思想动力。

我们如果再细致地研究人类的认识史,就会发现一个重要的认识现象,即人的认识形式或者认识模式,常常是同中有异,又异中有同;而创造性思维往往是标新立异,或者是独树一帜。当然,立异未必一定是创新,但是,在一般情况下,不立异就肯定没有什么创新,同样道理,不树立自己的特殊旗帜,则往往是一般化的东西。这一点,在文化艺术领域的创作中,往往反映得很鲜明。比如说,人类在不同的声音的交织中,在异彩纷呈的比较中,获得美的享受:交响乐、多重唱、摇滚乐,令人耳目一新;油画、水彩画、抽象派的画,交相辉映,会给人一种全新的感觉。思想之于人也是如此:不同的新奇想法,总是能在人的心灵上引起震动,造成思想的波澜,创造出杰出的作品。所以,多元性思维是文化艺术创造性发展的哲学方法论基础。

(二)多元性思维:马克思主义理论建设的一个重要方法论

任何社会都不可能是某种单纯的、单一的思想文化存在,而必然是有生命力的、不断发展着的、多元并存的思想文化结构,从而能够形成一种充满活力的思想文化生态系统。多元并存的思想文化生态系统是现代社会发展的精神基础。这样的多元并存的思想文化生态系统，必然充满了不同思想文化形态的矛盾、冲突、竞争。这也是多元并存思想文化、意识形态生态系统之所以有活力的根本原因所在。因为，各种思想文化正是在它们之间的矛盾、冲突、竞争、融合中，才能不断向前发展。作为社会主义社会指导思想的马克思主义，在整个社会中并不是唯一的、单独存在的、纯粹的精神主体，它的存在和发展当然也是在一种多元平等竞争中进行的。这就决定了多元性思维应该成为马克思主义理论建设的一个重要方法论。

这里，我们必须承认一个事实，这就是面对着开放多元的思想世界，社会主义社会在马克思主义理论建设上，长期以来一直存在着各种棘手的问题，这其中的主要问题是究竟应该如何理解马克思主义在意识形态领域中的主导地位问题，马克思主义与其他各种意识形态的关系问题，等等。由于历史的和现实的原因，这些复杂的思想难题始终没有得到科学的解决，原因是多方面的，有政治体制上的，有内部和外部意识形态的干扰，特别是由于以形而上学为基础的教条主义影响，形成的那种纯而又纯的单一的思维方式，是一个不可忽视的制约因素。事实证明，必须重新回到马克思主义的思想路线上来，把唯物主义辩证法的多元性思维作为马克思主义理论建设的一个重要方法论。

近代以来政治发展史中的一个重要教训就是：国家政权的瓦解是开始于其政治体制本身的崩溃，那么，政治体制本身崩溃的深层次原因是什么呢？20世纪世界社会主义发展过程中的一个震撼性的事件——苏联解体，对这个问题给出了一种回答。人们已经看到，苏联共产党领导的苏联国家存在和发展的过程中，特别是在它的后期，文化和政治之间的矛盾日益深刻、尖锐，而政治体制本身的各种弊端又使它无法解决这样的矛盾。历史事实证明，苏联解体的根本原因之一，就是社会思想文化、意识形态的多元性本质与政治体制高度集权性之间的尖锐对立，最终导致了政治体制的彻底解体。

辩证法：领导者思维能力提升之道

如果继续分析，就能够进一步得出这样的认识，由于对维护高度集权政治体制的意识形态需要，在整个社会中必然形成思想文化和整个意识形态的垄断局面，实际上也引发了严重的社会精神危机。这个危机的根源同样也是社会思想文化、意识形态的多元性本质与政治体制高度集权性之间尖锐对立的反映。很显然，这种政治上的高度集权体制与现代政治文明的民主体制是不相容的；同样的，由于政治体制的高度集权而形成的思想文化和意识形态单一权力垄断状况，与现代社会中思想文化、意识形态多元性发展规律也是尖锐对立的。但是，一个高度集权的政治体制本身无法解决这个矛盾，最后只能以其本身的解体告终。

这一类的历史教训，从反面揭示了一个真理：思想、文化和意识形态建设，必须摆脱集权垄断的单一局面，而反映出它本来应该具有的多元性本质，社会才能生气勃勃和具有活力，不断地向前发展，形成思想文化的进步繁荣局面。从人类社会发展的基本趋势来看，思想文化的多元性是人类精神文明发展的一种客观规律。这也是马克思主义理论建设必须遵循多元性原则的思想根据。

中国历史上自汉代开始的"独尊儒术"，把其他文化都斥之为异端，造成几千年的儒家思想专制局面，即思想定于一尊。历史事实证明，这对中国的文化发展以及对社会的经济、政治发展，都造成了严重的危害。历史和现实的经验教训都说明，思想专制主义是导致文化落后的根本原因之一，而只有民主自由的政治制度，才能保证文化的进步，推动马克思主义意识形态的发展。这其中的决定性的因素是民主制度创造了言论、出版自由这样的意识形态多元性社会条件。

我们生活在一个丰富多彩、个性鲜明的世界中，各个民族、各个国家的人民，都在根据自己的实际，创造着各自的物质文明和精神文明，这其中，包括他们对制度、体制及其意识形态的选择上。当然，不同民族、不同国家的人民，由于所选择的经济政治体制的不同，相

十一 多元性思维与思想文化的进步繁荣

应的意识形态也有着自己的特点。不必讳言，在某些方面与我们是不同的，甚至可以说有一些方面存在着原则上的区别。但是，必须承认一个历史事实，这就是除了那些极端的情况之外，大多数民族、大多数国家的人民，基本上都在沿着人类文明发展的共同道路前进，他们所选择的意识形态，都为人类文明发展提供了有价值的因素和做出了各自的不同贡献。这些成果都是当今世界人类文明不可缺少的组成部分。很显然，处在同一个时代的文明水平上，各个民族、各个国家的人民作为现代文明世界中的平等成员，他们持有自己性质和特点的不同意识形态。这样，就形成了一种开放世界中多元意识形态局面。所以，既然选择了不同的政治体制和政治制度，那么，各个民族、各个国家的人民，在意识形态领域中，就应该采取平等的态度，互相尊重、互相借鉴、自由竞争，共同推进人类文明的发展。事实表明，马克思主义意识形态必须在人类文明多元发展的环境中，才能有效地实现自己的生存和发展。

在当今世界这样的多元并存的思想文化生态系统中，必然充满了不同思想文化形态的矛盾、冲突、竞争。各种思想文化、意识形态，正是在矛盾、冲突、竞争、融合中，才能不断向前发展。这也是多元并存思想文化、意识形态生态系统之所以有活力的根本原因之所在。

所谓多元并存的思想文化、意识形态生态系统，就是不同质的思想文化、不同时代的思想文化、不同地域的思想文化，平等存在、竞争发展。只有在这样多元性的生态系统中，才能共同繁荣，而这恰恰是马克思主义发展的必要条件。所以，我们的马克思主义理论建设必须坚持百花齐放、百家争鸣方针，破除思想定于一尊，反对任何形式的思想专制主义，确立一种具有强大生命力的多元性思维方法论。

作为科学研究工作者，如果具有真实的主体意识，同时，又真诚地承认其他的研究者同样是平等独立的主体，那么，这就是一种多元

辩证法：领导者思维能力提升之道

意识。在当代世界上，马克思主义意识形态在不同意识形态的多元存在和博弈中发展，这是一种客观存在着的历史事实，是不以我们的主观意志为转移的。这就要求我们的马克思主义研究方法论，必须坚持多元性原则，在多元的思想世界中，进行马克思主义意识形态建设。

在现代文明世界上，一个真正民主、自由的社会，应该是一个有不同思想、不同声音的社会，是一个当权者能够听到不同意见、听到批评声音的社会。由此就产生了现代思想文化、意识形态的一个重要特征：具有最大的包容性，对不同观点的平等精神和不同学派的自由竞争性，等等。这是社会的生气和活力之所在。听不到批评声音的社会，是一个不真实的社会，是没有生气的社会。这决定了马克思主义理论研究的基本方针：百花齐放、百家争鸣、学术自由。同样地，这也决定了我们的思想文化建设、马克思主义意识形态建设必须坚持多元性思维的基本方法论。

马克思主义是我们的指导性质的思想体系，要始终坚持它在意识形态领域中的指导地位。但是，它的指导地位不应该靠行政的、政治的强制力量去实现，而应该积极参与各种不同文化的平等博弈，在多元性的自由竞争中，在社会实践的检验中，显示出它的思想吸引力，使广大人民群众自觉接受，从而实现它的指导作用。同时，在这方面还有一个问题需要认真思考，这就是如何正确认识当代世界上马克思主义意识形态的不同流派的性质和价值问题。

在人类思想史上，许多重要的、有深刻影响的学说在其形成和发展中，都会产生各种各样的分支学派。比如，新柏拉图主义、新康德主义、新黑格尔主义等；在马克思主义的发展过程中，不断地出现各种不同的流派，这同样是一个有生命力的学说体系的本质特征之一。在马克思恩格斯之后，出现了各种各样的"新马克思主义""新社会主义"等，又如，第二国际的民主社会主义、第三国际的列宁主义，中国的毛泽东思想，欧洲共产主义，西方马克思主义，如此等等。

马克思主义的这些新的流派之间是什么关系呢？它们之间的关系是比较复杂的，"不同"是不言而喻的，至于说是不是互相"敌对"的，则不能一概而论。如果认真研究，就能够看出来，当代不同的马克思主义学术流派之间，是存在着矛盾的，它们是"对立中的统一"，是"统一中的对立"。这就是说，马克思主义的这些不同的流派之间，必然存在着多元博弈的关系，这是不以人的意志为转移的事实。

我们究竟应该如何评价当代世界中这些不同的马克思主义学术流派存在的价值呢？对此，我们可以用多元性思维来认识这一点。首先，我们不要在意识形态上唯我独尊，以为只有中国的马克思主义是唯一正确的，科学的态度是要对所有的不同马克思主义流派的价值进行实事求是的分析；同时，我们必须承认一个历史事实，这就是，从马克思恩格斯去世后以来，马克思主义不同流派之间的博弈，对于马克思主义理论发展之实际的推动作用是不能否认的。此外，还必须认识到，马克思主义之所以具有强大的生命力，主要是由于它能够生存于当今世界的众多学说丛林中，特别是因为它有着需要认真对待的强大思想敌人。

（三）在多元博弈中实现思想文化的进步繁荣

科学研究的基本方法论，是唯物辩证法，那就是要从实际出发，实事求是地研究问题，这就是必须面对一个真实的思想文化界。应该承认，无论是当代中国，还是当代世界，思想文化界的真实状况，都是一种开放发展着的多元生态系统。认识到这一点，我们就必须真正从客观实际出发，实事求是地研究当代的社会的思想文化和科学问题。如此，就必须采取以多元性思维为基础的科学研究方法论。只有遵循唯物辩证法的这个根本要求，才能在多元博弈中取得思想进步和文化繁荣。

辩证法：领导者思维能力提升之道

1. 真理是不同意见多元博弈的产物

真理被发现的过程中，"不同意见"起到了检验、修正、补充等重要作用。因此，人类的智慧正是产生在不同意见的博弈之中。

论证已有观点的正确性，这很有必要，也有意义；不过，相比之下，那些不同意见却更有价值。中外著名的企业家，以及那些有成就的政治家、杰出的领导者，在总结自己成功经验的时候，往往都把吸取各方面的不同意见，放在极为重要的地位上。1994年4月4日一期美国《幸福》杂志选出了六位美国企业界的杰出人物，在介绍他们的特点时，该杂志指出，"他们当中，每一位都有卓越的先见之明，也有先听取别人意见的宽大胸怀"，《幸福》杂志为此刊登了一篇题为《杰出人物》的文章，其中有这样一段精彩议论：

"在所有的领导艺术中，耐心听取各方面的意见是最宝贵的一种领导艺术，同时，也是最不为人们所理解的。大多数工业巨头只是有时听取他人的意见，因此他们仍然只是普普通通的领导人。但是，确有一些伟大的人物一生坚持听取不同意见，从不间断。听取意见成了他们的一种癖好。他们无时无刻不虚怀若谷，无论是工作还是玩乐，也无论是吃饭还是睡觉，时时刻刻都准备听取意见。无论对顾问、对顾客、对心灵的呼唤，还是对敌手，甚至对风声，他们都洗耳恭听。正因为如此，他们总是抢在别人前头认识到那些别人看不到的问题和机会。"

正是因为如此，我们应该特别重视从不同观点中、从不同意见中去汲取智慧。

与此相反，在有一些人那里，却存在着一种与此相反的思维定势——只愿意和那些与自己观点相同、意见相同的人进行思想交流，而对于那些持与自己不同观点、有不同意见的人，则产生一种所谓"天生"的反感，对人家的不同观点、不同意见往往是不屑一顾，甚至嗤之以鼻！为什么会产生这种情况呢？这是因为，在他们看来，自己的观点和意见是唯一正确的,而其余的观点和意见都是不对的,或者是不值一提的。可以看出,这些人的思维方式实质上是形而上学的一元性思维。实践证明,这样的思维方式使他们的思想变得越来越肤浅。

我们的认识经验说明,在整个社会的思想界,人们的观点、对某些问题发表的意见,一般来说总是不尽相同的,而且常常是各种不同观点、不同意见并存着。这样就形成了一个多元性精神世界。而在多元性的思想界中,那些不同观点、不同意见是独立的。这个客观精神状况,就必然会形成人的思维多元性。

这里应该更加明确指出的是,我们所说的思维的多元性,与形而上学的思维的一元性是根本对立的。在多元性思维的精神视野中,作为主体的个人的那些不同思想——各种不同观点、不同意见,是平等地存在着,而且常常是互为条件地存在着。

所谓"不同意见""不同观点",是由于人们的实践经验不同、社会地位不同、看问题的角度不同,对同样的问题所提出的各不相同的见解。这些不同观点、不同意见,有一些不一定完全正确,很可能有片面性,但是,它们可能看到了处于主导地位者所没有看到的东西,从而可以使主导者意见更全面一些;另一些"不同意见""不同观点",则从一个特殊的角度,发现了主导者意见的某种错误,这样的不同意见,就能够发挥"纠正错误"之功用;当然,其中的一些不同意见,很可能是完全错误的,意见本身没有参考价值,但是,既然它们是针对"主导者意见"而提出来的,那么,主导者就应当思考这样的问题:这个"不同意见""不同观点"为什么会是错误的呢?自己的意见应该如何去避免这样的错误呢?这样的思考过程,就能够使自己从反面吸取其教训,这也可以说是"不同意见""不同观点"的一种特殊价值。

从"不同意见"的这几个方面意义的分析中,我们可以看到,它

辩证法：领导者思维能力提升之道

的特殊价值，就在于能够使那些居于主导地位的人，考虑问题更全面一些，比较快地发现自己的错误，一旦发现了错误能很快地纠正，因此，头脑会更清醒，站得会更高一些，看得会更远一些。总之，由于充分重视"不同意见"的价值，他们"总是抢在别人前头认识到看不到的问题和机会"。这表明：有价值的思想智慧，就存在于那些"不同意见""不同观点"之中！一些大科学家在总结科学研究经验的时候说过，不同思维方式的碰撞能够激发出最有效的结果。这恰恰是多元性思维的宝贵价值之所在。

你真的要使自己思考得更加全面、尽量避免错误吗？一个重要办法，就是多听取不同意见，多研究不同观点。其实，我国古代一些明智的政治家，也懂得这个道理，像唐太宗就说过："兼听则明，偏信则暗。"这里所说的"兼听"，就是要听不同意见的意思。还有一些所谓明君，主张"广开言路"，也是要吸纳不同意见、研究不同观点，使自己更明达起来。相比之下，现代文明社会的政治家，对这一点的认识水平已经达到了更高的层次，而且在实践上也更加自觉了。为什么？因为在他们看来，民主政治的一个思维方式基础就是必须坚持多元性思维。

在这里，我们还应该说明的一点是，真正的思想智慧的确是存在于不同意见、不同观点之中，但是，问题在于我们能不能认真听取不同意见、不同观点，是不是善于汲取不同意见、不同观点中的有价值因素，而这往往取决于我们是不是用辩证法的头脑，去对待不同意见、不同观点。这个问题的实质是什么呢？这就是我们必须真正形成并且牢固确立一种辩证法的多元性思维方式。

思维的多元性必然产生各种各样的观点，有不同观点存在，就必然会有思想争论。事实证明，那种平等的直接的面对面的争论，可能是沟通两个思想者之间最大的捷径。正是在这个意义上可以说，争论是对立观点之间的桥。

十一 多元性思维与思想文化的进步繁荣

常言道,"道不同不相为谋",但是,不应该对这句话以形而上学的态度对待。实际上,我们如果真心实意地与那些和自己有不同观点的人一起研究问题,很可能会收到取长补短的好处。所以,应当把"道不同不相为谋"这句话改为"道不同宜相为谋",因为在现实生活中,并不是"英雄所见略同",而实际上是"英雄所见不同"!

世界上总是有各种各样的问题,而每一个问题都有自己特殊的答案;同时,每一个问题,也会由于各种不同的主客观原因,而会有各不相同的答案;在许多情况下,某个问题的答案也会不止一个。所以,世界上的问题没有唯一正确的答案。很显然,这样的状况要求我们必须具有多元性思维。

当然,在现实生活,有些人虽然懂得不同意见、不同观点的价值,但是,对不同意见、不同观点真正能够认真听取、仔细研究,却并不是一件容易的事情。关于这一点,高尔基曾经告诫人们说:"不要为了尖锐的批评而生气——真理总是不合口味的。"

我们许多人都有这样的经验:对同一个作品的评价,真实的状况,应该是有不同意见的,即使是大多数人认为是优秀的作品,也不可能没有不同的意见。"众口一声"或者"完全否定"的状况,恰恰可能是不真实的。那些在某种压力下出现的"一致拥护",后来在新的情况下可能会变成"一致反对"!

2."反对意见"的重要意义

中国古代的君主为了巩固自己的政权,一般地都设有"谏官"一职,这些谏官也称为"诤臣"。据《孝经》上记载:"昔者天子有诤臣七人,虽无道,不失其天下。诸侯有诤臣五人,虽无道,不失其国。大夫有诤臣三人,虽无道,不失其家。士有诤友,则身不离于令名。父有诤子,则身不陷于不义。"这些谏官或者诤臣是专为"谏争"之用的,用现在的语言表达,就是专门为提反对意见而设的官职。

所谓谏争,一般都是指臣子对君主而言的,其主要内容就是臣

辩证法：领导者思维能力提升之道

子对君主做出的决定或者决策，用据理力争的方式，恳请君主改变主意、"收回成命"。在封建专制主义的君权统治下，臣子谏争的目的，是为了使君主能够避免失误，继续保持"英明"，而为臣者的谏争之举，有些人口里说是为了江山社稷，不过多半是为了表示自己对君上"忠心耿耿"而已。不过，在封建社会里，这种所谓谏争之风，一直是传为美谈的。因为，有一些谏官在进谏的过程中表现得很有一些正气，还有一些大臣在进谏中反映出了他们"为民请命"的那种赤诚之心。

实际上，这里所说的"谏争"，也就是臣子对君主"提不同意见"。当然，一般所提的都是事关重大问题的不同意见，而且，这里的"不同"，大多数情况下都是一种"反对意见"，有一些谏争，表现得很激烈，甚至还发生过"以死相谏"之类的极端情况。当然，大多数情况，是对君主进行劝说式的谏争。有的封建君主从维护自己的统治这个目的出发，对谏争的价值有所认识，还设立了谏官这样的职务。中国史书上，曾经盛赞过唐太宗"从谏如流"的英明之举，而且史家认为，唐太宗开创的"贞观之治"与此是有关系的。

因为谏争是臣下对君上提反对意见，是批评君主，所以，在君主专制时代，那些正直之士的谏争之举是有危险的。孔子就说过，臣下在向君主进谏的时候，要"信而后谏，未信，则以为谤也"。所以，臣下必须"以道事君，不可则止"。这就是说，臣子对君主提反对意见，既要坚持原则，又要注意方法，适可而止；而且在进谏的过程中，要先取得君主的信任，再进行谏争，否则，就可能被认为是在对君主进行诽谤，那下场就可想而知了。所以，进谏者是需要一点政治勇气的，甚至有的时候还需要有一种献身精神。

古今同理，居于领导地位的人认真听取不同意见，诚非易事；至于耐心听取反对意见，对他们来说那就更难了。问题的症结何在？除了这些位高权重者的妄自尊大心理阻力之外，还有一个因素，就是他们对"反对意见"的特殊价值缺乏应有的认识。现代社会的领导者，如果缺乏辩证法的思维方式，在实际上可能会以形而上学的态度对待这些反对意见。古今中外的政治生活经验都一再说明，能不能正确对待反对意见，是衡量政治家明智程度的一个重要标志。

在实际的政治生活中，领导者究竟如何对待反对意见，也是民主政治建设中的一个大问题。现代民主政治的一个前提，是有不同意见、不同派别，特别是有反对意见、反对派别存在，否则，说要实行民主，那就是无的放矢了。所以，如果有哪一个领导人说，他那里绝对没有不同意见、更是没有任何反对意见，那么，可以肯定，他所说的"民主"是假的。

在真正的民主政治中，不但会出现反对意见，甚至还会有某种反抗行为，这是正常的现象，否则，"绝对统一""完全一致"，那反而是不真实的了。美国早期政治家杰弗逊认为："对抗政府的精神在某些场合下是如此的可贵，我希望它永远存在。它常常被错误地运用，但即便错误，也比根本不用好。"当然，我们并不是要鼓励民众去对抗政府，只是一个真正的民主政治家，对民众的反抗精神决不能持形而上学的态度。所以，对于一个领导者来说，是不是重视并且能不能认真对待反对意见，是考察他们的民主政治意识水平的一个重要标志。

对一个聪明人来说，能够认真听取各种各样的不同意见，这对他们是有特殊价值的。那么，如果这样的不同意见以比较尖锐的形式出现，这可能就是我们这里所说的"反对意见"了。更加尖锐的不同意见——反对意见，具有更为特殊的价值。不过，对这个问题，需要用辩证法的思想方法去理解。

这些反对意见，为什么有特殊价值呢？它们的特殊价值又是什么呢？这里的关键是在这个"反对"之中。面对着当权者的主导意见，能够表达不同意见，特别是能够表达明确的反对意见，这是需要勇气的；同时，这些反对意见的形成，也必定是一个自由思考的思想成

辩证法：领导者思维能力提升之道

果，而自由地思考本身，就必然是一个创造性的思维过程，这样的思维过程，必然形成反对者的一些特别观点，而这些特别观点则是他们自由地思考的智慧结晶。这就是"反对意见"的宝贵价值之所在。

在这里，我们强调科学研究工作者认真对待反对意见的特殊意义，不但是因为反对意见本身具有特殊价值，更重要的问题是，居于主导地位的人们，究竟怎样对待反对意见。我们可以想象得到，以居于主导地位的意见为一方，以反对者所表达的独特思想见解为另一方，在由于主导者明智而形成的自由气氛中，两种对立的观点必然产生激烈交锋。不同观点的交锋，这本身就是双方思想升华的过程，而对于科学研究工作者来说，这正是从中汲取智慧的绝好机会。当然，这就要看我们是不是真正具有哲学头脑了。

所以，头脑清醒者的一个特点，是他们总是能够正视自己的思想的反对者，并且能够在对方的攻击之下，认真检讨自己的思想。

科学研究者应该持学术自由态度，学术自由的实质是什么？是宽容。何谓宽容？"不好同恶异"是也。

这就是说，真正的科学研究应该多听一听那些不同的观点，听一听那些反对的观点，特别是要听一听那些尖锐的批评，在这样的思想博弈中，冷静地思考问题。但是，我们常常发现与此相反的情况：一些所谓的理论家，实际上是捂着耳朵、蒙着眼睛，在那里搞研究！

对于这一点，英国大哲学家休谟的见解极为深刻，他说："哲学需要完全的自由甚于需要别的特权，而且它之所以能够繁荣，多半是因为各种意见和辩论可以自由互相反对的。"历史的经验教训告诉我们，无论是什么样的人，总是以一贯正确自居，从来不承认自己可能犯错误，这本身就是一种错误。

所以，在一定意义上可以说，你的思想的高明程度，往往反映在你以什么样的态度去对待你的反对者、批评者；科学研究的经验告诉我们，你的实际思想水平，常常会在与你进行平等交锋的对手的思想水平上反映出来。甚至可以这样说,你的对手的思想水平决定了你的思想水平。

3. "敌对观点"的性质和特殊价值

在不同意见中,实际上包含"反对意见",就马克思主义的对立面而言,必然存在着某些"反马克思主义",即所谓"敌对观点"。在应该如何认识敌对观点的性质和价值的问题上,可以看出一个人的思维方式究竟是形而上学的还是唯物主义辩证法的。

那些经验丰富的领导者,都明白这样的道理:"反对意见"在促进思考、纠正错误、增强其思维能力上,有着特殊的价值。这里,我们要研究的是"反对意见"中的一种特殊类型,即敌人的反对意见,也即"敌对观点"的特殊价值问题。我们对敌人的反对观点,究竟应该怎样对待呢?一提起这个问题,人们很快就会想起毛泽东的那句名言:"凡是敌人反对的,我们就要拥护;凡是敌人拥护的,我们就要反对。"需要知道,毛泽东1939年9月说这句话的时候,是有历史背景和特定政治环境的,他说的"敌人",是指抗日战争时期,投降日本侵略者的汉奸汪精卫及其卖国主张。可见,毛泽东当时说的"敌人反对的""敌人拥护的",都是有具体特定内容的,不是一种泛泛而论,因此,对毛泽东的这句话,不能做形而上学的理解。

但是,后来有的人受极左思潮的影响,或者出于某种政治需要,把这句话当做"金科玉律",就与当时的本来意义背道而驰了。那么,我们当前应该如何理解毛泽东的那句名言呢?这自然是需要认真分析的。这里的关键是我们对"敌人"和"敌对观点"这类概念的实际价值,应该如何认识。

从一般的政治学术语言来看,所谓"敌人",即与我们在政治上或者思想理论上是势不两立的,甚至可以说是"你死我活"的关系。至于"敌人的反对观点",即"敌对观点",性质也应该是如此。所以,一说到"敌对观点",有人很快就会意识到"这是个政治问题",

辩证法：领导者思维能力提升之道

而一提到政治问题，人们立即就会警觉起来，这可是需要认真对待并且要态度鲜明的事情了。之所以出现这样的情况，并不奇怪，这是我国长期以来特殊政治思维方式的产物。在这种情况下，把"凡是敌人反对的，我们就要拥护；凡是敌人拥护的，我们就要反对"奉为信条，就成为当年的正常现象了。

但是，正如丘吉尔所说，在世界上没有永远的敌人，也没有永远的朋友，只有永远的利益，我们自己的人生阅历也说明了这个道理。岁月沧桑，有些昔日的敌人，如今有了正常的交往，至于当年的那些朋友，许多人已经面目全非了；更重要的是，由于利害关系的变化，大家对当年的那些"敌对观点"，也能够比较客观地评价了。在这样的情况下，研究"敌对观点"的价值问题，就可能是一件有益的事情。不过，这里的一个关键，是要克服形而上学的极端思维方式，善于运用辩证法的思维方式。

在如何对待"敌人"和"敌对观点"的问题上，曾经有过一种说法，就是要把敌人作为"反面教员"、把敌对观点作为"反面教材"，用来教育我们的人民和干部。在大多数情况下，这样的做法，的确能够体现出"敌人"和"敌对观点"对我们的价值，因为它们能够从反面给我们以教育，告诉我们"什么是错误的""什么是正确的"。但是，这种做法本身，实际上有了一个已经设定的单向"思维定式"——"我们是正确的""敌人是错误的"，"敌对观点"的价值只能是"反面"的！这样的"思维定式"，决定了我们对"敌对观点"本身的实际价值，很难有客观的认识。这就是"利用反面教员"做法的一个明显缺陷了。

这里说的对"敌对观点"的价值，很难有客观的认识，不是说我们要肯定错误的认识，因为有一些"敌对观点"，在客观上很可能完全是谬论，出于敌对者的利益，甚至是恶意的歪曲、诽谤。但是，不应该把所有的敌对者都设想为愚蠢的人，在他们之中也不乏个别明智

十一 多元性思维与思想文化的进步繁荣

之士,就此而言,敌对者对我们的攻击、反对,其观点未必都是荒谬的,为了他们自身的利益,可能揭露出了我们的某些弱点、缺点,甚至还可能击中了我们的要害。有一句古老格言说得好:"重视你的敌人,因为他们最先发现你的错误。"所以,我国宋代学者朱熹说过:人能暴吾过者,吾师也;人能非吾言者,教吾者。

如果认真研究世界政治发展史,我们可以得出这样的结论:那些伟人的成长,是得益于他们有一个强大的敌人;或者说,是强敌造就了伟人。同时我们也可以得到这样的结论:一个自命不凡的人,如果他没有一个高水平的敌对者,那么,这个人的结局注定也是很可怜的。

我们应该承认这样的事实:能够公开地在自己的敌人面前承认错误,这不但需要非凡的勇气,而且也表明他是真正的强者。因为,在总结政治斗争经验教训的时候,我们常常会发现,在敌我双方的尖锐思想较量中,往往会出现这样的情况:敌人的观点是对的,而我们被攻击的某个观点确实是错了。实事求是地承认这一点,没有什么可羞耻的,反而是一种明智之举。

可能会有人认为,怎样对待敌对观点,这是个立场问题,无论如何对敌人是不能肯定的。其实,在认识论上,这是荒唐的,而在政治上则是愚蠢的。因为这种形而上学的思维方式,堵塞了我们自己认识真理的一条道路,或者说,失去了一个改正错误的特殊机会!历史上的一些大思想家,之所以能够在学术上有创造性的贡献,其中的一个重要原因,是由于他们有辩证法的思维。德国哲学家尼采这样说过:"我心中有一个常设的反对党,它攻击我作出的每一项行动或决定,即使在我深思熟虑之后,它依然不放弃一贯的正确姿态。"这就是"敌对观点"的特殊价值。所以,在如何对待"敌对观点"的问题上,能够看出我们的实际思想水平;同样地,对我们究竟是不是真正坚持实事求是的,也是一个重大的考验。

辩证法：领导者思维能力提升之道

　　中国近代社会在发展过程中，自由主义、保守主义、社会主义、三民主义等都起过各自的历史作用。从历史的发展来看，自由主义文化思想是社会走向民主和法治的一种不可缺少的文化因素。

　　这里还有一点要说到的是，就是那些看起来不正确的思想，有时也会起到一种特殊的"思想校正"作用和"制约"作用。如保守主义可以对自由主义起到一种制约作用；在各种反马克思主义对我们的观点的攻击中，我们能够更清楚地看到自己理论中的那些薄弱因素，在这一点上，敌对者的思想是我们的一面镜子。

　　有一句格言说得好：一定要重视你的敌人，因为他们最先发现你的错误；敌人揭露你的错误是明确的，也是最无情的。

十二　在开放性思维中创造广阔的思想天地

从 20 世纪 70 年代末开始，中国经历了一次深刻的社会变革，这就是"文化大革命"结束后进行的社会主义改革开放，被称为现代中国的第二次革命。这次革命即改革开放，主要内容是进行体制改革和对外开放。实践证明，对于我们的各级领导者来说，无论是进行体制改革，还是实行对外开放，都需要进行深刻的思想变革，彻底改造思维方式，实现思想的真正解放。改革开放所要求的思想解放，一个实质性的内容是必须实现以开放性思维取代封闭性思维，这样，我们才能进一步解放思想，为改革开放创造广阔的思想天地。

（一）封闭性思维批判

中国几千年封建帝国的一个基本特征，是社会文明的封闭性，而这种封闭性则形成了一种封闭的思维方法论即封闭性思维。经过民主主义革命，特别是经过社会主义革命和社会主义建设，我们从根本上改变了由封建社会所造成的那种闭关锁国状态，思想方法论开始由严重的封闭性质逐渐走向开放；但是，那种带有封建特点的封闭、僵化的思想方法论，在一部分人的思想上还有深刻的影响。其主要表现就是把自己的理论、政策、发展模式，甚至某些具体做法，都加以绝对化，自封为最高的、最完美的东西。所以，就出现了拒绝向任何国家学习，不允许任何人批评。这种情况在"文化大革命"时期，曾经达

辩证法：领导者思维能力提升之道

到了登峰造极的程度。当时如果有谁说我们的某些方面比外国落后，或者是实事求是地谈一下外国的情况，就会被扣上"洋奴哲学""崇洋媚外"等大帽子，受到无端的批判。"文化大革命"时期，与周边的几个国家相比，我们本来已经很落后了，但是有些人却在封闭之中，夜郎自大、孤芳自赏、趾高气扬。这种封闭性的思维方法论，成为社会主义改革开放的思想桎梏。

思维方式的开放性，是相对于思维方式封闭性而言的。在一定意义上说，开放性思维方式与封闭性思维方式是根本对立的。思想发展史证明，思维方式从封闭走向开放，这是哲学思维方法论的一种深刻变革。因此，要真正深入认识开放性思维的本质特征及其价值，就有必要认真研究封闭性思维的实质和主要弊端。

1. 封闭性思维必然导致思想的绝对化

在整个外部世界面前，实行盲目的自我封闭，这样，就会使自己的思想与客观世界，特别是与人类文明发展的历史潮流隔绝开来，从而窒息了自己的思想发展，必然日益落后于时代。这样自我封闭的思维方式，在一些重大的理论和现实问题的研究中，常常表现出一种形而上学绝对对立的思维方法论。封闭性思维方式的这些本质特征，必然形成思想上的自我封闭、妄自尊大，从而自觉或者不自觉地与外界隔绝，这就自然而然地养成一种极为有害的盲目排外主义。

比如，在对社会主义与资本主义的关系问题上，就把二者看作是绝对对立的东西，也就是说，无论是作为思想体系还是作为社会制度，社会主义与资本主义都是根本不相容的、没有任何联系。如果我们认真研究过近代文明史，就可以明白，这是对社会主义与资本主义在两种思想体系和两种社会制度之间历史关系的无知，因为在历史的实际上，资本主义与社会主义是人类文明发展的不同历史阶段。资本主义曾经是人类文明发展的一个具有革命性质的重要历史阶段，正如资本主义是由封建主义社会里生长起来的一样，社会主义也是由资本

十二 在开放性思维中创造广阔的思想天地

主义发展而来的。这就是说,资本主义本身是一种开放的社会体系;同样的,社会主义也是一种开放的社会体系。这不仅意味着社会主义具有历史的开放性,它对未来也是开放的——社会主义的发展,必然是面向世界,面向人类的文明发展前景。但是,对于一些人来说,资本主义与社会主义两者之间没有任何联系,毫无共同之处,是绝对互相排斥的。社会主义社会的开放性表明它是一种彻底发展着的历史阶段。

再比如,在对马克思主义与非马克思主义的关系问题上,也是如此。在一些思想浅薄的人看来,他们所坚持的"马克思主义",是唯一的真理,一切他们所认为的"非马克思主义",都一概是绝对错误的,应该统统抛弃,如此等等。

总而言之,坚持这种封闭性思维的人,总是在一种绝对不能相容的对立中思维着。这就是说,封闭性思维必然导致人的思想的形而上学绝对化。所以,这些人实际上是把自己束缚在一个自己设计的封闭性思想牢笼之中,与外界的一切都隔绝着,眼界极其狭隘,犹如井蛙观天。

2. 封闭性思维必然导致思想的极端化

20世纪50—70年代,即"文化大革命"前的一段时间里,在中国意识形态领域中,极左的指导思想一度占了统治地位,曾经产生了在思想文化上极端封闭的状态。其结果是把自己的思想理论与世界上其他国家的思想理论,特别是西方国家的思想理论隔绝开来、绝对对立起来。从20世纪50年代开始,一直到70年代的"文化大革命"时期,曾经一度把凡是西方国家的思想文化,都带上"资本主义"的帽子,而凡是资本主义的东西,都被视为洪水猛兽,一概拒之门外。这个历史教训是很深刻的——我们形而上学地拒绝了人类在资本主义时代创造的文明。实际上,这反映了对资本主义认识上的一种封闭性思维,其结果,必然要违背客观历史实际。

辩证法：领导者思维能力提升之道

在思想界，特别是在意识形态领域，封闭性思维极端性一个表现形式，是奉行"唯我独尊"的思想方法。这方面的一个例子，就是把自己奉行的所谓"马克思主义"，视为唯一的真理，而一切所谓"非马克思主义"，都是错误的，一概加以排斥、否定。这样，无论是什么样的学说，只要一被贴上"非马克思主义"的标签，不分青红皂白，一律都要被拒之门外。

可以看出，对外隔绝为主要特征的封闭性思维方式，具有思维的极端性特点，思维的封闭性阻止了思想进一步探索的可能性，没有了理论继续发展的余地。这就是封闭性思维的本质和要害。

3. 封闭性思维的形而上学"模式化"弊端

那些形而上学思想方法根深蒂固的人，在研究任何问题之前都要根据某种意图，预设出一种主观的框架或者规矩作为思维的模式，然后让人们在这个框架里去思考问题，防止研究发生什么所谓"偏离"。这就形成了封闭性思维方式一个重要特征，即任何人或者说任何主体都只能在一种固定、统一的模式中思维。实践证明，这种模式化了的思维方式，实质上是一种封闭性的思维方式，而这样的思维方式，必然导致思想的僵化。

许多人的经验教训告诉我们，人们的思维一旦陷入到封闭性的束缚中，同时也就形成了一种几乎是僵死的所谓"模式化的思维"之中。这里所说的"思维模式"，包括政治上的权力因素，诸如制度、体制、政策、法令等。这些具有权力性质的政治因素，对于维护社会生活的正常秩序，是必要的条件；但是，如果变成了人的思想活动中某种固定不变的模式，就可能走向自己的反面——成为思想的一种桎梏。

文化上的精神因素，诸如传统文化中那些被某些人奉为神圣的许多僵化观念，就是如此。

中国特色社会主义理论体系的形成，在一定意义上说，是以中国传统文化为基础的。中国传统文化具有优良的因素，这对于马克思主义的中国化是一个有利的条件。关于这一点，国学研究已经比较充分地展示出来了。但是，我们还必须要看到的是，中国传统文化中有一些明显的消极因素，比如传播已久的帝王集权思想，相当突出的人治思想影响，还有片面的道德主义（即片面的德治思想）等。传统文化中的这些消极因素，作为一种僵化了的"思维模式"，极为不利于社会主义民主政治、法治等现代文明建设，特别是对人们的思想有巨大的束缚作用，妨碍我们在研究马克思主义理论过程中的创造性发展。

4. 封闭性思维的思想垄断性特征

封闭性思维常常表现为一种权势主义思维方式，这就使它遏制人的思想的发展。封闭性思维之所以具有如此严重的问题，因为它实质上具有一种思想垄断的性质。在这方面，我们已经有过严重的历史教训。

以思想专制为基础的专制主义社会，在文化思想方面，与对外的自我封闭，即内外隔阂相应地，是内部的等级制的特权性封闭。对内的封闭性思维方式其特点，是专制性质的等级性信息封锁，从而形成一种带有等级特权性的思维神秘主义。这种以权势主义为支撑的神秘主义思维方式，成为扼杀人的创造性思维的一种力量。

以意识形态专制主义为特征的社会，往往实行信息垄断，特别是实行政治信息垄断制度。这样的垄断，就必然要形成一种以权力等级为基础的信息享有的特权等级制度。其特点，就是由官方的意识形态管理部门，以政治性质为标准，列出一些所谓的"禁书""准禁书"等，一般人严禁阅读。因此，对思想进行等级性的封闭，成为意识形态垄断的一种政治途径。

人类思想发展史中的经验教训说明，集权、垄断、封闭与思想领域的神秘主义是互为存在条件的。历史教训表明，一个笼罩在权力等

辩证法：领导者思维能力提升之道

级制神秘主义政治气氛中的国家，普通人的思想活动，特别是对一些重大问题的研究，怎么可能是自由进行的呢？在这样的情况下，许多人只能是以揣测代替思考、以论证代替研究。人们的实践证明，以权力等级制为基础的神秘主义思维方式，必然成为人们不断地深入认识事物的本质的一种禁锢。

思维方式的这种自我封闭性质，在社会政治生活中，也必将造成更加严重的危害。一个没有勇气、没有胆量向社会公开自己信息的国家，无法使大多数人对你具有信任感；同时，那种封闭性的思维方式，也必然挫伤人们的思想创造勇气，可想而知，这样一种不能产生新思想的社会，是必然要在开放的世界上失去竞争力的。

（二）开放性思维的本质和价值

开放性思维或者说思维的开放性，在本质上是客观世界开放性的一种反映。那么，思维开放性的本质究竟是什么呢？从根本上说，开放性思维的本质，就是人的思想的真正解放。思想不能得到真正的解放，人的思维能力则无法发挥。思想的真正的开放，就是思想能够克服各种各样的束缚，得到彻底的解放。正是在这个意义上我们可以说，思维的开放与思想的解放本质上是一致的。这里需要说明的一点是，本书中"开放性思维"中的所谓"思维"，可以看作是一个动名词，所以，思维与思想（思考）、研究、探索、探讨、讨论等，是在同一个意义上使用的。因此，思维的开放性或者开放性思维在本质上是一种思想方法论。

1. 跳出圈子想问题——思考无框框

客观世界的存在及其发展的无限性，决定了人们的认识的无限性。但是，许多人往往是为自己的认识设定了各种各样的"框框"，就是一些大科学家、大思想家，有的时候也会陷入自己设定的理论框

十二 在开放性思维中创造广阔的思想天地

框而不能自拔。一个人只有跳出各种各样的"框框",才能真正使自己的世界具有创造性。这里所说的"框框",实际上就是已经形成的各种理论观念、学说,甚至那些常识、规矩等,并不是说它们错了,而是说自己的封闭性思维方式使它们成为进一步思考的限制。

科学史上的大量事实说明,一些以权威自居的大科学家,往往是受到由已有科学成就造成的各种思想框框的束缚,很难有突破性的发现;相反地,倒是那些涉世不深、初出茅庐的年轻科学家,以他们的科学勇气,能够大胆地突破各种思想框框的束缚,做出前所未有的科学发现。在这方面,年轻数学家伽罗华的故事,可以给我们以启发。在伽罗华以前的几百年间,究竟如何解一元五次以上的高次方程,在数学界一直是个难题。伽罗华有特殊的数学天赋,中学时代就开始研究这个问题。他年轻,没有任何思想负担,也不受任何束缚,他跳出了前人的思想框框,终于研究出了一种谁都没有想到的解这个难题的新方法,这就是后来被人们广泛运用的伟大数学发现——群论。须知,在当年,伽罗华把自己的这个发现送给某些负有盛名的大数学家,或者是数学界的权威机构时,曾经受到蔑视,认为他的发现与传统思想方法完全不同,是一种异想天开,因而对他的这个发现不屑一顾。这个故事告诉我们一个真理,即无论是什么人,如果被某种思想框框束缚住了,那他们的才能将无法发挥出来。

关于这个问题,在我国当代学术界中,孙冶方的学术教训是值得研究的。众所周知,孙冶方在理论和实操层面俱有建树,因此在中国经济理论界有着崇高的地位,这其中的一个重要理论贡献,是他比较早地发现了计划经济制度的致命缺陷,主要就是这个经济制度对价值规律的漠视。他的经济学思想影响很深。早在1957年,孙冶方任中科院经济研究所所长时,他就打算按《资本论》的程序编写一部社会主义经济理论的教科书。改革开放后,孙冶方曾经立下一个宏愿,想仿效《资本论》,编写一部《社会主义经济论》。后来,由于患病住

辩证法：领导者思维能力提升之道

院，经济所派出了由吴敬琏和张卓元负责的一个7人写作小组，来协助他完成这个任务。经过一段时间的努力工作，写作组整理出了一个15万字的大纲。但是，在孙冶方出院后，写作工作却陷入难堪的泥潭。陷入泥潭的原因是，从孙冶方到写作组都发现了这个"孙式理论"的矛盾——他一方面坚持认为，经济体制的设计必须顺应客观经济规律，另一方面却要求论证这些做法是与马克思主义经典作家关于在公有制条件下商品货币关系将要消亡的论断完全吻合的！这样，孙冶方就在深深的痛苦与徘徊之中而无法完成这个愿望。什么原因呢？是由于他自己已经陷入了一个无法摆脱的所谓"马克思主义"的理论框框之中了。

许多人都曾经有过这样的体会：在我们解决一个难题的开始阶段时，总是觉得办法太少，寻找不到比较合适的解决方案，但是，如果回头再想想，就会突然发现，实际上是给自己画了一个自己也跳不出去的圈子，即通常人们所说的"画地为牢"，自己把自己的眼界和认识无形地束缚起来了！

在现代的社会生活和政治生活中，这样的情形又何尝没有呢？比如说，有些人在解决某个问题的时候，也有过这样的问题，他们往往把眼界放在自己能够看得到的地方，或者是在自己管辖的范围内，去寻找解决方案，结果是苦于办法太少。为什么会有这样的结果呢？因为他们实际上也是自己给自己画了一个逃不出去的圈子。在这方面，一些大政治家要比一般人要高明，比如，毛泽东就说过，作为领导人，眼界必须开阔，要站得高，才能看得远，"无限风光在险峰"；邓小平说过，"总在一个圈子里打转转，是干不出大事情的"；胡耀邦也有这样的思想，他说："要跳出圈子想问题"，等等。

所谓"圈子"者，即人的认识的一个封闭系统也。但是，人类社会的发展，极大地扩大了人的认识视野，急剧地突破了原有的认识范围。所以，人类要真正寻求真理，必须开辟出更广阔的认识天地，打破各种各样的认识"圈子"——"要跳出圈子想问题"。

"跳出圈子想问题",这的确是个重要的思维方式,那么,这样的思维方式的本质特点是什么呢?其中的一个主要特点,就是它的开放性质。实际上,这种开放的思维方式,其理论基础就是马克思主义,因为马克思主义就是一种开放的思想体系。列宁说,人类文明史已经表明,"马克思主义同'宗派主义'毫无相似之处,它绝不是离开世界文明发展大道而产生的一种固步自封、僵化不变的学说"。所以,"跳出圈子想问题"这种开放性质的思维方式,与各种各样的宗派主义、僵化封闭的思维方式是格格不入的,因为在本质上,马克思主义是当代世界文明发展基本趋势的反映,而我们所生活的社会是一个开放的社会,我们所生活的世界是一个开放的世界。所以,在当今时代,如果把自己封闭起来,而又要求发展,那无异于缘木求鱼!

2. 破除清规戒律——研究无禁区

人的思维活动,在科学研究中,包括在社会科学研究中,其主要形式,无非就是对宇宙、社会、人生的各种各样问题进行学术研究、理论探索、问题探讨以及相应的一些讨论,等等。可想而知,如果没有了这样的一些研究、探索、探讨等,人类的思想很可能就会停止发展了,人类社会也就不会进步了。但是,这些在今天看来是属于常识的一些见解,在某些历史时期和某些社会时代,却并不是如今天的人们想象的那样——想研究什么问题,就研究什么问题,而是有着各种各样的限制,无非就是某些问题可以研究、某些问题不能研究的"清规戒律",有关当局甚至为学术界规定了这样那样的一些所谓研究"禁区"。

在人类文明发展史中,中世纪的神学专制主义时期,宗教势力为了维护神权统治,曾经设立了不少的思想"禁区",如托勒密的"地球中心说",哥白尼打破了托勒密的神话,以"太阳中心说"取代之。

辩证法：领导者思维能力提升之道

这就是我们常常称赞的"哥白尼革命"。可以看出，在某些领域中设立"禁区"，只不过是当权者为了维护自己的根本利益，而凭借权势制造的一种相当脆弱的"挡箭牌"而已。

其实，在科学研究的过程中，没有任何一种研究成果是最终的神圣的"结论"，所以，对这些研究成果——达尔文主义、相对论……都是应该允许提出质疑，并且还要鼓励人们继续探讨。事实证明，这不但有利于整个科学事业的发展，而且对这些已有的成果的不断完善、深化，也是极为重要的事情。否则，科学就不可能继续发展了。

在比较复杂的社会科学研究中，特别是在马克思主义研究中，也是如此。马克思主义是开放的、不断地发展的理论，这其中不存在所谓"思想禁区"，即没有不能进一步探讨的问题，否则，马克思主义也就不能继续发展了。但是，在我国某些时期，权力机关曾经以某种理由规定"某某问题""某某思想领域"不允许讨论，或者，某某问题的结论，对某个历史人物或者历史事件的评价，必须以"某某文件"的规定为准，等等。

这里说的评述历史人物和历史事件，要以"某某文件"的规定为准，很显然，这与我们应该坚持的"实事求是"原则是矛盾的：对历史人物和历史事件的评价，不是从历史实际出发、不是以历史事实为根据，而是以"某某文件"的说法为根据；既然是以"某某文件"中的说法为根据，那就是说，既然"某某文件"已经有了说法，那就不允许在研究中有不同说法的。很显然，"某某文件"中的说法，就成为研究和探讨的"禁区"。这个"禁区"的存在，就必然会扼杀人们思想的创造性发展。

在把学术自由作为常识的现代文明中，学术研究和探讨是没有、也不允许有什么所谓"禁区"的，自然科学研究如此，社会科学研究也如此。思想理论研究的"禁区"与开放性思维，是不能并存的。所以，为了发展科学，繁荣学术，必须坚持开放性思维，在研究和探索中，必须扫除各种各样的所谓"禁区"——一切古人的观点、今人的说法，都不能作为定论，都要继续研究，甚至都要重新研究。否则，人类的思想是不可能发展的。可以想象，如果到处都是不能突破的"禁区"，这样做不行，那样做也不行，那改革开放还能进行下去吗？

3. "心无边界"——思想的完全解放

在2016年9月7日举办的里约残疾人奥运会的开幕式上，各个代表团用各自的牌子共同拼图，最后在舞台中央拼出了一颗心——完美地诠释了本次残疾人奥运会开幕式的思想主题——"心无边界"。对此，里约奥委会主席努兹曼发表讲话强调说："让我们为建设一个没有障碍和阻碍、对所有人都更加方便的世界而奋斗。"这个"心无边界"的思想很有创意，因为它形象而生动地展示了人类开放性思维的一个实质性的内容——思想的完全解放！

作为人的创造性思维成果，思想是人的积极认识活动的动态表现形式，而人的认识行为，无论是在空间上，还是在时间上，都是无限的，这就决定了人的思想的开放性。思想的彻底的开放性，是对实际上存在着的思想的封闭性的一种否定。现实的生活经验说明，作为思想形成过程的思维的开放性，是在不断地否定思维的封闭性而形成起来的，而且不否定思维的封闭性，也不可能真正形成思想的开放性，即思想的完全解放。

现代社会的生活经验一再说明，任何一种真正有价值的思想文化，都是人类文明发展共同成果的一部分，它们必然要突破地区和国家的局限性。这样，各国各地区的思想文化，就逐渐显示出了它们的开放性，这种开放性实质上反映了文明本身的人类性特征。因此，企图在闭关自守中提高自己的文化水平，建设先进文化，是很难的事情，最后，顶多是一种空谷幽兰、孤芳自赏的局面。

这里说的思想的完全解放，就是使人的思想活动——创造、研

辩证法：领导者思维能力提升之道

究、探索、思考等，摆脱任何束缚，打破任何一种性质、任何一种形式的人为界限。这样，人的思想就能够毫无阻碍地自由驰骋！如此的"心无边界"——思想的完全解放，恰恰就是人的开放性思维的基本要求。但是，在现实社会中，特别是在一些实际上是专制主义性质的体制下，为了维护当权者的特殊利益秩序，就会给普通人的思想探索设定某种边界，设定某种思考的界限。这些所谓的"边界""界限"，就在实际上成了人们思考、探索、研究问题过程中的思想藩篱。事实证明，没有勇气跳出这样一些思想的藩篱，我们就无法创造性地解决现实中那些棘手的难题，可想而知，这样，我们在改革开放中就可能无所作为。

4. 预见与远见

在人类历史上，那些做出过杰出贡献的伟大政治家，其高超领导才能的一个突出表现，是都有很强的预见能力，同时又具有远见。他们洞察力强，而又高瞻远瞩，因此，都是一些有很强的预见能力又有远见卓识的领导者。实践证明，预见与远见，都是以开放性思维为其方法论基础的。

什么是预见？这就是根据对事物的本质和发展规律的正确认识，能够在一定程度上，预先描绘出或者论证出事物大体的发展趋势和基本结局。通常也可以说，预见反映出人们能够事前看出未来的结果，所以，预见也可以说是一种先见之明。人们常说，凡事，"预则立，不预则废"。所以，预见是领导者必备的一种思想素质。对此，毛泽东曾经有过深刻的论述。在1945年中共七大上的讲话中，毛泽东阐述过一个重要观点，这就是"没有预见就没有领导"。他说："什么叫做领导？领导和预见有什么关系？预见就是预先看到前途趋向。如果没有预见，叫不叫领导？我说不叫领导。"他还指出："坐在指挥台上，只看见地平线上已经出现大量的普遍的东西，那是平平常常的，也不能算领导。只有当还没有出现大量的明显的东西的时候，当桅杆顶刚

十二　在开放性思维中创造广阔的思想天地

刚露出的时候,就能看出这是要发展成为大量的普遍的东西,并能掌握住它,这才叫领导。"①

在现实的政治生活中,一个高级领导者的预见能力如何对于事业的全局发展是至关重要的。毛泽东在抗日战争开始阶段,对"持久战"这个战争局势的预见,在人民解放战争的初期,对国民党必然失败的预见,对于取得战争的最后胜利,有着不可估量的意义。这已经被历史所证明了。

任何一级领导人,要指导他所担负的全局工作,具有一定的预见能力,才能处在主导的地位上;否则,一个领导者如果鼠目寸光,很可能处处被动。怎样才能具有比较强的预见能力呢?根本的出路是,必须认真学习马克思主义理论,尤其是马克思主义哲学的唯物辩证法,培养自己的理论概括能力和抽象认识能力,特别是增强开放性思维能力,不但能够深刻地认识事物的本质,而且能够准确地把握事物发展的基本规律,这样,就会不断地提高自己的预见水平,争取工作的主动性。

常言道:"人无远虑,必有近忧。"在迅速发展着的现代社会中,就更是如此了。每个人要把握自己的命运和前途,没有一定的远见是不行的。什么是远见?就是视野开阔,目光远大,或者说,是那种深谋远虑和高瞻远瞩的思维能力。在某种意义上说,远见是与短见(短视)相对立的。对此,一位国际象棋大师说过,那种走一步、看一步的棋手,是注定要失败的。我国商界领袖李嘉诚在阐述自己的人生经验时曾经说过,千万不要采取所谓杀鸡取卵的短视行为,必须有远见!远见实质上是一种开放性思维的表现形式,它会使我们的视野开阔,目光远大,宏图在心,因而能够使自己摆脱束缚,达到更高的思

---

① 中共中央文献研究室编:《毛泽东在七大的报告和讲话集》,中央文献出版社1995年版,第200—201页。

想境界。所以，要干大事业，必须要有远见。

在瞬息万变的当今社会中，作一个领导人，没有一定的远见，就很难有大的作为。对于高级领导人来说，所谓远见，就是要有远大的世界发展视野。在这方面，邓小平堪称典范。他在中国改革开放初期，一个英明的远见，就是把中国的改革事业放在世界发展的大环境中，而最关键的一步，是把中国发展的起点放在世界发展的最高水平上。历史已经证明，这个伟大的战略远见，把中国的改革开放事业带进了历史发展的快车道！一个国家是这样，一个地区何尝不是这样呢？

（三）在开放性思维中不断推进马克思主义的发展

现代社会科学发展的历史已经证明，马克思主义之所以是充满生命力的，是由于它产生于实践中，因而有着无限的发展前景。这其中的一个关键，因为马克思主义是一种完全开放的科学思想体系。所以，我们应该在开放性思维中不断地推进马克思主义向前发展。

1. 马克思主义是一种完全开放的科学思想体系

人类文明这个伟大开放的历史过程，早在一百多年前的资本主义工业化时期就开始了。对此，当年马克思、恩格斯在《共产党宣言》中就曾这样描述过："美洲的发现，绕过非洲的航行，给新兴的资产阶级开辟了新天地。东印度和中国的市场、美洲的殖民化、对殖民地的贸易、交换手段和一般商品的增加，使商业、航海业和工业空前高涨"，同时，"大工业建立了由美洲的发现所准备好的世界市场。世界市场使商业、航海业和陆路交通得到了巨大的发展"。这样，"资产阶级，由于开拓了世界市场，使一切国家的生产和消费都成为世界性的了"。特别是，"资产阶级，由于一切生产工具的迅速改进，由于交通的极其便利，把一切民族甚至最野蛮的民族都卷到文明中来

十二 在开放性思维中创造广阔的思想天地

了"。①资本主义创造了一个广阔开放的世界,一种更加开放的人类文明形式。

这里所说的文明,自然是资本主义的文明,不过须知,这个时候的资本主义文明,是人类文明发展的、最高的共同形式。所以,作为文明的精华的哲学思维方式,也必然向着世界性的方向发展,日益深刻地反映出人类思维方式的开放性特征。作为资本主义时代的产物,决定了马克思主义必然也是一种完全开放的思想体系。

这一点,在马克思主义创始人的早期哲学思想中,已经有了相当鲜明的反映。青年马克思早在其博士论文中就曾经预言过,随着人类社会的日益世界化,民族文化向世界文化的转变,同时意味着作为文化内核、文化灵魂的哲学的全球化,民族哲学向世界哲学的转变,哲学不仅在内容方面而且也在形式方面成为真正的世界哲学或全球哲学。马克思在《莱茵报》时期的文章中就更加明确地论述了"哲学的世界化"的问题。他指出:"因为任何真正的哲学都是自己时代精神的精华,所以必然会出现这样的时代:那时哲学不仅从内部即就其内容来说,而且从外部即就其表现来说,都要和自己时代的现实世界接触并相互作用。那时,哲学对于其他的一定体系来说,不再是一定的体系,而正在变成世界的一般哲学,即变成当代世界的哲学。各种外部表现证明哲学已获得了这样的意义:它是文明的活的灵魂,哲学已成为世界的哲学,而世界也成为哲学的世界。"②马克思这里所说的"世界的哲学",也就是面向世界的开放的哲学———一种完全开放性的思维方式。思想史的发展证明,面向世界的开放的哲学,正是马克思主义哲学的本质特征。

马克思主义是一种完全开放的科学思想体系,是无限发展着的科

---

① 《马克思恩格斯选集》第 1 卷,人民出版社 1995 年版,第 273、276 页。
② 《马克思恩格斯全集》第 1 卷,人民出版社 1956 年版,第 121 页。

辩证法：领导者思维能力提升之道

学思想体系。因此，我们应该不断地增强开放性思维能力，在开放的世界中不断地把马克思主义推进到更高的发展阶段。

基础的社会科学研究的主要任务是创造性地发展马克思主义理论。马克思主义理论是彻底开放的思想体系，是不断发展着的科学理论，因此，就其发展趋势而言，它具有着人类性的特点。列宁在谈到马克思主义的形成和发展史的时候说过："哲学史和社会科学史都十分清楚地表明：马克思主义同'宗派主义'毫无相似之处，它绝不是离开世界文明发展大道而产生的一种故步自封、僵化不变的学说。恰恰相反，马克思的全部天才正是在于他回答了人类先进思想已经提出的种种问题。他的学说的产生正是哲学、政治经济学和社会主义极伟大的代表人物的学说的直接继续。"[①] 俄国十月革命后，在批判俄国当时的虚无主义思潮时，列宁指出："马克思主义这一革命无产阶级的思想体系赢得了世界历史性的意义，是因为它并没有抛弃资产阶级时代最宝贵的成就，相反地却吸收和改造了两千多年来人类思想和文化发展中一切有价值的东西。"[②]

人类认识史的实践证明，开放思维的一个重要表现形式是，这样的思维必然是面向世界、面向未来，归根到底融合到人类思想的共同发展道路上去。建设有中国特色社会主义的哲学社会科学，是我们的一个重要任务。在这个科学研究的工作中，必须坚持以马克思主义为指导。当然，中国的马克思主义，就是中国特色社会主义理论体系，从其发展的总方向来看，归根到底是要走向人类文明发展的共同道路的。所以，当代中国的马克思主义——中国特色社会主义理论体系，应当包含越来越多的人类共同价值的因素。所以，我们必须改变过去那种封闭性的思维方式，真正形成一种完全开放的思维方式，在一个

[①]《列宁选集》第 2 卷，人民出版社 1995 年版，第 309 页。
[②]《列宁选集》第 4 卷，人民出版社 1995 年版，第 299 页。

开放的世界文化中建设真正开放的马克思主义理论体系。

2.马克思主义必然在实践中不断深化和发展

马克思恩格斯一再强调说，我们的理论是在实践中不断发展着的理论，而不是必须死记硬背的教条。他们在总结实践经验的过程中不断地修改、丰富和充实自己已经发表的著作中的思想，这就是说，马克思主义是在实践中不断发展着的理论。马克思主义的这个特点，是由实践决定的，因为实践是完全开放的，所以，在实践中发现真理、检验真理、发展真理，这是一个不断深化的过程。

1848年《共产党宣言》出版。在以后的几十年中，马克思恩格斯为它的不同版本写了多篇序言。他们认为："《宣言》是一个历史文件，我们已没有权利来加以修改。"[①] 但是，他们根据历史条件的变化和研究的深入，在序言中对《宣言》中一些地方加以说明、订正或补充，使之更加完善。

1872年，马克思恩格斯在《宣言》德文版序言中指出："不管最近25年来的情况发生了多大的变化，这个《宣言》中所阐述的一般原理整个说来直到现在还是完全正确的。"同时他们又指出："这些原理的实际运用，正如《宣言》中所说的，随时随地都要以当时的历史条件为转移，所以第二章末尾提出的那些革命措施根本没有特别的意义。如果是在今天，这一段在许多方面都会有不同的写法了。由于最近25年来大工业有了巨大发展而工人阶级的政党组织也跟着发展起来，由于首先有了二月革命的实际经验而后来尤其是有了无产阶级第一次掌握政权达两月之久的巴黎公社的实际经验，所以这个纲领现在有些地方已经过时了。特别是公社已经证明：'工人阶级不能简单地掌握现成的国家机器，并运用它来达到自己的目的。'"[②]

---

① 《马克思恩格斯选集》第1卷，人民出版社1995年版，第249页。
② 《马克思恩格斯选集》第1卷，人民出版社1995年版，第248—249页。

辩证法：领导者思维能力提升之道

1882年，马克思恩格斯在俄文版序言中指出：自《共产党宣言》发表30余年来，欧美资本主义国家出现了新的情况："正是欧洲移民，使北美能够进行大规模的农业生产，这种农业生产的竞争震撼着欧洲大小土地所有制的根基。此外，这种移民还使美国能够以巨大的力量和规模开发其丰富的工业资源，以至于很快就会摧毁西欧特别是英国迄今为止的工业垄断地位。"马克思恩格斯已注意到资本主义的发展是不平衡的。这篇序言还分析了俄国存在的大半土地仍归农民公共占有的"俄国公社"的特殊国情，并提出了在俄国能否从这种原始土地公共占有形式"直接过渡到高级的共产主义的公共占有形式"的问题。

1883年德文版序言是恩格斯写的，这时马克思已经去世。这篇序言指出："（从原始土地公有制解体以来）全部历史都是阶级斗争的历史"。恩格斯在1888年英文版中对此进一步作了说明，他指出："这是指有文字记载的全部历史。"这对《共产党宣言》原文中"至今一切社会的历史都是阶级斗争的历史"的命题，是一个重要的修订和补充。

总之，在马克思恩格斯看来，《共产党宣言》作为历史文献，虽然没有修改它的权利，但应根据客观实践的发展而不断检验、完善和发展它的某些思想观点。《共产党宣言》的各篇序言是马克思恩格斯坚持科学态度，在实践中不断发展自己理论学说的有力证明。

3. 马克思主义理论在资本主义的新变化中不断地得到修正

马克思恩格斯毕生都十分重视揭示资本主义社会的运动规律。马克思在《资本论》中从剖析作为资本主义社会的经济细胞——商品开始，进而揭示了资本主义的基本矛盾即生产的社会性同生产资料的私人占有之间矛盾的不可克服性，指明了资本主义必然灭亡、社会主义必然胜利的历史发展趋势。

马克思恩格斯并没有停留在已有结论上，而是对资本主义社会不

十二　在开放性思维中创造广阔的思想天地

断进行观察，注意研究它的每一个重大新变化。例如，随着资本主义的发展，出现了股份公司。马克思敏锐而深刻地研究了这一新现象，指出："那种本身建立在社会的生产方式的基础上并以生产资料和劳动力的社会集中为前提的资本，在这里直接取得了社会资本（即那些直接联合起来的个人的资本）的形式，而与私人资本相对立，并且它的企业也表现为社会企业，而与私人企业相对立。这是作为私人财产的资本在资本主义生产方式本身范围内的扬弃。"① 马克思进一步指出："这种向股份形式的转化本身，还是局限在资本主义界限之内；因此，这种转化并没有克服财富作为社会财富的性质和作为私人财富的性质之间的对立，而只是在新的形态上发展了这种对立。"②

马克思还注意到并分析了资本主义条件下出现的工人合作工厂的意义，指出这是"在旧形式内对旧形式打开的第一个缺口，虽然它在自己的实际组织中，当然到处都再生产出并且必然会再生产出现存制度的一切缺点。但是，资本和劳动之间的对立在这种工厂内已经被扬弃"。"这种工厂表明，在物质生产力和与之相适应的社会生产形式的一定的发展阶段上，一种新的生产方式怎样会自然而然地从一种生产方式中发展并形成起来。没有从资本主义生产方式中产生的工厂制度，合作工厂就不可能发展起来；同样，没有从资本主义生产方式中产生的信用制度，合作工厂也不可能发展起来。信用制度是资本主义的私人企业逐渐转化为资本主义的股份公司的主要基础，同样，它又是按或大或小的国家规模逐渐扩大合作企业的手段。资本主义的股份企业，也和合作工厂一样，应当被看作是由资本主义生产方式转化为联合的生产方式的过渡形式。"③

对资本主义的命运，恩格斯晚年重新思考他和马克思早期作出

---

① 《马克思恩格斯选集》第2卷，人民出版社1995年版，第516页。
② 《马克思恩格斯选集》第2卷，人民出版社1995年版，第520页。
③ 《马克思恩格斯选集》第2卷，人民出版社1995年版，第520页。

辩证法：领导者思维能力提升之道

的结论。他在 1892 年写的《英国工人阶级状况》德文第二版序言、1895 年为马克思《1848 年至 1850 年的法兰西阶级斗争》一书写的导言以及其他文献中认为，《共产党宣言》揭示的资本主义发展的总规律和总趋势没有错，但对当时资本主义发展的潜力估计不足。"历史表明，我们以及所有和我们有同样想法的人，都是不对的。历史清楚地表明，当时欧洲大陆经济发展的状况还远没有成熟到可以铲除资本主义生产方式的程度；历史用经济革命证明了这一点，这个经济革命自 1848 年起席卷了整个欧洲大陆，在法国、奥地利、匈牙利、波兰以及最近在俄国初次真正确立了大工业，并且把德国变成了一个真正第一流的工业国，——这一切都是在资本主义的基础上发生的，因此这个基础在 1848 年还具有很大的扩展能力。"①

恩格斯认为，他在 1845 年出版的《英国工人阶级状况》一书所描写的情况，至少就英国而言，现在在很多方面都已成为过去。资本主义产生了一些"新的精神"，"商业道德"发展到了一定水平，资产阶级采取了一系列"改良措施"。他说："现代政治经济学的规律之一……就是：资本主义生产越发展，它就越不能采用作为它早期阶段的特征的那些小的哄骗和欺诈手段。……这些狡猾手腕在大市场上已经不合算了，那里时间就是金钱，那里商业道德必然发展到一定的水平，其所以如此，并不是出于伦理的狂热，而纯粹是为了不白费时间和辛劳。"②恩格斯还说，在《英国工人阶级状况》一书中，"我把工业大危机的周期算成了 5 年。这个关于周期长短的结论，显然是从 1825 年到 1842 年间的事变进程中得出来的。但是 1842 年到 1868 年的工业历史证明，实际周期是 10 年，中间危机只具有次要的性质，而且在 1842 年以后日趋消失。从 1868 年起情况又改变了"③。这就是说，

---

① 《马克思恩格斯全集》第 22 卷，人民出版社 1965 年版，第 597—598 页。
② 《马克思恩格斯选集》第 4 卷，人民出版社 1995 年版，第 419 页。
③ 《马克思恩格斯选集》第 4 卷，人民出版社 1995 年版，第 424 页。

完全开放的马克思主义，在不断修正中继续向前发展，归根到底是实践这个伟大的动力在起决定性作用。

4.马克思主义的战略策略思想随着历史发展而不断地改变

马克思主义创始人认为，无产阶级革命的战略、策略，并不是一成不变的，而是随着历史条件和实践的变化而不断发展的，这样，工人运动和社会革命的战略、策略，才能真正发挥其作用。很显然，这其中是开放性思维重要作用的生动反映。

1872年9月8日，马克思在第一国际海牙代表大会的演说中指出："工人总有一天必须夺取政权，以便建立一个新的劳动组织；他们如果不愿意像轻视和摒弃政治的早期基督徒那样，永远失去自己在尘世的天国，就应该推翻维护旧制度的旧政治。但是，我们从来没有断言，为了达到这一目的，到处都应该采取同样的手段。"①

恩格斯晚年十分关注并更多地研究了无产阶级革命斗争的新方法新策略。他于1895年写成的《〈法兰西阶级斗争〉导言》，集中阐述了他的看法。他说，在1848年以后的很长时间里，他和马克思不仅对"资本主义发展的潜力"认识不足，对无产阶级解放斗争的条件、方法的认识"也有缺陷"。"历史表明我们也曾经错了，暴露出我们当时的看法只是一个幻想。历史走得更远：它不仅打破了我们当时的错误看法，并且还完全改变了无产阶级借以进行斗争的条件。1848年的斗争方法，今天在一切方面都已经过时了，这一点值得在这里比较仔细地加以探讨。"②"实行突然袭击的时代，由自觉的少数人带领着不自觉的群众实现革命的时代，已经过去。"③恩格斯十分注意对当时在德国新出现的以普选权为核心的斗争策略的研究。他认为利用普选权是德国工人送给"世界各国同志一件新的武器——最锐利的武器中的

---

① 《马克思恩格斯全集》第18卷，人民出版社1964年版，第179页。
② 《马克思恩格斯选集》第4卷，人民出版社1995年版，第510页。
③ 《马克思恩格斯选集》第4卷，人民出版社1995年版，第521页。

一件武器"。马克思恩格斯在无产阶级夺取政权方式上，虽然总的来说强调走暴力革命的道路，但是他们从来不拒绝在可能的条件下利用和平的手段，重要的是要视具体历史条件而定。

马克思主义创始人认为，资本具有国际的性质，因此，各国无产者应该联合起来，共同进行社会主义革命。1847年，恩格斯指出："大工业使所有文明国家的社会发展大致相同，以致在所有这些国家，资产阶级和无产阶级都成了社会上两个起决定作用的阶级，它们之间的斗争成了当前的主要斗争。因此，共产主义革命将不是仅仅一个国家的革命，而是将在一切文明国家里，至少在英国、美国、法国、德国同时发生的革命"。① 实践证明，这个战略策略思想充满生机和活力，所以具有重要的历史意义。

（四）在开放的世界中走上人类文明发展的共同道路

人类思维方式的进步发展，其本质特征就是思维方式从封闭走向开放，开放性思维是世界发展开放性的一个客观要求。在整个人类文明的历史发展过程中，国际社会和各国、各地区，都在无法逆转地从封闭走向开放。从工商业发展的国际性，到如今的全球化，则是这个历史趋势的基本表现形式而已。基于此，人类的思维方式，也在发生相应的变革——从封闭性的思维方式走向开放性思维方式。人类思维方式的深刻变革，这是现实世界发展开放性的必然反映和客观要求。

一般来说，自然科学研究及其思维方式是没有意识形态性质的，因而基本上是人类性的，具有普遍的价值目标；社会科学研究中的一部分内容，具有意识形态性质，但是大部分内容，而且越来越多的内容，意识形态性质日益淡薄。不过，有一点是可以肯定的，不论是自

---

① 《马克思恩格斯选集》第1卷，人民出版社1995年版，第241页。

十二　在开放性思维中创造广阔的思想天地

然科学还是大多数社会科学的研究，这其中的人类性因素越来越明显了。这就决定了思维开放性的追求，是人类社会的共同价值目标。因此，我们的社会科学研究，特别是马克思主义理论研究，如果要继续推向前进，就应当面向世界，面向人类社会的未来，具有国际视野，遵循人类文明发展的共同道路。这就是我们所说的马克思主义研究的开放性思维，即世界历史眼光。

就社会的历史发展而言，作为继资本主义而产生的社会主义，在理论上，这是以高于资本主义生产关系和生产力相结合而形成的更高级的制度文明阶段，应当具有更高水平的开放程度。社会主义发展的实践也在证明，社会主义社会是一种更加开放的社会，它已经容纳了并且正在继续容纳人类社会发展所形成的丰富多彩的文明因素。社会主义社会的开放性，正在造成一种新的更高层次的开放性思维方式。

随着人类文明的进步，特别是现代科学技术的日益发展，世界越来越展现了它的不断地开放的性质，因而，人类思维的这个世界性即开放性的基本趋势，将显示得更加明显了。这一点，在当前的互联网的发展和运用过程中，得到了有力的证明。完全可以这样说，我们已经生活在一个"互联网革命"的时代，也可以说是一种思想获得了真正的自由的时代，因而是一个人类思维具有了更大的创造性的时代。人们在互联网实践中能够发现，在互联网思维中，人的思想之所以能够获得越来越多的自由，这其中的重要原因之一，在于互联网是个完全开放的思想体系。

首先，这里所说的"开放性"，是与作为否定性因素的封闭思想体系相对立的。在现实世界中，封闭思想体系的形成，一方面是由于某些不利客观条件的限制，阻隔了人们对外界事物的认识，由此而形成了人们狭隘的眼界，这个问题随着生产力的发展和认识能力的提高以及科学的进步，会逐步改变的；另一方面，是由人们自己的主观因素，比如说形而上学的思想方法造成的，这就是说，是人们自己把自

辩证法：领导者思维能力提升之道

己的思想封闭起来的。由此可见，人们的思想由封闭走向开放，除了创造条件、扩大视野之外，一个关键是自觉地进行思想方法的改造——克服形而上学的束缚、培养辩证法的思维方式——真正的开放性思维方式。

其次，这里所说的互联网思维的"开放性"，是指在互联网世界中，人的思想指向在空间中的无限性，人的思想展现在时间中的无限性。这就是说，互联网思维是人在一种不受任何束缚、无限的时空中的完全自由的思想活动。这样，我们就会在互联网世界中发现一种完全开放的思想体系——互联网思维。因此，互联网思维实际上是借助于互联网这个载体，克服了主客观条件的限制，创造了一种不受束缚的、极为广阔的、完全开放的思想发展时空。同样道理，在这种完全开放的精神环境中，思想的创造性必然会得到空前的发展。这样，我们就会更加迅速地融入人类文明历史发展的洪流中去。

结语　学习辩证法，永远做思想上的年轻人

在本书完结之际，我开始思考一个问题：我们应该永远生机勃勃，充满活力；但是，我们能够始终留住自己的年轻时代吗？人们会说，这是不可能的；但是，做思想上的年轻人，这却是可能的。看来，这个问题的关键，是对"年轻"这个概念的涵义和实质究竟怎么看。我在思考过这个问题的过程中，恰好收到老朋友发来的一篇短文，初读后感到对我很有启发，我觉得有责任推荐给读者朋友一读，让我们共同研究这个问题。

这是德裔美国人塞缪尔·乌尔曼70多年前写的一篇400多字的短文，题为《年轻》，全文内容如下：

年轻，并非人生旅程的一段时光，也并非粉颊红唇和体魄的矫健。它是心灵中的一种状态，是头脑中的一个意念，是理性思维中的创造潜力，是情感活动中的一股勃勃的朝气，是人生春色深处的一缕东风。年轻，意味着甘愿牺牲温馨浪漫时光去闯荡人生，意味着超越羞涩和欲望的胆识与气质。而60岁的人可能比20岁的小伙子更多地拥有这种胆识与气质。没有人仅仅因为时光的流逝而变得衰老。只是随着理想的熄灭，人类才出现了老人。岁月可以在皮肤上留下皱纹，却无法为灵魂刻上一丝痕迹。忧虑、恐惧、缺乏自信才使人伛偻于时间尘埃之中。无论是60岁还是16岁，每个人都会被未来所吸引……都会对人生竞争中的欢乐怀着孩子般无穷无尽的渴望。在你我心灵的

辩证法：领导者思维能力提升之道

深处，同样都有一个无线电台。只要它不停地从人群中，从无限的时间中，接受美好、希望、欢欣、勇气和力量的信息……你我就永远年轻。一旦这个无线电台坍塌，你的心便会被玩世不恭和悲观失望的寒冷、酷雪所覆盖，你便衰老了——即使你只有20岁。但如果这无线电台始终矗立在你心中，扑捉着每个乐观向上的电波，你便有希望超过年轻的90岁。

据说，麦克阿瑟在指挥太平洋战争期间，办公桌上始终摆着《年轻》一文的镜框。松下公司的创始人松下幸之助说："多年来，《年轻》始终是我的座右铭。"我很认真地读了这篇短文之后，感到此文的确有很强的震撼力，其精彩论述引人深思，多有启发。

每个人的一生中，都会经历由年轻到衰老的过程。就人们的意愿而言，都希望永远年轻，而不要衰老，不过事实上，谁也不可能永远年轻，而不衰老。这对每个人来说，都是无可奈何的事情。当然，这里说的"年轻""衰老"，是一种生理学的概念。人的生理变化，这是无法抗拒的自然法则。但是，前述《年轻》一文中所说的"年轻"，却是具有另一种意义的"年轻"概念。那么，《年轻》一文中的这个"年轻"概念，其内涵和实质有什么特殊之处呢？

为此，我们看看《年轻》一文作者的观点，他写道，每个人的心灵深处，都有一个无线电台，如果它不停地从人群中，从无限的时间中，接受美好、希望、欢欣、勇气和力量的信息，捕捉每个乐观向上的电波，那么，我们就会永远年轻。

很明显，这里所说的"年轻"，并不是通常的生理学概念，而是一种具有更加广泛内容的社会学概念。这是因为，人，首先是生理学的概念，但是，人又不仅仅是生理意义上的存在物，更重要的，人是一种社会性质的存在物，正如古希腊哲学家亚里士多德说的，人是天生的政治动物。人不但有生理的需要，更重要的是，人还有各种各样的精神需要，比如《年轻》一文说的希望、勇气、乐观等精神要素。

从这里可以看出，对于人来说，"年轻"指的是人的一种特殊的精神状态。有的人据此提出了"心理上的年轻人"的理念，这诚然是十分重要的；但是，包括心理要素的各种各样的精神要素，它们有一个更重要的基础要素，即人的思想。所以，我们可以提出"思想上的年轻人"这个理念。这就是说，作为人的特殊精神状态的"年轻"，对人的精神状态起决定性作用的，是一种"年轻"的思想。

何谓思想？对此，学术界有各种不同的观点。这里，根据我们的理解，对这个范畴的内涵和实质，做简要表述。一般来说，思想是人对客观世界认识而形成的意识形式，它是人的意识形式发展的高级阶段。思想，是人对自然、社会和人本身奥秘进行自由探索的结果。思想反映的是人的理性认识或者逻辑思维的精神成果，它是通过一定的理论形态或者观念体系表现出来的。因而，思想是人的理性思维之精华。思想的最高形式是哲学，作为哲学范畴，思想是人们通过对自己实践经验的总结、概括、抽象等的思维活动，同时借鉴人类文明中的有价值成果，所形成的独特见解。

人是思想的唯一主体，思想的力量归根到底是人的精神作用的一种表现形式，实质上是人本身的一种创造性力量。科学发展的实践证明，思想是人的一种武器，思想是人类的智慧和精神力量，所以，人的思想在人改造世界、提高自身文明水平的过程中有特殊的价值。马克·吐温这样说过："人的思想是了不起的，只要专注于某一项事业，那就一定会做出使自己感到吃惊的成绩来。"帕斯卡尔说："由于空间，宇宙便囊括了我并吞没了我，有如一个质点；由于思想，我却囊括了宇宙"，"思想形成人的伟大。"

我们为什么要学习辩证法呢？这是因为辩证法能够给予我们一种最宝贵的东西——思想，这种宝贵的思想中蕴藏着无限生机与活力。所以，常言道，充满生命力的思想，将会使人永葆青春！想到这里，我又开始了另一种沉思：我们怎样才能使自己永葆青春呢？简单说

辩证法：领导者思维能力提升之道

来，就是要沉下心来，最大限度地摆脱唯心主义形而上学的束缚，认真学习唯物主义辩证法，坚持实事求是精神，坚持批判性思维，坚持创造性思维，坚持多元性思维，坚持开放性思维，永远做思想上的年轻人。

这里所说的保持年轻的思想，做思想上的年轻人，都是指这种肯定意义上的思想。这样的思想之所以能够始终保持年轻的精神状态，其本质特征，是它对世界的无穷的自由探索，是它对人世间奥妙那种不可遏止的探索，是它本身永不停止的吐故纳新。因此，它有着穿透灵魂的神奇力量。那么，人们一旦具有了这样的思想，便能够始终保持年轻的精神状态，就是不言而喻的事情了。

就此，我给读者朋友一个良好的祝愿：永远做思想上的年轻人！